中国社会科学院创新工程学术出版资助项目

内陆省区城镇化
之江西探索

李恩平　麻智辉　李学锋 等　著

中国社会科学出版社

图书在版编目（CIP）数据

内陆省区城镇化之江西探索 / 李恩平等著. —北京：中国社会科学出版社，
2021.10

ISBN 978 - 7 - 5203 - 9219 - 8

Ⅰ.①内… Ⅱ.①李… Ⅲ.①城市化—研究—江西 Ⅳ.①F299.275.6

中国版本图书馆 CIP 数据核字（2021）第 193114 号

出 版 人　赵剑英
责任编辑　王　琪
责任校对　王　龙
责任印制　王　超

出　　版　中国社会科学出版社
社　　址　北京鼓楼西大街甲 158 号
邮　　编　100720
网　　址　http://www.csspw.cn
发 行 部　010 - 84083685
门 市 部　010 - 84029450
经　　销　新华书店及其他书店

印刷装订　北京明恒达印务有限公司
版　　次　2021 年 10 月第 1 版
印　　次　2021 年 10 月第 1 次印刷

开　　本　710 × 1000　1/16
印　　张　17.25
字　　数　296 千字
定　　价　98.00 元

前　言

现代经济是城市工商业主导的经济，城镇化是现代经济的最重要动力源泉与特征表现之一，当今发达国家无不经历过长期的城镇化进程。由于沿海内陆之间存在非常大的区位和资源条件差异，特别是在统一市场的发展中大国，沿海内陆之间城镇化驱动、模式和发展绩效逻辑均存在巨大差异。

由于物流运输区位、生态恢复等条件大大落后于沿海地区，使得相对于沿海地区，内陆地区天然不利于现代工商业集聚。沿海内陆之间天然的发展条件差异，使得现代城市工商业往往首先集聚于沿海地区，这也进一步使得相对于沿海地区，内陆地区经济发展水平相对欠发达，内陆地区在发展阶段、消费结构、产业层级等诸多方面往往落后一个层级。因此，当经济发展到一定程度以后，内陆地区的经济发展和城镇化实际上面临着来自内陆本地市场自发发展驱动和来自更发达沿海地区的外来虹吸、迁转驱动的双轮机制。

尽管城镇化研究的文献浩如烟海，但区分沿海内陆城镇化差异的文献极少，由于全球大多数国家都属于中小型国家，只有俄罗斯、美国、加拿大、澳大利亚、巴西、中国等极少数国家属于同时拥有广袤内陆和漫长海岸线的沿海内陆兼具国家，美国、加拿大、澳大利亚、巴西等国家由于实施资本主义制度，政府在区域发展中发挥的作用有限，也由于发展初期，人口和经济活动就基本锁定在沿海地区，俄罗斯情况也类似，内陆沿海区域之间的发展条件差异和城镇化驱动差异几乎不被关注。中国现代经济的发展大大不同于其他国家和地区，由于经历数千年农业文明和长达 40 年的着力于依农依矿依陆上交通的封闭式计划经济，使得改革开放初期，中国沿海内陆可开发土地上的人口承载差异并不明显，一些农业发达的内陆省区，如四川、河南、湖北、湖南、陕西等省基于可开发土地空间承载了全国最高之一的人口密度。这使得中国改革开放以来的经济发展进程中，内陆地区经济发展和城镇化面临的本地自发与沿海拉动的双轮驱动特征非常突出。但国内城镇化的研究对该主题的关注实在有限，以"内陆城镇化"主题搜索中国知网显示的各类文章仅107篇（截至2020年6月26日），真正从驱动特征视角考察内陆沿海城镇化差异的只有两篇，也基本上没有涉及双轮驱动的城镇化本质。

近年来，中国经济整体进入转型期，内陆地区城镇化也进入转型发展的关键时期，正面临城市规模层级和城市化主导区域的重要选择，特别是党的十八大以来，在大力发展都市区、城市群的国家整体战略下，不少省区近年来纷纷选择强省会建设超级大都市的城镇化发展战略，也有另一些省区则依据自身经济发展的区位条件和发展阶段特点，选择次级中心——地级中心城市为主导的相对均衡的发展模式，而城镇化模式差异也导致了发展绩效的某些差异。

为了更好地理解内陆省区城镇化、制定更加科学合理的内陆省区城镇化战略政策，中国社会科学院2019年确立国情调研江西基地项目，成立"内陆省区城镇化之江西探索"的国情调研课题组，经过近一年时间的调研、研究，最终形成《内陆省区城镇化之江西探索》调研报告，本调研报告以江西省为例，研究了作为两面近海内陆省区江西城镇化的驱动条件、模式特征和绩效逻辑，回顾评估介绍了其改革开放以来历次城镇化战略，归纳总结了其城镇化战略政策的经验教训。

调研报告共分十章。第一、二、三、四章从宏观视角探索了江西城镇化的发展条件、基本模式、时空特征、绩效表现及历次城镇化战略政策演变，第五、六、七章分别研究了江西省会南昌及两个近海地级市——南部赣州、东部上饶城市集聚增长的模式特征、绩效表现，在两个近海地级市研究中更重点解析了这些近海城市与沿海省区城市之间的联系联动和合作关系。第八、九两章把研究视野放到更低层面的县域城镇化和小城镇建设上，希望通过丰富的面上数据和深入的诸多案例调查相结合的研究，展示江西县镇乡村层级最真实的城镇化情景，第十章则关注了江西余江县作为人口迁出地区城镇化的一个关键主题——农村土地流转课题。第一、二章由李恩平执笔，第三章由李学锋执笔，第四章由麻骏斌、陈宁执笔，第五章由高玫执笔，第六章由麻智辉执笔，第七章由朱顺东执笔，第八章由卢小祁执笔，第九章由李华旭执笔，第十章由揭昌亮执笔，全部调研报告最后由李恩平、麻智辉、李学锋统一编校。

李恩平

于 2021 年 6 月

目　　录

第一章　内陆省区城镇化的模式与绩效特征

——来自江西的经验分享*

　　城镇化是人口与经济活动由农村市场向城市市场的迁移转化，既意味着农业到工商业的产业就业结构转换，也意味着人口和经济活动集聚空间的迁移。由于沿海地区和内陆地区之间存在非常大的区位和资源条件差异，特别是在全国统一市场的发展中大国——中国，沿海地区和内陆地区之间的城镇化驱动、模式和发展绩效逻辑均存在巨大差异。

　　内陆地区的物流运输区位、生态恢复等条件大大落后于沿海地区，使得相对于沿海地区，内陆地区天然不利于现代工商业集聚；沿海地区和内陆地区之间天然的发展条件差异，使得现代城市工商业往往首先集聚于沿海地区，这也进一步使得相对于沿海地区，内陆地区经济发展水平相对欠发达，内陆地区在发展阶段、消费结构、产业层级等诸多方面往往落后一个层级。因此，当经济发展到一定程度以后，内陆地区的经济发展和城镇化实际上面临来自内陆地区本地市场自发的发展驱动和来自沿海地区的外来虹吸、迁转驱动的双轮机制。

　　尽管城镇化研究的文献浩如烟海，但区分沿海地区和内陆地区城镇化差异的文献极少，由于全球大多数国家都属于中小型国家，只有俄罗斯、美国、加拿大、澳大利亚、巴西、中国等极少数国家属于同时拥有广袤内陆和漫长海岸线的沿海内陆兼具国家，美国、加拿大、澳大利亚、巴西等国家由于实施资本主义制度，政府在区域发展中发挥的作用有限，也由于

---

　　*　执笔人：李恩平，中国社会科学院生态文明研究所。

发展初期，人口和经济活动就基本锁定在沿海地区，俄罗斯情况也类似，内陆地区和沿海地区之间的发展条件差异和城镇化驱动差异几乎不被关注。中国现代经济的发展大大不同于其他国家和地区，由于经历数千年农业文明和长达 40 年的依农依矿依陆上交通的封闭式计划经济，改革开放初期中国沿海地区和内陆地区可开发土地上的人口承载差异并不明显，一些农业发达的内陆省区，如四川、河南、湖北、湖南、陕西等省基于可开发土地空间承载了非常之高的人口密度。这使得中国改革开放以来的经济发展进程中，内陆地区经济发展和城镇化面临的本地自发与沿海拉动的双轮驱动特征非常突出。但国内城镇化的研究对该主题的关注实在有限，以"内陆城镇化"主题搜索中国知网显示的各类文章仅107篇（截至2020年6月26日），真正从驱动特征视角考察内陆地区和沿海地区城镇化差异的只有2篇：其一是以德阳和苏州为例的城市发展比较（张莉，2010），其二是以江苏和河南为例的省区城镇化路径比较（王洋，2014），而且仅有的2篇文献也基本上没有涉及双轮驱动的城镇化本质。

近年来，中国经济整体进入转型期，内陆地区城镇化也进入转型发展的关键时期，正面临城市规模层级和城市化主导区域的重要选择，特别是党的十八大以来，在大力发展都市区、城市群的国家整体战略下，不少省区近年来纷纷选择实施"强省会"、建设超级大都市的城镇化发展战略，但也面临了与发展阶段和区位条件相对应的严重城镇化规模绩效约束，城镇化也面临绩效差异的规模战略选择。

为了更好地理解内陆省区城镇化、制定更加科学合理的内陆省区城镇化战略政策，我们以江西省为例，研究了江西城镇化的驱动特征，分析了其城镇化模式特征，归纳总结了其城镇化的绩效逻辑和政策经验及其可推广性。

第一节　内陆地区城镇化的模式特征

城镇化既是城乡市场结构的转换，也是人口和经济活动空间的重组，结构转换和空间重组的根本驱动在于城镇工商业经济活动带来的不断增长的集聚利益。内陆地区作为一类特殊的市场或地理空间，与沿海地区或独立经济空间相比，经济发展条件和发展阶段存在很大差异，更存在诸多独特的城镇化驱动特征。

（1）地处内陆地区的区位条件和生态条件，不利于高强度参与全球贸易的出口导向型城市工商产业集聚。内陆地区不同于沿海地区，没有大吨位水运条件，长短途运输均全部依赖陆上交通线，而陆上交通运输成本往往数倍甚至数十倍于海运，这使得在沿海地区和内陆地区分工格局中，沿海地区更有利于国际货运聚散从而发展进出口导向型产业集聚，而内陆地区更多着眼于本地农林矿产资源的开采利用。作为同时拥有广袤内陆地区和沿海地区的国家，中国的进出口贸易及相关产业主要集中在沿海地区，如中国 2018 年全国进出口贸易的 84.21% 主要集中在东部沿海 11 省市。

（2）地处内陆地区的区位条件和生态条件，也对超级大都市集聚存在诸多不利因素。随着城市规模增长，城市内外物流需求使陆上交通线单位面积的运输密度呈几何级数增长，相对于沿海地区，内陆地区超级大都市更容易形成严重交通拥堵和高昂物流成本。内陆地区城市也缺乏沿海地区昼夜潮汐带来的空气流动和湿润气候，污染防治和生态修复能力弱，内陆地区超大城市也更容易引发生态环境风险。纵观全球大都市分布，发达国家主要大都市无不集聚在沿海沿大江口岸，大都市也基本上属于港口城市（United Nations，2016）。在一些曾经的计划经济国家和发展中国家，市场经济条件下的内陆型大都市也基本上伴随了国家整体经济增长的长期停滞，如俄罗斯市场经济改革以来，莫斯科市人口和经济规模的集聚伴随了俄罗斯数十年持续的经济衰退；1960—1989 年的墨西哥市，伴随了墨西哥国家该时期持续的经济增长停滞，直至 1990 年以后，墨西哥城镇化重心转向西北海湾，墨西哥经济才得以重振。

（3）内陆地区多处于城镇化、工业化中期阶段，相应的主导产业特征和居民消费特征更适合中等规模城市。城市工商业经济具有规模报酬递增效应即集聚效应，但由于交通运输过程中存在拥堵效应和拥堵成本，使得城市集聚效应并不总是随规模增长而增长，不同发展阶段城市集聚的规模要求不同，经济发展水平越高、产业技术层级越高、居民消费需求多样化程度越高、服务消费需求占比越高，对城市集聚的规模要求越高；反之，经济发展水平越低、产业技术层级越低、居民消费结构单一，对城市集聚的规模要求越低，过大规模的城市反而因为拥堵成本上升产生负的集聚效应。我国内陆省区大多处于从欠发达迈向中等发展的城镇化、工业化中期阶段，主导产业多为具有一定技术层级的中端工业制造业，大多数居民家庭仍然只具有中等收入水平，消费结构尽管存在升级趋势但仍处于大众化阶段，以商品消费为主，因此城市经济的集聚主要表现为工商产业对交通、能源等基础设施的共享和物流运输的匹配，多样化、特色化的生产生活服务需求占比仍然较小，所能承受的服务成本（价格）还不足以抵消过高的城市拥堵成本，所以城市集聚更适合具有一定基础设施又不过度拥堵的城市，而超级大都市更容易受拥堵成本增长、运行风险增加等低绩效约束。

（4）内陆地区城镇化面临本地市场自发和沿海市场迁转吸引的双重驱动。由上所述的沿海地区和内陆地区发展条件差异，使得经济发展存在明显的沿海化趋势，据联合国估算（联合国，1992），2000年"世界人口的60%生活在沿海地区，而人口在250万以上的城市中，65%位于世界各地的沿海地区"。改革开放以来，中国人口和经济活动也表现出明显的沿海化趋势，受沿海地区更高工资收入水平和更高生活水平的吸引，出现了以内陆地区农村为迁出地、以沿海地区城市为迁入地的大规模城镇化人口迁移，东部沿海11省市（含北京市，余同）人口占比由2000年的38.64%提升到2019年的41.68%。同时，由于早期发展阶段，人口城镇化由劳动人口农民工主导，农民工家庭中的老幼妇孺等非劳动人口滞留内陆地区迁出地农村（李恩平，2019），也由于跨省区居住生活相关公共服务获得的限制，使得沿海地区和内陆地区之间劳动人口与非劳动人口分布不均衡，人口沿海化比例大大低于就业产业沿海化比例，以2019年为例，东部11省市GDP占比达54.41%，高于人口占比13个百分点。这种人口和GDP分布的不平衡，使得沿海地区劳动力用工成本特别是初级劳动力用工成本急剧上升，沿海地区和内陆地区用工成本差异又倒逼部分分布于沿海地区的产业企业向劳动力成本更低的内陆地区迁移，同时，国家也出于区域均衡发展考虑，从多层面推动产业企业从沿海地区向内陆地区转移。所以，内陆省市实际上面临内陆地区自发发展和沿海迁转拉动的双重驱动，一方面，人口城镇化面临本地城市与沿海城市的双重选择；另一方面，城市产业集聚也面临本地基于资源禀赋的自发产业集聚和基于劳动力成本的沿海产业转移集聚。

第二节　江西城镇化的发展条件与模式特征

一　江西城镇化的发展条件

江西属于典型的内陆地区，其城镇化发展条件和驱动力均具有典型的内陆地区双重拉动特征。

（1）江西地处中部内陆但东南两面均邻近沿海省区，两面近海地理区位条件对江西城镇化和工业化形成典型的双轮驱动。江西位于长江中游南岸，南岭、武夷山以北，北接湖北、安徽，西邻湖南，均为内陆省区；但东临浙江、福建，南毗广东，均为沿海省区。在地理区位上，尽管不属于沿海地区，但属于沿海地区和内陆地区之间的第一梯度，可以称为近海省区。东、南双向的近海区位条件，使得相对于中国其他内陆省区，江西经济发展和城镇化受沿海地区影响更加突出。在经济发展起步的改革开放前期，江西是对东南沿海最早的劳务输出大省，劳务输出人口占比最高，也因为沿海地区巨大的虹吸效应，使得改革开放前期，江西经济发展相对迟滞，2007 年以前的大多数年份，经济增速低于全国平均水平，特别是最近沿海地区的南翼赣州、东翼上饶，经济增速和经济发展水平长期落后于全省平均水平。不过改革开放中期以来（大致自 2008 年金融危机以来），随着沿海地区产业结构升级，部分产业劳动力成本剧增而被迫向内陆地区转移，江西作为沿海地区和内陆地区间的第一梯度，很快成为沿海产业转移的首选地，特别是南翼赣州深受广东、福建的影响，东翼上饶深受浙江、上海、福建的影响。

（2）江西正处于工业化中期阶段，居民消费结构和产业结构适合中型规模城市级集聚，但也正向大型规模城市转型。在 31 个省级行政区划单位中，江西属于发展水平相对滞后的省区之一，2019 年人均 GDP 为 53164 元，在 31 个省级行政区中排第 21 位，三产占比低，仅为 47.5%，在 31 个省级行政区中仅仅高于陕西，还是 5 个第二、第三产业比率低于 1 的省区之一。可见，江西还处于经济发展的中前期，工业化仍然是经济结构改善、经济发展水平提升的重要路径。一方面，工业化中期相对高级化的工业产业，对集聚集群发展要求明显提升，已经超越了经济起飞初期农耕社会自发的以小城镇为主导的城镇化模式；另一方面，还没有进入后工业化阶段，经济发展水平仍然处于集聚发展的中级阶段，居民消费和产业集聚对本地市场规模的要求不是特别大。不过随着收入和消费水平的进一步增长，消费和产业向更大规模市场集聚的趋势也越来越明显。

（3）江西具有丰富的特色自然地理资源和矿产资源，这为特色化城市集聚提供了重要条件。江西是一个资源特别丰富的省区，境内拥有多层面、多样化的特色资源。江西特色资源大致可以分为两大类：一是江西境内拥有众多壮丽自然景观，拥有全国第一大淡水湖——鄱阳湖，拥有庐山、井冈山、龙虎山、三清山、武夷山等众多名山，省域境内更是丘陵山地、湖泊水库密布，非常有利于养生养老和自然观光旅游；二是江西境内具有多种特色矿产资源，如德兴铜矿、赣南有色金属和稀土矿，这为特色资源型产业发展提供了条件。

（4）江西高端人口相对缺乏，国家级、大区域级服务平台相对缺乏，难以支撑超大型中心城市集聚。由于历史原因，江西近代以来教育、科研相对落后，人口整体受教育水平相对较低，以 2010 年第六次人口普查为例，江西 6 岁以上人口中大专及以上学历人口占比 7.56%、研究生学历人口占比 0.15%，在全国 31 个省级行政区中排名靠后。江西也是全国高等院校数量最少的省区之一，省内没有"985"高校，仅有一所"211"高校，没有中国科学院下辖研究所。同时，江西境内各类国家级、大区域级服务平台也几乎没有。人口受教育水平相对较低可能影响消费结构高级化，而系列高端服务产业需求不足，高端科研、服务平台缺乏，也使高端服务产业发展缺乏供给基础支撑，这使以高端服务为主导产业的超大城市难以集聚。

二 江西近年来城镇化集聚的主导模式

发展条件的独特性，决定了城镇化道路的差异性。近年来，江西城镇化集聚表现出既不同于沿海发达省区也不同于多数内陆省区的相对独特的发展模式。

（1）省会南昌市快速发展，虽然省域经济发展并没有向南昌市过多集聚，但人口向南昌市集聚趋势在加强，面临大都市规模绩效约束。南昌市是江西省会，也是江西首位城市。从城市人口和 GDP 总量看，南昌市在内陆省会城市中属于中等规模大都市，2019 年南昌市市域常住人口 560.06 万（真正城市建成区人口大致在 400 万），在 19 个内陆省会城市中排名第 11

位。2019 年 GDP 总量 5596 亿元，在 19 个内陆省会城市中排名第 9 位。从近年的 GDP 增长来看，2019 年南昌市 GDP 增长率为 6.09%，在内陆省会城市中处于中等水平，2014—2019 年南昌市 GDP 增长率为 39.90%，在内陆省会城市中处于中等水平，可以说南昌市基本上保持了与全国其他城市基本相近的经济增速。从省会城市的集中度看，南昌市对江西省的集中度不高，2019 年南昌市市域常住人口占全省比重为 11.49%、GDP 占全省比重为 22.60%，省会集中率排名靠近末位，属于中心化不很明显的省区。从南昌市人口占全省人口份额的变化看，全省人口向省会南昌集聚的趋势还是非常明显的；但南昌市的经济份额自 2018 年以来甚至出现比较明显的下降趋势，大都市规模绩效约束较为明显。

表 1-1　　　　　　　2019 年中西部内陆省会城市 GDP、常住人口

	常住人口（万人）	省内常住人口占比（%）	GDP（亿元）	省内 GDP 占比（%）	GDP 年增长率（2018＝100；%）	GDP5 年增长率（2014＝100；%）
成都	1500.07	17.91	17013	36.50	10.89	57.51
西安	956.74	24.68	9321	36.14	11.63	60.67
哈尔滨	951.34	25.36	5249	38.56	−16.69	−8.73
武汉	906.40	15.29	16223	35.40	9.27	48.76
郑州	881.60	9.15	11590	21.36	14.26	58.52
南宁	781.97	15.77	4507	21.22	11.92	32.17
合肥	770.44	12.10	9409	25.35	20.27	66.23
长春	753.80	28.01	5904	50.35	−17.72	6.76
长沙	738.24	10.67	11574	29.12	5.19	36.00
昆明	578.46	11.91	6476	27.89	24.37	63.21
南昌	560.06	11.49	5596	22.60	6.09	39.90
贵阳	427.83	11.81	4040	24.09	6.36	39.74
太原	383.50	10.28	4029	23.66	3.72	47.29
兰州	331.92	12.54	2837	32.54	3.81	35.35
呼和浩特	248.74	9.79	2791	16.21	−3.87	−9.69
乌鲁木齐	226.82	8.99	3413	25.10	10.10	29.69

续表

	常住人口（万人）	省内常住人口占比（%）	GDP（亿元）	省内 GDP占比（%）	GDP 年增长率（2018＝100；%）	GDP5 年增长率（2014＝100；%）
西宁	209.37	34.44	1328	44.77	3.23	17.35
银川	199.57	28.72	1897	50.61	-0.24	26.99
拉萨	55.88	15.92	618	36.40	14.28	64.04

注：GDP 数据均来自国家统计局官网 http：//data.stats.gov.cn/index.htm。常住人口数据来自 WIND 中国宏观数据库。其中，长春市常住人口数据缺乏，以户籍人口数据替代；拉萨市常住人口数据为 2017 年数据；重庆市为直辖市未列入。

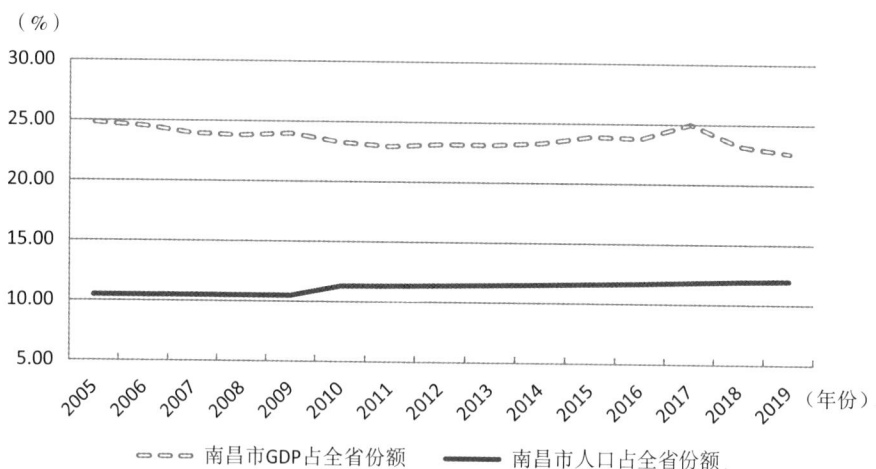

图 1-1　2005—2019 年南昌市 GDP、人口占全省份额变化

（2）赣州、上饶等近海地级中心城市快速崛起，全省表现出以地级中心城市为主导的次级多中心城镇化格局。与南昌市相比较，一些具备发展条件的省域内其他地级中心城市特别是邻近沿海省区的地级中心城市，如赣州、上饶等，表现出非常强劲的增长势头和抗压能力，2017—2019 年赣州的 GDP 增长率均保持在 8.5% 以上，成为省城内经济增速最快城市，上饶市 2017 年、2018 年 GDP 增长率在全省排名较前，如图 1-2 所示。此外，吉安、九江等其他地级中心城市经济也表现出较快增速。近年来，在全国经济增速下滑大背景下，基本上能保持在 8% 以上的经济增速，全省形成以地级中心城市为主导的多中心城镇化集聚格局。

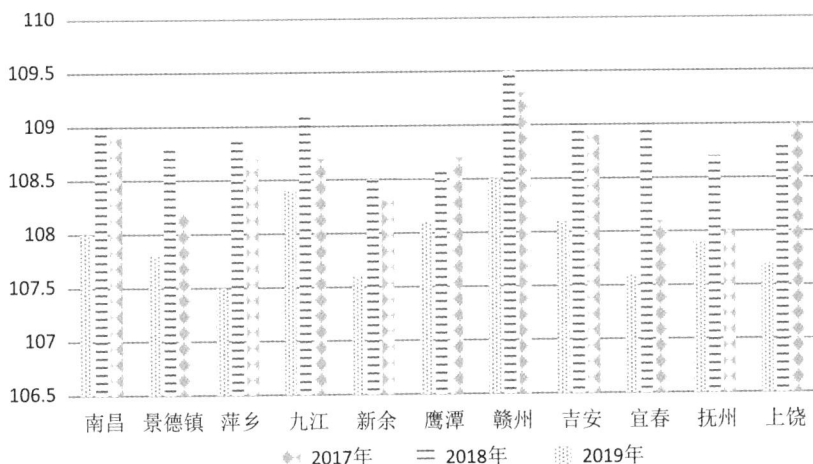

图1-2　2017—2019年江西各地市GDP指数

（3）快速崛起的近海地级中心城市表现出较为明显的中心城区集聚趋势。尽管江西省域内没有表现出以省会南昌主导的中心集聚趋势，但在赣州、上饶这些增长势头强劲的城市市域内，经济增长的中心集聚趋势非常明显，其经济增长和城镇化主要集聚于中心城区和近郊区县。如近年来，赣州市的信丰、南康、上犹等区县连续多年GDP增速保持在9%以上，上饶市的广信、玉山、铅山等区县也连续多年GDP年增速保持在8%以上，均大大高于边远县的GDP增速。

第三节　江西城镇化的绩效表现与政策经验

一　江西城镇化的绩效表现

江西以地级中心城市为主导的次级多中心集聚模式与其内陆省区的区位条件和城镇化、工业化中期阶段特征高度适应，城镇化与工业化良性联动，对省域经济发展产生了积极影响。

（1）实现了省域经济的持续高速增长。自2008年以来，江西GDP增速持续跑赢全国平均水平，2015年第一季度开始GDP增速跃居全国五强，中部地区最强，2018年第一季度开始进一步跃居全国四强，实现了省域经济的高速增长。近两年，受中美贸易摩擦影响，全国经济增速下行压力大，但江西经济由于本地特色资源和本地市场开发的地级城市集聚，表现出较强的抗压能力，直至 2019 年，GDP 增速仍然保持在 8% 以上，稳居全国第四、中部最强的良好势头。

（2）实现了省域经济的内源性高质量增长。由于城镇化与工业化模式符合实际省情，江西经济增长的内源性动力充足，与其他高速增长的内陆省区相比，江西经济增长质量高、风险低，对中央倾斜支持和地方政府债务发行依赖小。在内陆省区中，江西属于分享中央区域倾斜扶持力度较小的省区，以国家预算内投资相对份额（相对于 GDP 份额）为例，2012 年以来，江西分享的相对份额，低于贵州、四川、安徽等同期 GDP 增长较快省区，在全部 20 个中西部内陆省区中也仅仅高于河南、吉林和黑龙江三省。同时，江西还是内陆省区中地方政府债务相对较少的省区之一，截至 2018 年，江西债务率（政府债务余额/GDP）为 21.74%，低于贵州、安徽、重庆、四川等其他 GDP 增长较快省市，在 8% 以上 GDP 增速的 8 个省区中，债务率最低，几乎不存在寅吃卯粮的风险。

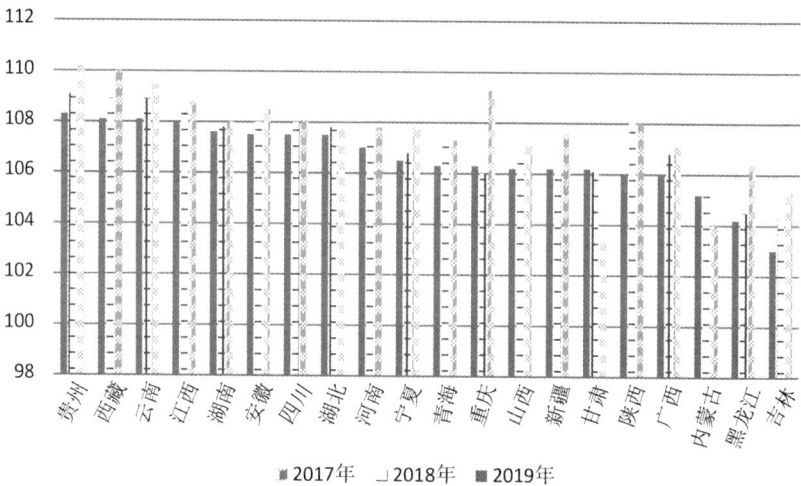

图 1-3　2017—2019 年内陆省区 GDP 增长指数

表 1-2　　　　　　　**2017—2018 内陆省区发展绩效与风险指标比较**

	2017 年预算内投资占全国相对份额（%）	2018 年政府债务率（%）	2018 年 GDP 指数	2017 年 GDP 指数
山西	-0.96	17.62	106.7	107.1

续表

	2017年预算内投资占全国相对份额（%）	2018年政府债务率（%）	2018年GDP指数	2017年GDP指数
内蒙古	1.16	37.92	105.3	104.0
吉林	-0.64	24.61	104.5	105.3
黑龙江	-0.49	25.16	104.7	106.4
安徽	1.44	22.34	108.0	108.5
江西	0.63	21.74	108.7	108.8
河南	-1.06	13.62	107.6	107.8
湖北	1.68	—	107.8	107.8
湖南	0.18	23.91	107.8	108.0
广西	2.89	26.99	106.8	107.1
重庆	0.34	23.03	106.0	109.3
四川	1.48	22.86	108.0	108.1
贵州	1.22	59.77	109.1	110.2
云南	2.70	39.93	108.9	109.5
西藏	2.54	9.12	109.1	110.0
陕西	1.61	24.09	108.3	108.0
甘肃	1.17	30.22	106.3	103.6
青海	1.35	61.53	107.2	107.3
宁夏	0.26	37.47	107.0	107.8
新疆	3.47	32.63	106.1	107.6

注：①国家预算内投资相对额为各省区国家预算内投资占全国份额减去GDP占全国份额，正数表示被扶持倾斜，正数越大，被扶持力度越大，负数表示被劫持。②政府债务率为各省政府债务余额除以GDP，债务率越高，债务风险越大。③GDP和固定资产投资数据均来自国家统计局官网（http://data.stats.gov.cn），政府债务余额数据来自WIND数据库；④另，国家预算内投资数据只公布到2017年，债务余额数据只公布到2018年。

（3）实现了省域经济的相对均衡发展。由于城镇化和工业化主要聚集于各地级中心城市，使得江西各地市发展相对均衡，如图1-4所示，自21世纪以来，江西各地市之间经济增速标准差呈现明显下降趋势。自2015年以来11个地市之间的GDP增速标准差均在0.50%以下，是全国31个省级行政区中省域经济增长最为均衡的省区。

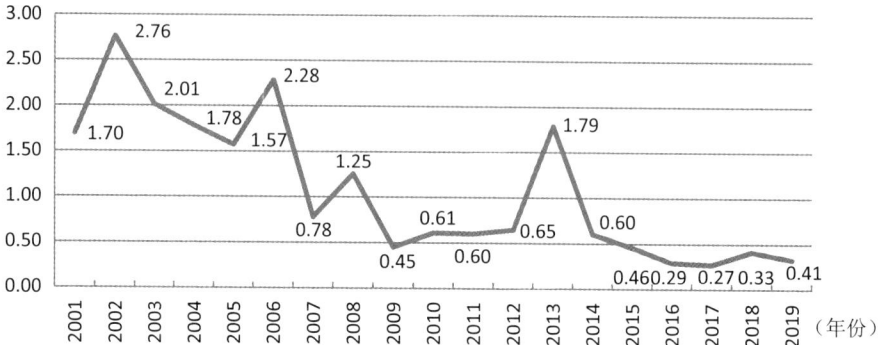

图 1-4　江西 11 地市经济增速标准差变化趋势（2001—2019 年）

二　江西城镇化的主要政策措施

江西以地级中心城市为主导的次级多中心集聚发展，与其城镇化和工业化战略政策分不开，其主要的战略、政策措施有以下几方面。

（1）高度重视省会南昌的带动辐射效应，实施大南昌的泛都市化联动发展模式。江西省高度重视省会南昌的发展，但与其他内陆省区通过行政辖区合并和公共投资拉动、聚全省之力建设省会大都市的模式相比，江西省的省会发展战略更强调省会南昌与外围市县之间的联动协同发展。无论是 21 世纪初期提出的昌九经济走廊、鄱阳湖生态经济区，还是最近提出的大南昌都市圈发展规划，均没有太多强调南昌本市的规模增长，更多的是强化南昌市与临近的九江、抚州、宜春等城市之间的协作、协同，强化南昌市对辖区外的鄱阳、余干、万年、靖安、奉新等相对欠发达市县的带动辐射，积极推进南昌市与外围市县之间的同城化、规划对接和政策衔接，积极探索泛都市圈内各市县之间的成本分担和利益共享。

（2）积极推动地级中心城市对本地优势资源的开发和对劳动力的利用，形成各具地方特色的系列产业集群。一是强化对本地特色矿产资源的开发，形成一批具有资源特色的产业集群，如赣州稀土、钨等产业，上饶铜加工产业；二是大力促进旅游休闲养生产业的开发，如上饶等地凭借自身天然的生态优势和邻近长三角的区位优势，大力推进旅游休闲养生产业，成为长三角人口的旅游休闲养生圣地；三是利用交通条件改善的机会，迅速成为区域内沿海产业转移的承接集聚中心，如上饶市利用新建高铁枢纽（沪昆线与合福线交汇），打造最便捷的沿海内陆交汇中心，成为沿海产业内陆转移的首选地；四是积极利用外出劳务服务优势，打造输出型劳务服务配套产业集群，如上饶广丰利用本地外出劳动力多从事挖掘机服务的优势，大力发展挖掘机服务的总部网络服务，南昌安义利用本地外出劳动力多从事门窗装饰服务的优势，大力发展门窗装饰服务的总部网络服务。

（3）积极利用财政资金投资对地级中心城市经济增长的引擎效应，对具有发展潜力的区域实施财政投资倾斜。与多数内陆省区财政性投资向省会城市倾斜不同（大多数省区预算内投资中省会城市占比均在 1/3 以上，有些省区如安徽，省会合肥曾一度占比在 1/2 以上），江西财政性投资向非省会的地级中心城市倾斜更多。自 2012 年以来，全省预算内投资中省会南昌所占份额多数年度在 10% 左右，而赣州所占份额连续多年在 37% 以上，上饶所占份额近年来也快速上升到 10% 以上，预算内财政性投资对地级中心城市经济发挥了较为明显的拉动效应。

（4）近海城市积极探索与沿海城市之间的全方位联动协调合作机制，推动与沿海城市之间全方位的经贸关系。近海城市赣州、上饶利用邻近沿海省区的地理区位，近年来积极推动本市与沿海城市之间的联动协调合作。一是从政府层面就生态补偿、商贸关系等开展协商，签署一系列政府间的合作协议，如赣州市与深圳、广州、河源、梅州、龙岩等沿海城市签署合作协议 20 多份；二是积极推动与沿海城市的发展对接，如上饶市积极推进建设浙赣边际合作（衢饶）示范区，打造两省边际经济发展的新增长极，在福建宁德建设宁德港上饶码头，形成上饶对外贸易的直通道；三是积极推进多层面的双向联动，实现与沿海省区的经济联动、社会联动、文化联动和生态环保联动。由政府牵头的多层面沿海城市联动合作，极大地推进了这些近海城市与沿海城市之间的经贸往来，使这些近海城市成为沿海城市企业扩张、迁转的首选城市，极大地拉动了来自沿海省区的项目投资和产业集聚。

第四节　江西经验对内陆省区城镇化的借鉴意义

尽管存在具体省情差异，但同为内陆省区，发展条件、发展阶段均存在明显共性。江西紧扣发展条件和阶段特征的城镇化模式和战略，对其他内陆省区具有借鉴意义。

内陆省区城镇化之江西探索

（1）鉴于地处内陆的区位条件和生态条件，内陆省区城市产业选择和城市规模选择均应扬长避短，省会大都市可能面临较严重的规模绩效约束。内陆省区没有大吨位水运条件，并不适合需要广泛参与全球市场并且运输成本占比高的产业集聚。运输成本占比高的产业产品宜以满足本地市场需求为主。由于城市内外物流需求将使陆上交通线单位面积的运输密度呈几何级数增长，内陆超级大都市更容易形成严重交通拥堵和高昂物流成本。内陆地区城市也缺乏沿海地区昼夜潮汐带来的空气流动和湿润气候，污染防治和生态修复能力弱，内陆省区超大城市也更容易引发生态环境风险。因此，内陆型超级大都市建设要高度防范其可能存在的发展风险。

（2）内陆省区多处于城镇化、工业化中期阶段，以地级中心城市为主导的次级多中心集聚可能对当前发展阶段的主导产业特征和居民消费特征仍具有较强的积极集聚效应。工业化中期，城市工商业已经摆脱了对农村市场的过度依赖，表现出一定的集聚发展要求，但工业制造业仍然是主导产业，而工业制造业集聚并不要求城市规模越大越好，工业制造业之间的集聚集群联系主要体现为对大型基础设施共享以及和劳动力市场、运输市场的匹配，更深层次的因多样化服务需求增长引发的分工专业化和学习机制，在工业化中期的工业制造业经济活动中还不是特别明显。工业化中期的居民消费也多集聚在大众化消费品上，不能提供更加多样化的商品服务市场需求，同样不足以支撑更大城市规模集聚所引发的各种成本上升。

（3）与沿海发达城市之间的联动合作对推动本地经济发展具有重要的作用。内陆省区面临本地自发和沿海拉动的双轮城镇化驱动，沿海城市对其产业集聚和人口、劳动力市场转换长期存在巨大影响。积极探索与沿海城市之间的联动合作，可以促进本地城乡与沿海城市之间形成更加合理的人口、劳动力流动和产业迁转。

第二章　江西城镇化的驱动力与绩效逻辑[*]

作为内陆省区，江西具有较为特殊的地理区位和城镇化特点。东、南两面毗邻沿海省区，如何理顺与沿海发达城市间的虹吸辐射关系，一直是江西发展面临的战略难题。

省会南昌位于省域中北部，但由于历史上形成了九江、景德镇、萍乡、新余等传统工商业城市，南昌的首位城市辐射带动效应并不强，江西城镇化格局如何优化、城镇化的主战场和重心如何选择，省内一直存在矛盾、犹豫与争议。这在江西城镇化相关的一些政策文件中表现得很明显。[①] 一方面，希望做大南昌提升首位城市的增长极化效应；另一方面，又强调加强地级中心城市发展，更提出加快县城和小城镇发展，这使得省域城镇化长期缺乏战略重心。

研究江西城镇化的文献不少，但多数文献聚焦于城镇化水平的变化关系。李述、胡浣晨是极少数从空间格局视角研究江西城镇化的学者，[②] 但李述的研究主要基于生态承载关系，胡浣晨的研究则主要介绍了新一轮的江西城镇体系规划，对江西近期发展动能转型关注不足。

近年来，江西发展的内外动能条件发生了重大变化，为城镇化注入了新动力。在全国经济快速增长的带动下，江西发展也进入了由中等发展到中等发达的转型跨越期，2010 年全省人均 GDP 首次突破 3000 美元，2014

---

[*]　执笔人：李恩平，中国社会科学院生态文明研究所。

[①]　参看赣发〔2010〕7 号文、赣府发〔2019〕10 号文、江西省新型城镇化规划（2014—2020 年）等文件。

[②]　参见李述（2018）、胡浣晨（2019）的研究。

年城镇化水平首次突破 50%。这使得城镇化驱动力发生了重大转变，乡城迁移由早期的单纯就业迁移转向居住生活在内的举家迁移，同时城城迁移加速。

随着全国沿海、内陆经济关系优化重构，近年来，作为两面近海的内陆省区——江西与沿海发达省区的经济关系也发生了重要变化，沿海地区主要发达城市的腾笼换鸟、产业升级，使得其对邻近内陆地区的经济关系由早期的虹吸主导转变为虹吸与扩散辐射并存，这为江西城镇化注入了外生新动力。同时，基于产业升级需求，各省区的高端服务产业集聚和高端人才竞争空前加剧，科教文卫等传统社会事业服务改革加速，在其他省区大都市多样化消费服务需求和多类型业务平台的吸引下，江西近年来人才流失严重、高端产业发展不足，这使得城镇化格局发生重大变化。

如何根据既有的地理资源条件扬长避短，适应省内外发展动能变化，优化和调整城镇化格局，是江西发展面临的重要课题。本章试图从江西城镇化的基础条件、驱动力变化和发展绩效逻辑变化三个层面，研究江西城镇化格局优化调整的战略方向，期望为江西城镇化战略制定提供一些理论支撑。

第一节　江西城镇化的基础条件

在国家经济地理的八大经济区中，江西属于长江中游的内陆省区，相对发展水平较低，不过近年来保持了较快经济增速，其城镇化基础条件算不上优越，但也存在一些有利因素。

（1）地处内陆但两面近海使得江西城镇化面临沿海发达城市拉动与本地市场自发的明显双轮驱动。江西是全国唯一一个两面近海且连接三个沿海省区的内陆省区，南邻广东、东接浙江、东南连福建。两面近海的地理区位，使得相对于其他内陆省区，江西经济发展和城镇化受沿海地区影响更大，表现出明显的输出型城镇化移民模式和沿海城市辐射带动型城镇化格局特征。沿海城市拉动与本地市场自发相结合的城镇化双轮驱动在江西表现得尤为明显。

（2）辖区气候地理条件有利于中大型城市集聚，但内陆城市的特征也使得首位大都市面临更高的运输成本。江西境内地形地貌主要为丘陵平原，具有较低纬度亚热带气候，这使得本地市场的水果、蔬菜、花卉等特别丰富，有利于大中型城市集聚。但作为内陆省区，缺乏大型海港，省会南昌更位于省域中北部，远离长江航线，[1] 也使得相对于沿海省区及以长江港口为省会的湖北等省，江西首位城市南昌面临更高的运输成本。

（3）江西省会南昌市首位度并不突出，省域内历史上形成了多个传统次级中心城市，部分城市还保留了一些"三线"布局的较高端生产型服务业。省会南昌市为省域首位城市，但截至 2019 年，南昌市人口占全省人口比重仅仅为 11.49%，[2] 属于内陆地区人口比重最低首位度的省区之一，南昌市常住人口规模也只有 560.06 万，城市规模大大低于武汉、长沙、合肥等邻近省会城市，属于规模较小的省会城市。除南昌之外，省域内历史上有众多著名的次级中心城市，如九江、景德镇、赣州、抚州、宜春等，近现代又形成了一批工矿业城市和铁路枢纽城市，如萍乡、新余、鹰潭、上饶等，至 21 世纪初，全省形成 11 个地级中心城市。尽管江西近代工商业发展水平不高，但历史上特别是 1949 年后，在省会南昌以外，地级中心城市也集聚、分布了一批特殊类型的国家级科研教育等生产性服务机构，如景德镇的飞机制造研发、陶瓷陶艺研发机构，抚州、赣州的地质矿藏、有色金属科研机构。

（4）江西高端人口相对缺乏，省会南昌相对缺乏国家级、大区域级服务平台，难以支撑大型中心城市集聚。由于历史原因，江西近代以来教育、科研相对落后，人口整体受教育水平相对较低，以 2010 年第六次人口普查为例，江西大专及以上学历人口占 6 岁以上人口比率为 7.56%、研究生学历人口占 6 岁以上人口比率为 0.15%，在全国 31 个省级行政区中排名靠后。江西省内仅有一所"211"高校，没有"985"和"双一流"高校，没有中国科学院下辖研究所。在省会南昌，各类国家级、大区域级服务平台也几乎没有。人口受教育水平相对较低必然影响消费结构层级，而系列高端服务产业需求不足，高端科研、服务平台缺乏，也使得高端服务产业发展缺乏供给基础支撑，这使以高端服务为主导产业的大型中心城市难以集聚。

---

① 实际上，江西省的长江航线的航运价值并不高，铜陵以上长江港口均不具备万吨以上泊位通航能力。

② 除特别说明外，本章所引用数据均来国家统计局国家在线数据网（http://data.stats.gov.cn），部分较早时期数据来自国家统计局《新中国 60 年统计资料汇编》。下文不再说明。

第二节 近年来江西城镇化的驱动力变化

历经 40 多年的高速经济增长和快速城镇化，与全国大多数省区一样，江西内外发展条件正发生重大变化，省域经济发展和城镇化驱动力正发生重大转型。

（1）省域经济迈入由中等发展向中等发达的转型跨越期，城镇化迈入快速增长 2.0 阶段，城镇化与经济增长的关系进入新阶段。

2010 年江西人均 GDP 首次突破 3000 美元，2018 年达 7400 美元，按照世界银行的标准（Gill 等，2006），已经迈入中等收入或中等发展阶段，进入中等发展到中等发达的转型跨越期。2014 年江西城镇化水平首次突破 50.00%，2018 年达 56.02%，按照 S 型城镇化水平的阶段划分（UN，1974；李恩平，2014），进入了快速城镇化的中后期即 2.0 阶段。

在经济发展的转型跨越期和快速城镇化 2.0 阶段，城镇化与经济增长的关系发生了重大变化。对于类似江西的后发地区，早期经济发展更多由工业化所推动，城镇化仅仅是对工业化的被动适应，但进入中等发展跨越期，城镇化对经济增长的贡献增大。

根据周一星（1984）、Annez 和 Buckley（2009）的研究，城镇化与经济增长之间存在较为明显的对数线性关系。如图 2-1 所示，江西城镇化水平与人均 GDP 之间的散点图和对数线性趋势线，表明江西城镇化与经济增长之间存在显著对数线性关系，其对数线性趋势线拟合方程的 R^2 达 0.9166。

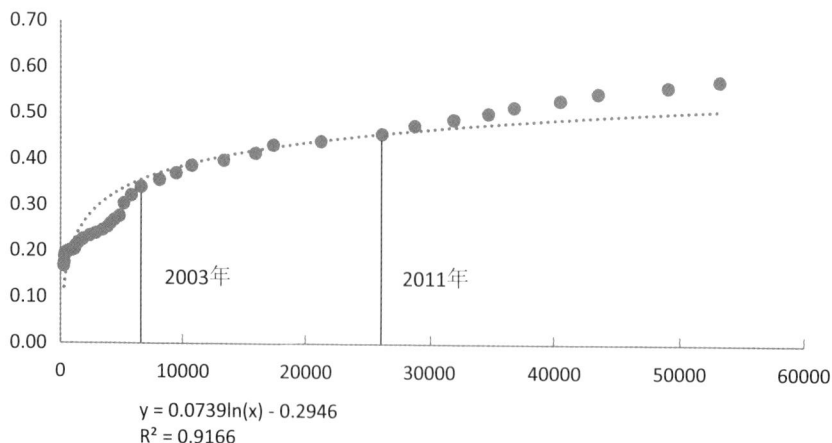

$$y = 0.0739\ln(x) - 0.2946$$
$$R^2 = 0.9166$$

图 2-1 1978—2019 年江西城镇化水平与人均 GDP 散点图

对照散点图与对数线性趋势线，我们也可以发现，江西城镇化与经济增长之间实际上存在三个阶段的演变特征：2003年以前，散点图基本上位于对数线性趋势线下方，意味着实际的城镇化水平低于经济增长合意的城镇化水平；2003—2011年，散点图与对数线性趋势线高度重合，意味着城镇化与经济增长的协调联动；2011年以后，散点图基本上位于对数线性趋势线上方且呈偏离拉大趋势，意味着城镇化对人均GDP的拉动效应低于合意水平，城镇化集聚效应并没有被释放出来。

（2）省内城镇化驱动力由早期就业收入主导转向就业收入与多样化消费服务利益并重，居住城镇化需求快速增长，城城迁移加速。

在中等发展到中等发达的转型跨越期，城乡发展关系发生重大转型。农村经济商品货币化和生产专业化程度不断加深，自给自足的消费便利消失。随着居民消费结构升级，城市市场低成本且多样化的消费服务利益快速增长，使得城乡消费利益差距从有利于农村转变为越来越有利于城市。也由于不同层级消费服务供给对最低市场规模的要求存在差异，随着居民消费结构升级，不同规模城市间的消费利益差距也在快速拉大。

城乡利益差距的变化使得城镇化驱动力由早期就业收入主导转向就业收入与多样化消费服务利益并重，导致城镇化移民模式转型，由早期单纯就业移民——农民工转变为包括劳动人口在内的举家移民，居住生活城镇化与就业城镇化并重。根据李恩平（2019）的研究，劳动人口与非劳动人口城镇化差距存在以大致50%城镇化水平为拐点的先升后降规律，当城镇化水平突破大致50%拐点以后，非劳动人口城镇化加速。

江西城镇化人口迁移模式的拐点大致发生在城镇化水平首次突破50%的2014年前后，由于缺乏各年度分年龄城乡人口数据，我们以城镇就业人口/城镇常住人口比率来考察就业人口与居住人口城镇化进程差距，[①] 城镇单位就业人口/城镇人口比率拐点发生在2013年，城镇单位就业与私营单位就业人口/城镇人口比率拐点发生在2015年，不过，受国际贸易影响，农民工返乡比率增加，如图2-2所示。江西城镇就业人口与城镇人口比率变化表明，城镇就业人口占城镇人口比率已经跨过拐点呈右下倾斜趋势，意味

---

① 由于各年度统计口径差异，城镇个体就业人口各年度之间变化太大，因此本部分没有考察个体就业人口比率变化。

着城镇化人口中非劳动（就业）人口比率呈逐渐上升趋势。

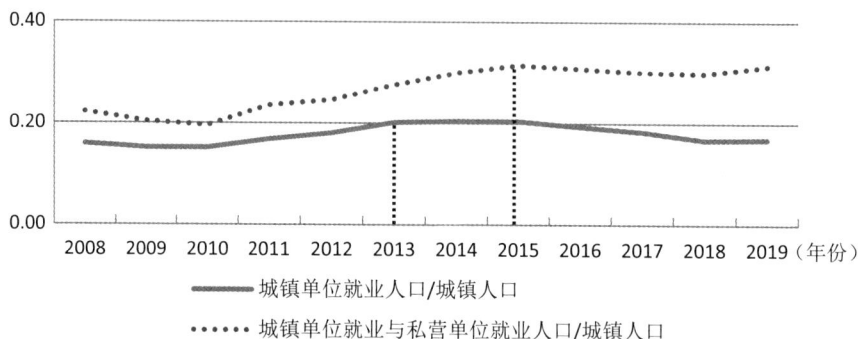

图 2-2　2008—2019 年江西城镇就业人口与城镇人口比率变化

数据来源：国家统计局在线数据库（http：//data. stats. gov. cn）。

（3）省域与沿海发达城市间的经济关系也由早期单向的人财物虹吸效应转向虹吸效应与产业转移承接并存。

历经 40 多年的高速经济增长和快速城镇化，我国沿海地区和内陆地区的经济关系也发生了重大转变，开始由早期单向的人财物虹吸效应转向虹吸效应与产业转移承接并存。一方面，沿海发达城市基于国际竞争压力，存在产业升级需求，需要淘汰一些中低端产业，实现腾笼换鸟；另一方面，长期经济集聚也使得用地成本和劳动力成本迅速上升，一些劳动力密集和用地密集产业，迫于成本上升压力，实施产业转移。而内陆地区相对丰富的劳动力供给和相对宽松的用地供给，正好错位沿海发达城市成本上升压力，从而形成沿海内陆梯度产业转移、承接。

从沿海省区产业企业集聚关系看，较大规模的沿海产业转移主要发生在 2010 年以后，如图 2-3 所示，江西邻近的广东、福建、浙江三省，工业企业单位数 2010 年均出现了大幅下降（部分原因可能是统计口径变化），且 2011 年以后各年度工业企业单位数变化幅度很小，远没有 2010 年以前的增速，这表明这些沿海省区工业制造业企业集聚减少了，新增的工业制造业企业被转移到了内陆省区等其他区域。沿海内陆产业转移、承接过程中，也伴随着沿海内陆城镇化迁移方向的变化，内陆省区输出劳务——跨省外出农民工随着产业迁移出现回流，在省区内就近再就业。

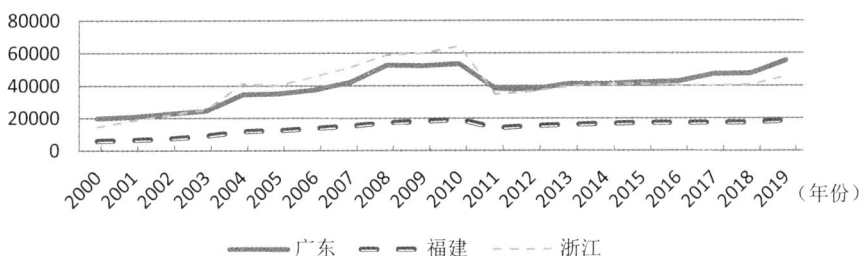

图 2-3　江西近邻的广东、福建、浙江三省工业企业单位数变化（2000—2019 年）

数据来源：国家统计局在线数据库（http://data.stats.gov.cn）。

江西东、南两面均毗邻沿海省区，是距离沿海发达城市最近的省区之一，具有最短的交通距离和最低的交通运输成本，更有利于沿海发达城市转移产业与原转移地之间的商贸联系，很容易成为沿海发达城市产业转移首选地，与沿海发达城市之间人财物虹吸与产业转移的双向经济关系更加突出。

（4）面临越来越严峻的高端生产性服务业外迁和高端人才流失形势。

随着全国经济迈入转型跨越期，省区之间的发展竞争加剧，特别是高端服务产业和高端人才竞争加剧。一方面，沿海发达省区迫于国际竞争压力，存在产业升级需求，希望通过普通制造业到高端服务产业的升级占领高附加值产业链端；另一方面，不少内陆省区也希望通过高端服务产业集聚实现赶超发展，江西毗邻的湖北、安徽等内陆省区纷纷提出建设光谷、硅谷，集全省之力，大力提升武汉、合肥等省会城市的高端服务产业集聚。与高端服务产业竞争相对应，无论沿海省区还是内陆省区，均展开了对高端人才的竞争，纷纷出台各类颇具吸引力的人才政策。

在沿海发达省区和近邻内陆省区联合竞争挤压下，本就缺乏高端服务平台的江西竞争力劣势更加明显，服务产业特别是高端服务产业发展相对滞后，2019 年三产占比 47.50%，是长江中游四省中三产占比最低的省区。高端服务产业竞争被挤压，必然也意味着高端人才的流失。如图 2-4 所示，无论是相对全国还是长江中游地区，江西省（6 岁以上人口）大专及以上学历人口的相对比率自 2008 年开始表现出持续性的明显下行趋势，直到 2018年、2019 年才开始有所好转。

（％）

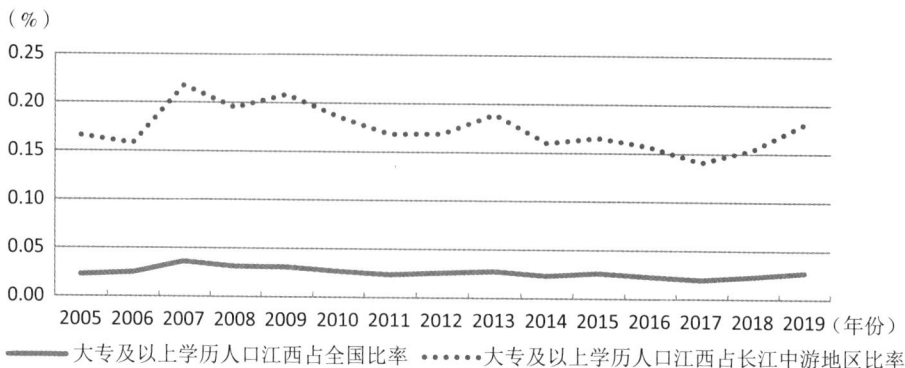

图 2-4　江西大专以上人口占全国和地区比率变化（2005—2019 年）

数据来源：国家统计局在线数据库（http：//data. stats. gov. cn）。

高端产业集聚和高端人才集聚的外部竞争也必然影响城市产业结构和人口结构，给省区内城镇化集聚和经济发展带来不利影响。高端服务产业发展滞后，会降低城市集聚效应，也使得单位人口和单位产出的城市拥堵效应增加，高端人才流失更会从生产和消费两方面导致城市发展动能丧失。

第三节　江西城镇化驱动力转型引发的发展绩效逻辑变化

经济发展和城镇化驱动力转型，必然影响城镇化绩效关系变化，一些城镇在新的驱动力条件下，固有的资源约束、区位劣势等不利因素越来越凸显，发展动能耗竭，发展停滞、逐步衰落的风险加剧；一些城市原本未被开发的资源条件和区位优势逐渐凸显，发展动能转换，可能迎来快速增长机遇期；还有一些城市需要对城市产业结构和空间格局重构优化，才能实现可持续发展。

（1）县域经济和小城镇传统小型工业化发展动能耗尽，面临向现代农业和生态文明新经济的转型。

中等发展到中等发达的转型跨越期，是产业结构快速升级的阶段。进一步的经济发展在于城市集聚效应的提升和产业结构的转换及对消费结构升级的需求适应，更高层级的工商产业只有在较大规模的城市市场才能更有效地实现共享、匹配与知识技能的扩散和创新，但消费结构升级也为农村腹地县和小城镇带来新机遇。

县域经济和小城镇传统工业化发展动能快速耗竭。在早期发展过程中，一些农村腹地县、小城镇依赖劳动力丰富和农产资源邻近的优势，建设发展了一批"小而全"的小型工业园区，壮大了所在县的县域经济，但在新的发展驱动条件下，这些县和小城镇无论生产集聚还是消费集聚，都因为市场规模狭小导致共享、匹配与知识技能的扩散和创新严重不足，"小而全"的传统工业化发展动能耗尽。

消费结构升级又为县域和小城镇经济转型发展提供了机遇。随着收入水平提升和消费结构升级，居民家庭对健康服务的需求提升，不断强化消费服务的绿色生态品质追求，一些山清水秀的乡村将会迎来生态养生服务产业发展机遇，绿色有机农产品需求也必将快速增长。随着快速城镇化，农村人口减少，人均土地资源增长，也会促进农村经营方式转变，规模化、专业化的现代农业和绿色农业也必将为县域经济发展注入新动力。

（2）部分没有区位优势的传统次级中心城市竞争力可能持续下滑，发展停滞、逐步衰落的风险加剧。

中等发展到中等发达的转型跨越期，大都市的集聚优势进一步凸显，次级中心城市竞争力存在持续下滑趋势。经济发展早期，由于产业结构层级较低、交通通信技术水平不高，因此市场可达的区域范围有限，本地市场的城镇化和产业集聚更多在较小区域范围内（如县域或地级辖区）发生；随着进一步的经济发展，产业结构层级提升、交通通信技术进步，市场可达的区域范围大幅提升，本地市场的城镇化和产业集聚可以在更大区域范围内（如省级辖区）发生，集聚效应很可能使更大区域范围内逐渐形成一个主要的产业集聚和城镇化中心——首位城市所在的城市群或都市区，而（省级）大区域内原有次级中心城市可能迅速衰落。

日本、韩国在其高速经济增长和快速城镇化中后期均经历了首都都市区快速集聚、其他次级中心城市快速衰落的过程。日本东京都市区已经集聚了全国近1/3的人口，传统的次级中心城市，如广岛、大阪、京都等城市自20世纪70年代以来陆续出现了持续衰落，韩国首尔都市区集聚了全国50%以上的人口，传统次级中心城市如釜山、大邱、光州、春川等，自20世纪80年代中期以来陆续出现了持续衰落。

江西属于内陆省区，其次级中心城市的区位条件远远赶不上韩国、日本诸多具有良好水运条件的海港、河港城市，进入转型跨越期后，在省会首位城市南昌和近邻沿海城市的联合虹吸下，传统次级中心城市的竞争力可能面临持续下滑，特别是一些远离沿海城市的中西部次级中心城市，如萍乡、宜春、新余、景德镇等，发展动能衰竭，发展停滞、逐步衰落的风险加大。

（3）省会南昌的首位城市效应可能持续放大，但面临欠发达内陆条件的规模效应约束。

中等发展到中等发达的转型跨越期，省会南昌的首位城市效应持续放大。一方面，如上所述，由于产业层级提升和技术进步，首位城市存在集聚效应的规模路径锁定优势，强者恒强；另一方面，南昌作为省会，全省行政资源集聚，也必然强势吸引、集聚全省人财物资源，更由于转型跨越期产业结构向服务产业转型，行政资源对服务产业集聚具有明显优势。因此可以预期，省会南昌可能会持续快速增长，尤其是省内中高收入人口和中高端人才会快速集聚。但南昌城市集聚绩效提升也会受到内陆区位和省区相对欠发达条件约束。

作为内陆型大都市，南昌无法像沿海城市一样分享大吨位水运的低成本利益，这使得城市对内、对外运输严重依赖陆上交通体系，随着城市规模增长，单位道路运输承载呈几何级数增加，使得城市拥堵效应快速提升。

作为相对欠发达省区，江西经济发展水平和人口受教育水平相对较低，一方面，所能选择的就业结构从而产业结构层级相对较低，相对较低层级的产业集聚，共享、匹配所要求的本地市场规模并不大，大规模的产业集聚带来的集聚效应并不明显，难以抵消大规模集聚所带来的拥堵效应；另一方面，相对较低收入和较低受教育水平的人口，消费结构层级也相对较低，消费结构以相对较低成本的大众化商品服务为主，多样化高端消费服务需求不足，大规模人口从而消费市场集聚并不能带来过多的消费集聚利益，同样难以抵消大规模消费集聚带来拥堵效应导致的运输成本上升。因此，南昌人口和产业集聚还需要处理好人口结构、产业结构和消费结构所要求的最佳市场规模与城市总人口规模和总市场规模之间的分流分理问题。

（4）东南近海区域可能成为最佳产业转移承接的近海发展地带，迎来新一轮沿海产业转移集聚机遇期。

沿海发达城市产业转移进入新阶段，产业转移可能更偏好近距离的产业集聚集群分工。随着产业结构调整初步到位，沿海发达城市进一步产业转移的承载地选择，不再如早期几乎不考虑与母城市间的运输、通勤距离和空间经济联系（如超远距离的大西南、大西北），因为被转移产业与母城市产业之间更紧密的前后向业务关系和商务往来，其转移承接地的选择必然更偏好空间距离更短、交通联系更便捷、经贸往来更密集的内陆省区近海区域。

江西东南近海区域对沿海发达城市产业转移、承接具有更有利的区位优势，可能迎来新一轮沿海产业转移集聚机遇期。江西省会南昌尽管具有行政资源集聚和首位城市效应，但位于江西省中北部，其与沿海发达城市间的距离超出了频繁业务往来和商贸关系所能承受的最佳距离。而东南区域的赣州、上饶分别连接广东、福建、浙江，是沿海发达城市空间距离最短、经济联系最为紧密的外省城市，从而成为最佳产业转移承接的近海发展地带，① 未来5—10年可能迎来新一轮沿海产业转移集聚承接机遇期。

第四节　结论与政策建议

本章考察了江西发展转型和城镇化驱动力变化，分析了发展转型和驱动力变化引起的城镇化绩效逻辑变化。归纳总结以下重要结论：

（1）江西城镇化具有典型的沿海拉动与本地市场自发双轮驱动特征，首位城市不突出，产业结构、消费结构层级较低，高端服务平台相对缺乏。

（2）近年来江西经济发展和城镇化驱动力发生了重大变化。省域经济迈入由中等发展向中等发达的转型跨越期，城镇化迈入快速增长2.0阶段；省内城镇化驱动力由早期就业收入主导转向就业收入与多样化消费服务利益并重，居住、生活城镇化需求快速增长；省域与沿海发达城市间的经济关系也由早期单向的人财物虹吸转向人财物虹吸与产业转移、承接并存；同时也面临越来越严峻的高端生产性服务业外迁和服务人才流失形势。

（3）城镇化驱动力转型也导致发展绩效逻辑变化。县域和小城镇传统"小而全"的工业化发展动能耗尽，面临向现代农业和生态文明新经济的转型；部分没有区位优势的传统次级中心城市竞争力可能持续下滑，发展停

---

① 实际上，近海发展地带可能在整个东南近海省区均存在，如江西上饶、赣州和湖南郴州、衡阳、永州，近年来均成为沿海产业转移的重要承接城市。

滞、逐步衰落的风险加剧；省会南昌的首位城市效应可能持续放大，但面临欠发达内陆区位条件的规模效应约束；东南近海区域可能成为最佳产业转移、承接的近海发展地带，迎来新一轮沿海产业转移集聚机遇期。

基于上述研究结论，我们提出以下政策建议：

（1）顺应首位城市南昌的极化效应，加快高端产业、高端人口集聚集群。中等发展到中等发达的转型跨越期，首位中心城市的集聚效应和对省域经济的带动效应明显，省域经济发展应以省会南昌为中心，促进南昌与省域各区域之间的人财物流动畅通。

面对愈益激烈的外部竞争，省域经济布局应加快高端产业和高端人才集聚，形成以南昌为中心的集群发展，以南昌大都市多样化的生产生活服务平台重构江西高端产业和高端人才的生存发展环境。

（2）重构南昌大都市经济结构和空间格局，加快大都市区就业—居住—服务一体化的组团功能区和城市群建设。内陆区位及相对低端的产业结构和消费结构，是内陆大都市集聚的不利规模约束，需要经济结构与空间格局联动优化来破解。

按照产业层级差异，强化南昌大都市组团功能区分工，输出型高端服务、高端制造业与初级劳动密集制造业所对应的人口结构、消费结构从而通勤需求、商务往来均存在较大差异，且相互之间的产业联系和集群效应很小，应分别规划布局独立的组团功能区，最大化地发挥各分类产业内的集聚集群效应。

各组团功能区内就业—居住—服务平衡发展，大力推进产城融合发展，居民区与产业区邻近布局，根据各组团产业就业人口结构特点，尽可能设计规划更贴近本组团就业人口需求的住房和社区服务，通过税费和限购约束跨组团就业人口的住房购置。

（3）紧抓新一轮沿海产业转移机遇，赣州、上饶建成与沿海发达城市分工紧密的近海次级中心城市集聚中心。赣州、上饶属于沿海发达城市与省会城市之间的中间地带，与沿海发达城市空间距离短、经济联系紧密，又不受发达省区相对更严格的生态保护和用地供应约束，还相对远离省会城市的虹吸效应，是发达城市新一轮产业转移的最理想承接地。

应大力推进两城市联通沿海交通通道建设和城市基础设施建设；大力改进城市政府施政水平，努力提高城市营商环境；加强对主要沿海发达城市的政务商务服务，实现本城市在沿海发达城市的全方位政务商务服务。

（4）省域内发展条件不充分地区适度收缩发展，加快县域经济向现代农业和生态文明新经济转型。对一些缺乏发展动能的区位条件不理想、资源枯竭型城市，不再推行低效无效的本地市场产业转型，实施收缩发展，做好城市经济衰退后的人口迁转和维稳保障工作。

鼓励农村腹地县、小城镇由传统小型工业化经济向现代农业和生态文明新经济转型，除农产品加工外的工业制造业逐渐向省内主要大都市城市群迁转，鼓励利用优越的生态条件发展养生、养老经济，积极发展生态休闲旅游产业，大力发展现代农业、绿色生态农业。

第三章　江西城镇化的时空特征及其
对经济发展的影响*

城镇化是我国经济快速发展的主要引擎和潜力所在，城镇化的发展具有客观规律性，合理的城镇化布局可以加速城镇化发展步伐，推动地区的经济社会得到持续、快速发展。

第一节　1980 年以来江西城镇化的时空特征

一　城镇化的三个阶段

城镇化水平是反映一个地区现代化程度和经济增长水平的重要指标。1980 年以来，江西城镇化水平得到了长足的发展，城镇人口由 1980 年的615 万人提高到 2019 年的 2679 万人，累计增加超 2000 万人，城镇化率也由1980 年的 18.79% 增长到 2019 年的 57.42%。按照不同时期的发展差异，可将其分为三个阶段：

（1）城镇化启动阶段：1980—1990 年。1978 年，党的十一届三中全会召开，做出以经济建设为中心和实行改革开放的重大决策，改革重点开始转向城市，户籍制度改革开始试水，城镇化进程启动，农村人口开始试着向城镇流动，乡镇企业兴起、发展。在这一时期，江西经济仍以农业生产和农村经济为主，以工业和服务业为代表的城市经济发展水平很低，导致城镇化发展十分缓慢。江西省城镇化率由 1980 年的 18.79% 提高到 1990 年的 20.35%，平均每年提高 0.16 个百分点，各年全省城镇人口增加规模多数在 16 万人以内。

---

　　*　执笔人：李学锋，中国社会科学院生态文明研究所。

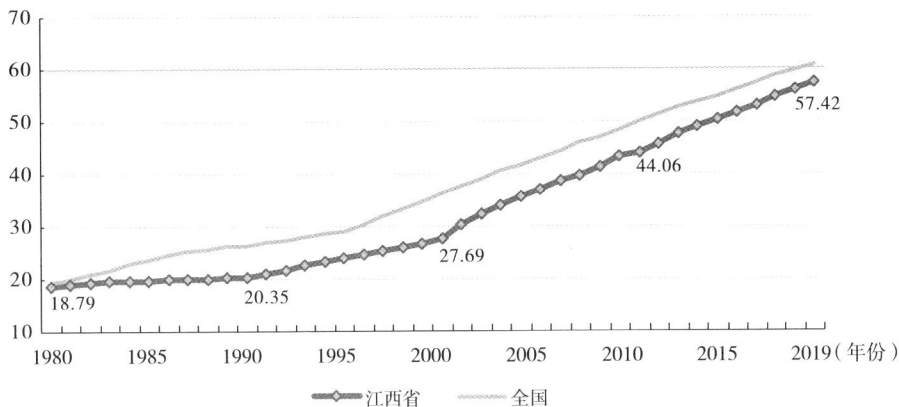

图 3-1　江西省常住人口城镇化率（1980—2019 年）

数据来源：《江西统计年鉴 2020》《中国统计年鉴 2020》。以下如无特殊说明，本章图表数据来源均与此相同。

（2）城镇化缓慢增长阶段：1990—2000 年。1992 年，邓小平南方谈话推动改革开放进入新阶段，党的十四大报告也提出关于加快改革开放和经济发展的一系列决定。随着改革开放的深入，商品经济日益活跃，人口流动日益频繁，农村人口逐步向城镇地区转移。在这一时期，江西省城镇化率由 1990 年的 20.35% 提高到 2000 年的 27.69%，平均每年提高 0.73 个百分点，各年城镇人口增加规模基本在 40 万人左右。

（3）城镇化快速增长阶段：2000—2019 年。自 2000 年以来，随着我国加入世界贸易组织（WTO），城市商业更加兴旺、市场更加繁荣，城市发展的区域协调性进一步增强。江西省依托中心城市和重点县城，以加快产业和人口集聚为重点，不断提高城镇综合承载力、集聚力和辐射力，城镇化呈现良好发展态势。江西工业化发展也进入快车道，城市建设规模迅速扩张，农村人口加快向城镇地区集聚，以就业转移为主的农村人口开始向城镇地区大规模迁移。

2012 年，党的十八大提出"走中国特色新型城镇化道路"，我国城镇化开始进入"以人为本、规模和质量并重"的新阶段。[①] 2014 年，国务院印发了《国家新型城镇化规划（2014—2020 年）》。江西省也在户籍、土地、财政、教育、就业、医保和住房等领域出台了配套政策，以工业和服务业

---

① 《城镇化水平不断提升　城市发展阔步前进——新中国成立 70 周年经济社会发展成就系列报告之十七》，国家统计局（http://www.stats.gov.cn/tjsj/zxfb/201908/t20190815_1691416.html）。

为代表的城市经济获得了巨大进步，非公经济如雨后春笋般涌现，为人口城镇化提供了良好的经济承载力与社会基础以及强劲的动力，农业转移人口市民化速度明显加快，中心城市规模迅速扩展，小城镇数量和规模不断扩张，吸纳了大量农业转移人口。

在这一时期，江西省城镇化率连上三个台阶，由 2000 年的不足 30.00% 提高到 2019 年的 57.42%，平均每年提高 2.97 个百分点，各年城镇人口增加规模基本在 80 万人左右。

二 人口年龄构成呈钟形，人口总量保持基本稳定

按细分年龄段分，2019 年江西全省人口年龄结构呈现出稳定型的特征。在不考虑人口跨区域流动的前提下，未来江西省人口总量会保持基本稳定，但随着经济的发展，人口流动趋势将长期存在，江西属于典型的人口净流出型省份，预计未来 10 年全省的老龄化走势和压力会明显增加。

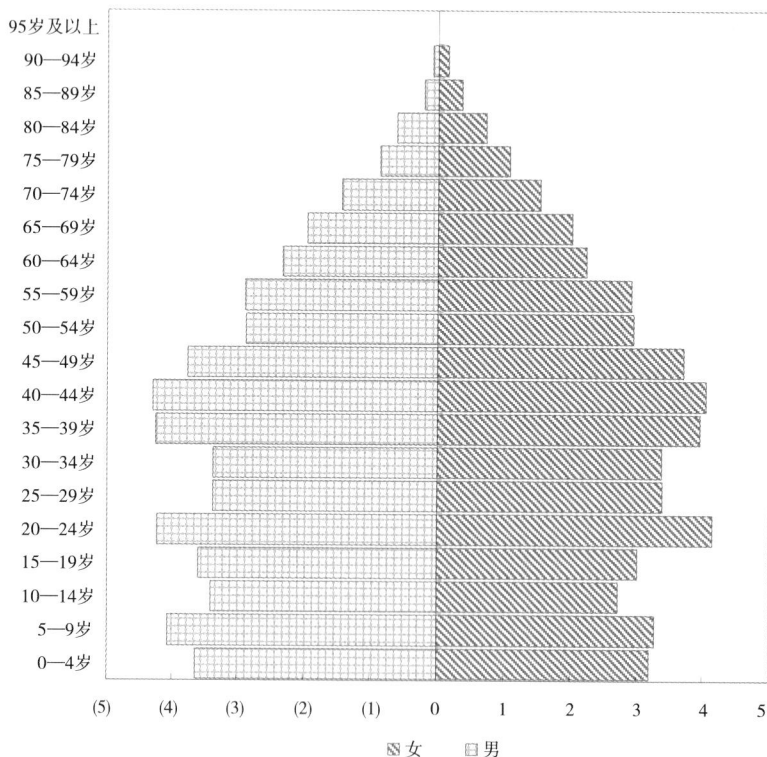

图 3-2 江西省人口年龄结构图（2019 年）

从少年儿童和老年人口的构成来看，自 2000 年起，少年儿童占比持续下降，老年人口占比持续上升，劳动年龄人口占比先升后降，2013 年达到峰值，随后开始回落。2010 年，江西省 65 岁及以上人口占比达到 7.6%，2019 年进一步提高至 11.0%，江西已进入老龄化社会。该特征与全国人口结构的变化特征类似。

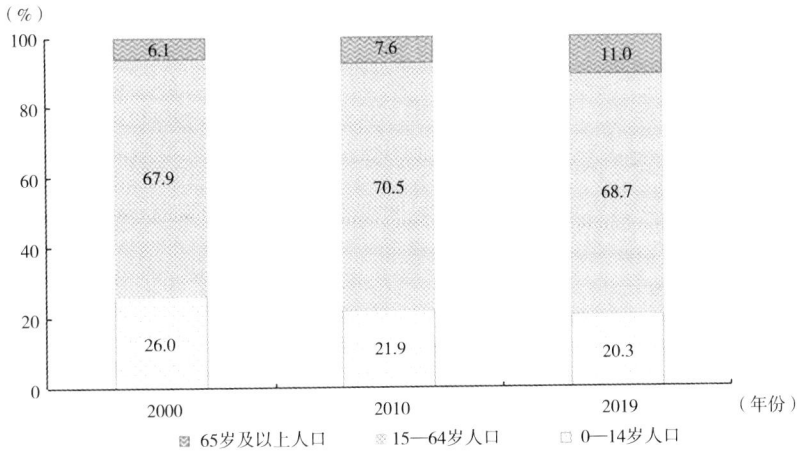

图 3-3 江西省人口年龄结构变化情况（2000—2019 年）

与之相对应，江西省的老年人口抚养比整体呈快速上升趋势，特别是2010 年以来上升明显，由 10.78% 提升到 15.98%，未来仍会保持继续上升，老龄化的压力将不断上升。

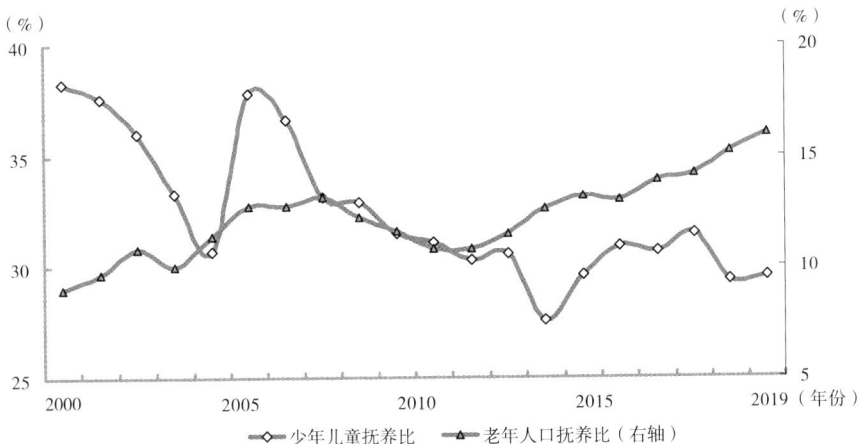

图 3-4 江西省人口抚养比（2000—2019 年）

从性别结构看，不同年份间有小幅波动，但整体上保持基本稳定。男性人口比重基本稳定在 51.5%，女性人口比重稳定在 48.5%。

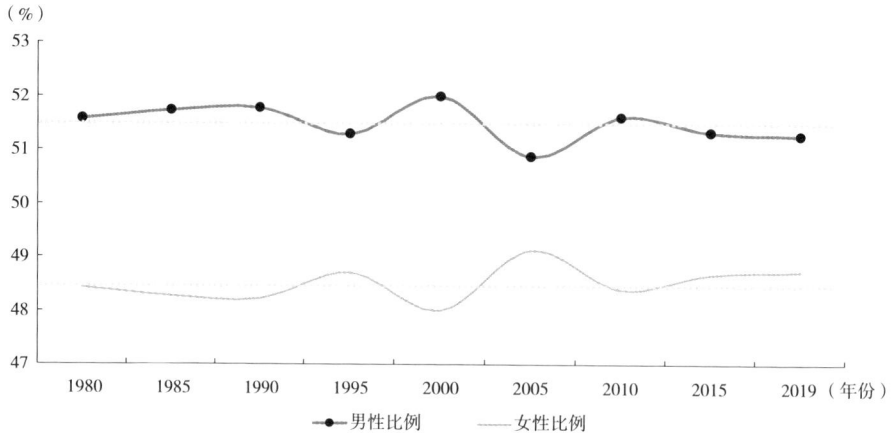

图 3-5　按性别分江西省人口比例结构（1980—2019 年）

三　劳动力资源利用率波动明显，近几年出现下降

自 2000 年以来，江西省的劳动力资源总数保持稳定增长，由 1980 年的 1560 万人增加至 2019 年的 3655 万人，累计增加 2095 万人。与此同时，全社会就业人数却呈现触顶回落、小幅下降的态势。2017 年，全社会就业人数达到峰值 2645.6 万人，至 2019 年劳动资源总数增加 31 万人，达到 3655 万人，但全社会就业人数下降 13.7 万，回落至 2632 万人。

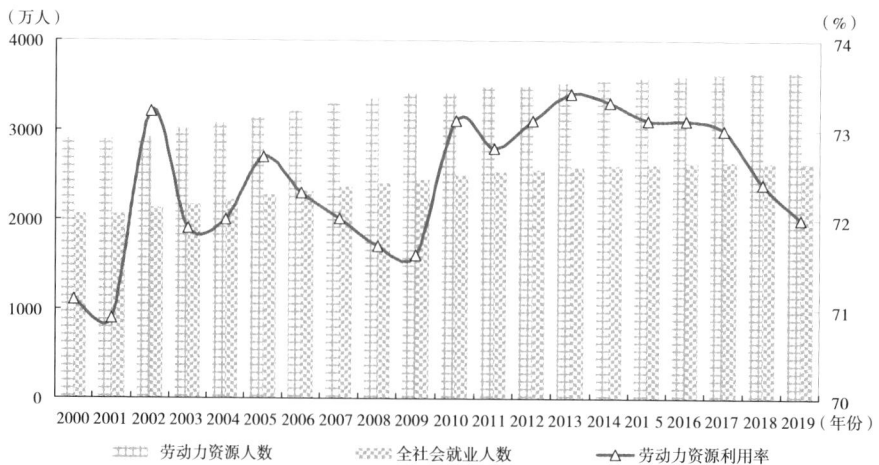

图 3-6　江西劳动力资源利用率（2000—2019 年）

从就业人数中的职工人数指标来看，这一回落趋势同样明显。2015 年职工人数达到峰值 440 万人，随后连续三年保持下降，2018 年回落至 400 万人，累计下降 40 万人。2019 年，职工人数小幅回升，但仍明显低于 2013—2017 年的水平，这从侧面反映了经济转型对江西的巨大压力。劳动力资源利用率波动较大，在近几年更呈现出稳中有落的特征。

四　江西省北部地区城镇化率快于南部地区

在区域空间分布上，江西中北部地区城镇化水平要高于南部地区。分城市看，2019 年南昌市城镇化率最高，为 75.2%，新余、萍乡、景德镇、鹰潭次之，这些城市基本都位于北部，宜春、抚州、赣州、吉安、上饶等市城镇化率较低，不到 55%，这些城市中除上饶外基本位于南部。

城镇化进程中的后发优势特点突出。2010—2019 年，江西省各市城镇化率均保持较快增长。其中，景德镇、鹰潭、九江、上饶、吉安、赣州、抚州、宜春等城市城镇化率上升明显，超过 10 个百分点，这些城市早期的城镇化率水平相对较低，除景德镇外均在 50% 以下。而同期南昌、新余的城镇化率上升幅度均不到 10%，南昌、新余和萍乡三个城市早期的城镇化水平相对较高，均在 59% 以上。

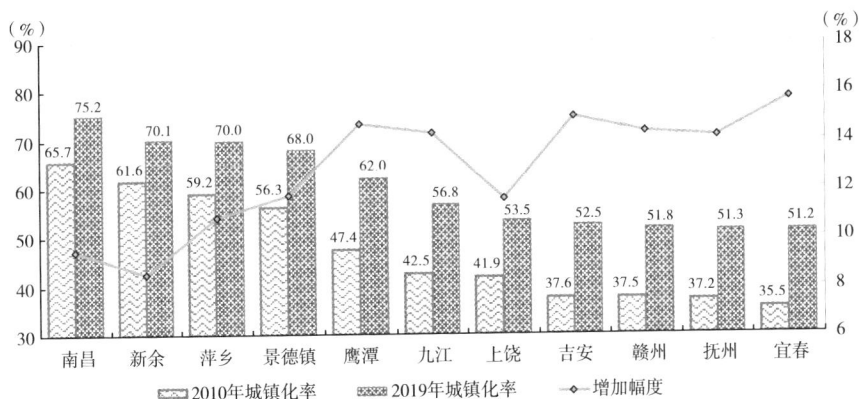

图 3-7　江西省各市城镇化率对比（2010—2019 年）

五　城镇数量大幅增加，城市首位度偏弱

经过改革开放的砥砺奋进，到 2019 年末，江西省共有 22 个城市，其中

设区市 11 个（市辖区 27 个），县级市 11 个，县城 62 个，建制镇 826 个；2000 年以前，全省没有一个 100 万人口以上的大城市，到 2019 年，按照 2014 年城市规模划分标准，100 万—500 万人口大城市（未包括乡村人口，下同）有 6 个，其中南昌市区人口达到了 370 万人，赣州市区人口也突破了 200 万人；50 万—100 万人口的中等城市 5 个，50 万人口以下的小城市 11 个（均为县级市）；11 个县级市、27 个市辖区的面积 4.3 万平方公里，占全省省域面积的 25.76%。

从城市首位度（省内排名第一的城市与排名第二的城市相关指标的比值）来看，赣州是江西人口最多的城市，其次是上饶、宜春，省会南昌仅能排到第 4 位，赣州与上饶的人口首位度为 1.27。从经济首位度上看，南昌市场经济总量排名第一，与排名第二的赣州 GDP 比值为 1.61。

江西属于典型的省会城市单核类型，但省会城市南昌的集中度还比较低，特别是人口集中度明显偏低。2019 年南昌市常住人口仅为 560.06 万人，占全省常住人口的 11.49%，这与南昌的经济和政治地位形成了极大的反差。同期，南昌市的 GDP、社会消费品零售总额、一般预算财政收入和金融机构贷款余额占全省的比重分别为 22.6%、23.7%、19.2% 和 39.4%，均高于人口的比重。未来亟待进一步提升省会城市的首位度，增强中心城市的辐射带动能力。

第二节　江西城镇化特征趋势变化对经济发展的影响

改革开放以来江西省的城镇化进程，不仅提升了全省的城镇化水平，也起到了改善城乡经济结构、拓展经济发展空间的作用，有力促进了国民经济良性循环和社会协调发展。

一　江西城镇化与经济社会发展的关系

城镇化并不仅是城镇人口百分比的简单提高，更表明人们生活方式、生产方式、职业结构、消费行为以及价值观念都会随之发生巨大的变化，逐步进入以城市社会为主的新阶段，给江西经济社会发展带来新的机遇、新的挑战。

对比江西城镇化、工业化的关系，二者并不完全同步。在 2000 年以前，工业化率一直都高于城镇化率，表明这一时期是工业化带动城镇化，但受户籍和人口流动制度的制约，城镇化率低于工业化率。2000—2012年，城镇化率与工业化率基本接近，二者相互影响、相互促进。2013年起，城镇化率与工业化率再次背离，工业化率持续下降，城镇化率稳步提升，这主要是由第三产业的快速发展所致。

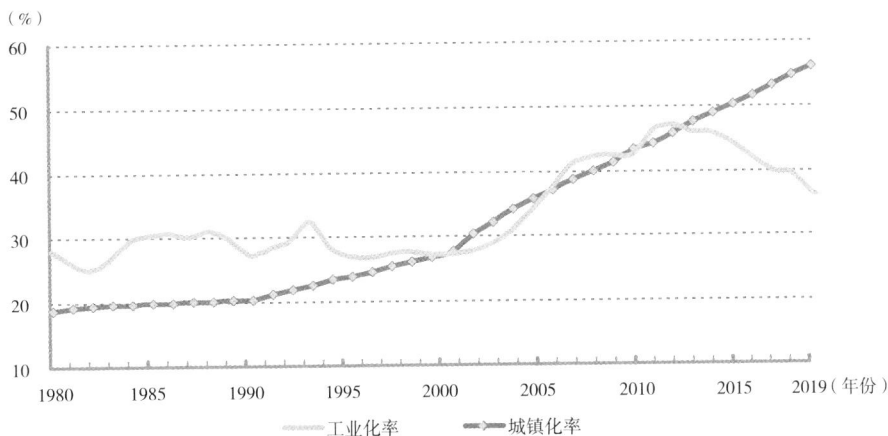

图3-8　江西省城镇化率和工业化率（1980—2019年）

　　推进城镇化有利于优化城乡经济结构。世界各国发展的一般规律表明，城镇化是一些国家和地区的经济结构得到调整和优化的重要推动力量。合理发挥城镇的聚集效应和辐射作用，可以促进经济资源重组整合，引导生产要素合理流动，优化资源配置。随着城镇经济规模的扩大，城市人口持续增加，将创造出更多新的消费需求，促进第二、第三产业发展。在这一过程中，同时可以带动产业结构、产品结构和就业结构的调整。

　　从江西城镇化率和服务业占比（即第三产业占GDP的比重）来看，2003年前服务业占比要高于城镇化率，之后则是城镇化率高于服务业占比，但整体变化趋势二者基本一致。

　　推进城镇化有利于为经济发展提供广阔的市场和持久的动力。在各类因素中，市场消费需求是经济发展的最直接、最有效的推动力量。保持经济持续快速发展势头，必须大力开拓市场、扩大需求、促进消费。城镇化

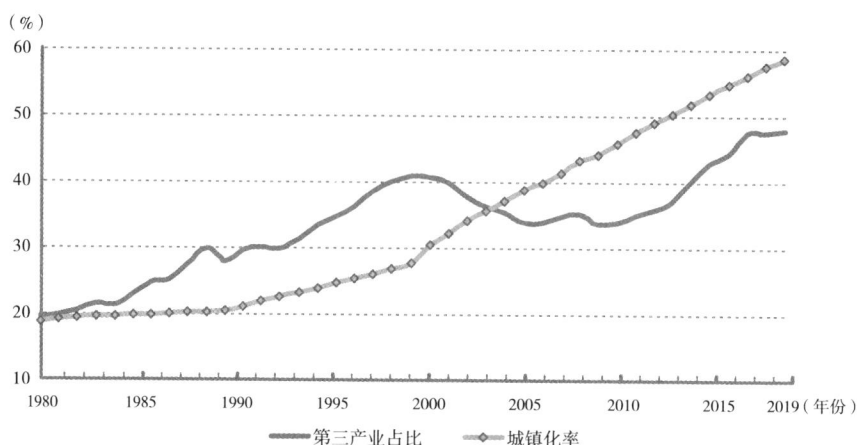

图3-9 江西省城镇化率和第三产业占比（1980—2019年）

水平的持续提高，可以有效扩大城市的投资和消费需求，有力拉动经济增长。2019年江西省城市建成区面积达1607.8平方公里，比改革开放初的1983年增加了1347.3平方公里，这极大地扩大了城市市场空间范围，以及产业、文化等要素向周边地区和广大农村的辐射范围。2019年，江西省社会消费品零售总额10068亿元，是1980年的221倍。

在人口城镇化加快推进的同时，城镇基础设施投入力度进一步加大，江西城市建设水平大幅提高，交通运输网络日益完善，城镇人居环境不断改善，城市功能日益完善。

从铁路营运里程看，1980年末全省铁路里程为1335公里，至2019年末则增至4134.4公里。2014年9月，沪昆高铁南昌至长沙段正式开通运营，标志着江西正式步入高铁时代。2015年12月，南昌地铁一号线开通，标志着江西省城市轨道交通实现零的突破。至2018年末，全省时速250公里及以上高速铁路营运里程917.4公里，轨道交通运营长度38.5公里。公路通车里程由1980年末的2.97万公里增至2019年末的20.9万公里。尤其是随着1996年全省第一条全封闭高速公路昌九高速公路的建成通车，高速公路建设实现历史性突破。高速公路通车里程由1997年末的70公里增至2019年末的6144公里，是全国第三个实现县县通高速的省份。民用航空方面形成以南昌昌北国际机场为中心，以赣州黄金机场、吉安井冈山机场、九江庐山机场、景德镇罗家机场、宜春明月山机场、上饶三清山机场为支线，覆盖全省的"一干六支"民用机场体系。在水上运输方面，形成了以水运主通道为骨架、区域性重要航道为依托、一般航道为基础的通江达海的内河航道体系。①

2019 年，江西城市燃气普及率达到 97.9%，比 1983 年提高了 90 个百分点；道路照明灯盏数 807616 盏，比 1983 年增加 787632 盏；公园个数 914 个，比 1983 年增加 588 个；公园面积 13662 公顷，比 1983 年增长 76 倍。2019 年，江西城市用水普及率 98.5%，比 1989 年提高 16.1 个百分点；建成区绿化覆盖率 45.5%，比 1989 年提高 20.6 个百分点；人均城市道路面积 19.93 平方米，比 1989 年提高 16.6 平方米。2019 年，江西城市生活垃圾处理率达到 100%；污水处理率 95.39%，其中污水处理厂集中处理率 94.27%。城市基础设施的大幅改善使得城市居民生活质量明显提高，城市地区对乡村人口的吸引力、吸纳力也进一步增强，使新型城镇化得以健康可持续发展。

江西人杰地灵、历史悠久，多数村镇都经过了千年历史的积淀，是历史的见证，具有较高的历史价值。江西在推进城镇化健康发展的同时，也十分重视对历史文化和名镇名村的保护和传承。通过推进镇村联动发展，将镇村联动与百强中心镇、和谐秀美乡村、扶贫移民搬迁、农村危房改造、空心村整治等工作紧密结合，全面促进镇村道路、供水排水、供电通信、环卫绿化、污水垃圾处理等基础设施实现城乡共建共享，建成了一批规划科学、布局合理、设施配套、特色鲜明、生态优良、环境优美的美丽宜居小镇和村庄。2018 年末，江西省共公布历史文化名镇名村 116 个，其中国家级的 33 个；中国传统村落 125 个，特色景观旅游名镇名村 16 个，中国美丽宜居小镇 6 个、村庄 8 个。②

城镇化的持续推进也有力地促进了城乡居民收入的快速增长，城乡居民生活实现了从温饱不足到小康的历史性跨跃。③ 1978 年，江西省城镇居

---

① 《砥砺奋进七十载，牢记使命再出发——新中国成立 70 周年江西经济社会发展成就回顾系列报告之一》，江西统计局（http://tjj.jiangxi.gov.cn/art/2019/7/23/art_38567_2317759.html）。

② 《七十载沧桑巨变，城镇化谱写华章——新中国成立 70 周年江西经济社会发展成就回顾系列报告之四》，江西统计局（http://tjj.jiangxi.gov.cn/art/2019/8/28/art_38567_2317775.html）。

③ 康冬明、杨幸丽：《新中国成立 70 周年江西经济社会发展成就辉煌》，《当代江西》2019 年第 10 期。

民人均可支配收入仅有 305 元，农村仅有 141 元。到了 2000 年，城乡居民人均可支配收入分别达到 5104 元和 2135 元。到 2019 年，二者进一步提升至 36546 元和 15796 元。随着城乡居民收入的提升，居民的消费结构明显改善，城乡居民恩格尔系数持续下降，2019 年城乡居民恩格尔系数分别降至 29.1% 和 30.4%。居民消费习惯正从追求数量向追求内在质量转变，新兴消费保持较快增长，汽车、住宅、医疗保健、交通与通信、文化教育、旅游等现代消费支出的比重越来越大。

二 江西与横向省区的对比分析

江西地处我国华东，但在四大区域中属于中部地区，为保持可比性，我们主要以中部地区六个省区来进行横向对比分析。中部地区包括山西、安徽、江西、河南、湖北、湖南六省，这些省份既不沿海也不沿边，承载着全国 1/4 以上的人口，创造了全国 1/5 以上的 GDP，是我国的人口大区、交通枢纽、经济腹地和重要市场，在区域分工中扮演着重要角色。[①]

从经济规模上看，2019 年江西省 GDP 为 24758 亿元，位居中部地区第 5 位，比山西省高 7731 亿元，比安徽省低 12356 亿元。在 GDP 实际增速上，江西省 GDP 增速在中部地区最快，增长 8.0%，体现出强大的增长潜力。

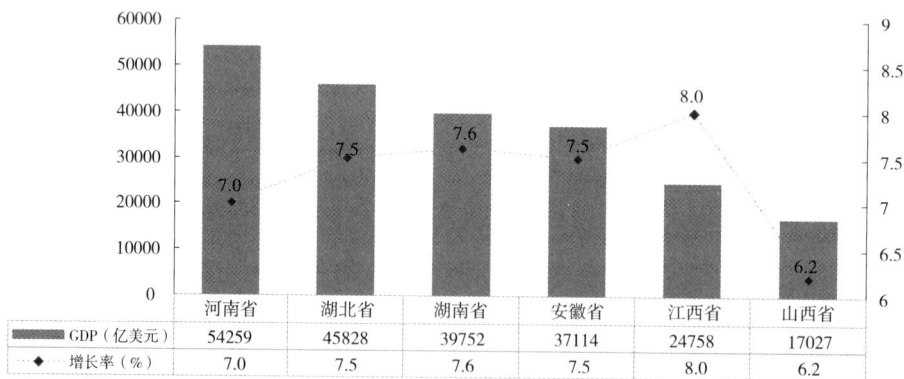

	河南省	湖北省	湖南省	安徽省	江西省	山西省
GDP（亿美元）	54259	45828	39752	37114	24758	17027
增长率（%）	7.0	7.5	7.6	7.5	8.0	6.2

图 3-10 中部六省地区生产总值对比（2019 年）

---

① 卢苇：《中部六省新型城镇化发展水平时空分异研究》，《河南科技大学学报》（社会科学版）2019 年第 2 期。

从人均 GDP 来看，2019 年江西省人均 GDP 为 53164 元，排名第 5 位，仅比山西省高，低于其他四省。

从第三产业占 GDP 的比重来看，2019 年江西省第三产业占 GDP 比重为 47.5%，与河南省比较接近，在中部六省中最低，比最高的湖南省低 5.7 个百分点。

从工业化率来看，2019 年江西省工业化率为 36.2%，在中部六省中位居第 2 位，仅低于山西省，高于其他 5 省。

从人口规模上看，江西省 2019 年常住人口为 4666 万人，占据第 5 位，仅高于山西省，低于其他四省。但在城镇化率上，江西与湖南较为接近，略高于湖南，居第 3 位。

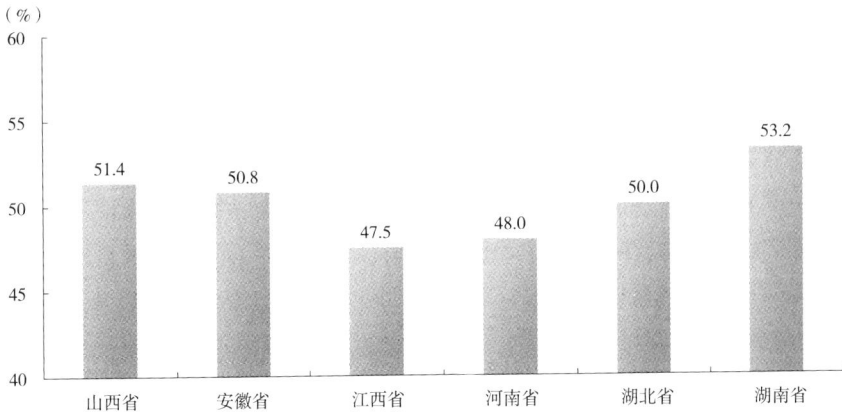

图 3-11 中部六省第三产业占 GDP 比重对比（2019 年）

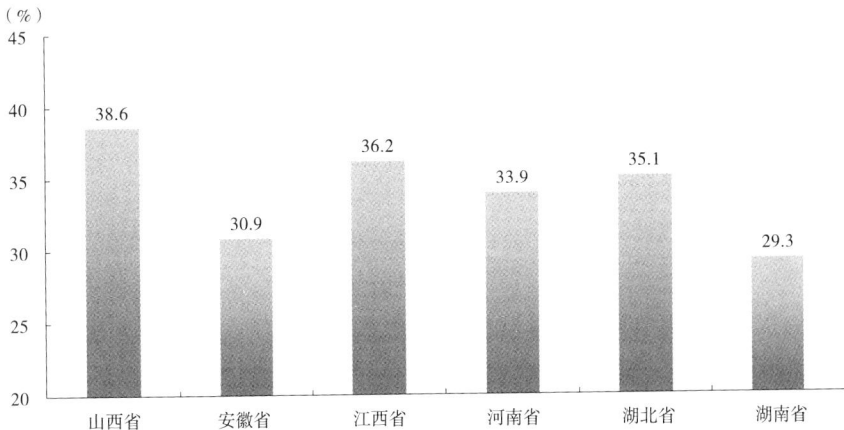

图 3-12 中部六省工业化率对比（2019 年）

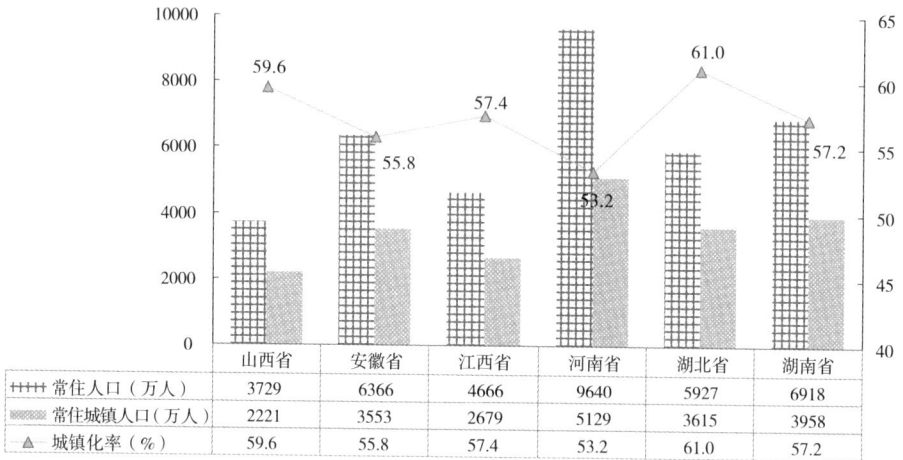

	山西省	安徽省	江西省	河南省	湖北省	湖南省
⊞⊞⊞ 常住人口（万人）	3729	6366	4666	9640	5927	6918
▒▒▒ 常住城镇人口（万人）	2221	3553	2679	5129	3615	3958
△ 城镇化率（%）	59.6	55.8	57.4	53.2	61.0	57.2

图3-13 中部六省人口及城镇化率对比（2019年）

动态来看，江西省与湖南省之间的城镇化水平较为接近，二者的角逐十分激烈，江西省2009—2016年的城镇化率一度超过湖南省，但2017—2018年被反超，2019年再次超过湖南省。

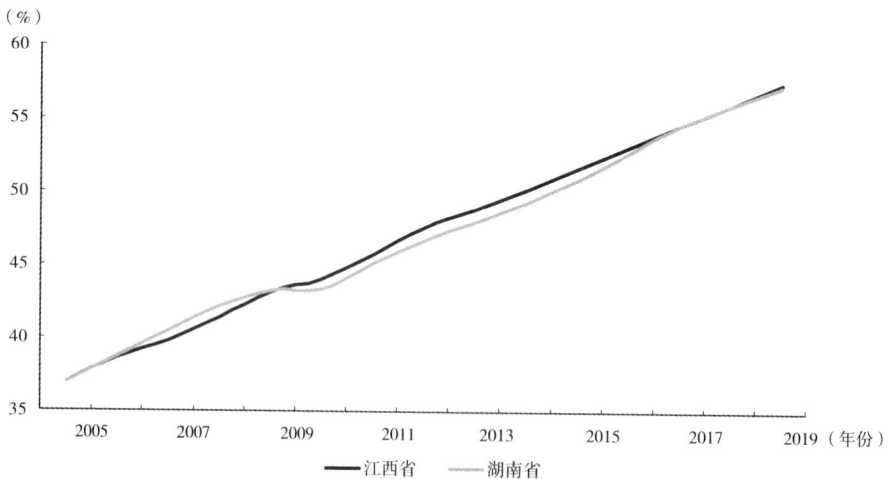

图3-14 江西省与湖南省城镇化率比较（2005—2019年）

数据来源：历年江西统计年鉴、湖南统计年鉴。

从社会消费品零售总额来看，江西省占据第5位，比山西省多3037亿元，比湖南省少6616亿元。从人均消费品零售额看，江西省为21578元，排名第5位，表明江西省的人均消费水平还比较低。

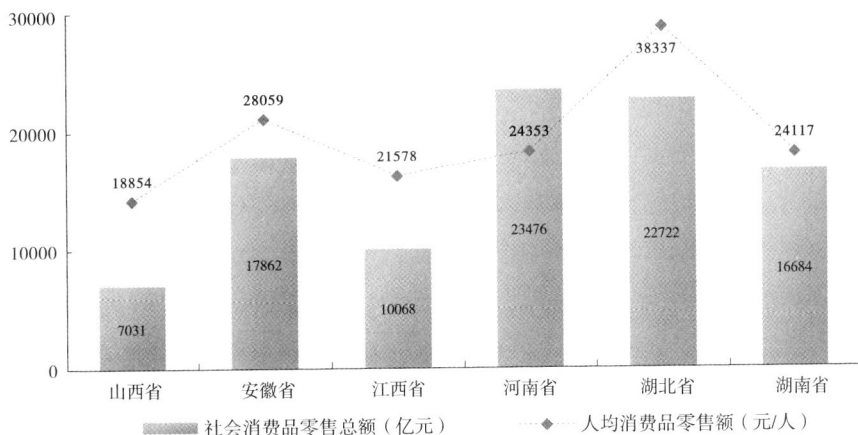

图3-15 中部六省社会消费品零售总额和人均消费品零售额对比（2019年）

从货物进出口总额来看，2019年江西省货物进出口总额为509亿美元，在中部六省中排名第5位，仅高于山西省。从增速看，江西省增长5.6%，排名第4位，高于河南省和山西省。

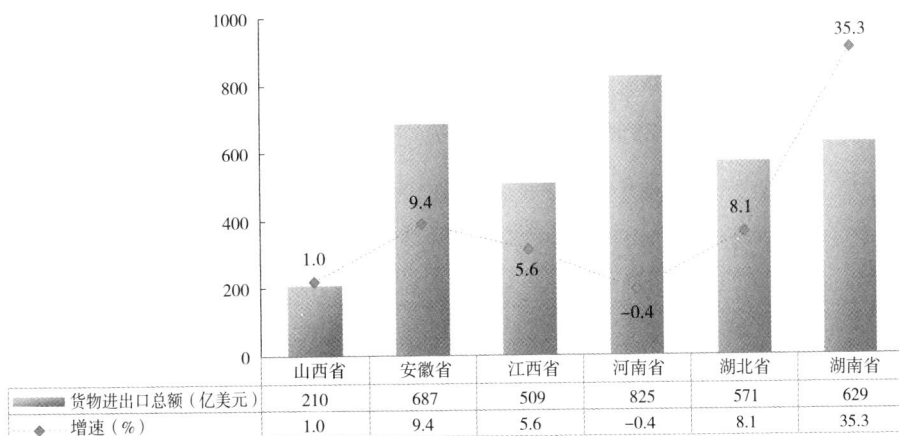

	山西省	安徽省	江西省	河南省	湖北省	湖南省
货物进出口总额（亿美元）	210	687	509	825	571	629
增速（%）	1.0	9.4	5.6	-0.4	8.1	35.3

图3-16 中部六省货物进出口总额对比（2019年）

从城乡居民人均可支配收入看，2019 年江西省城镇居民人均可支配收入为 36546 元，排名第 4 位，高于河南省和山西省。农村居民人均可支配收入为 15796 元，排名第 2 位，仅次于湖北省。从城乡居民收入差距绝对值看，江西城乡居民绝对差距为 20750 元，高于河南省和山西省，低于其他三省；从相对差距看，江西省城乡居民收入比为 2.31：1，高于河南省和湖北省。

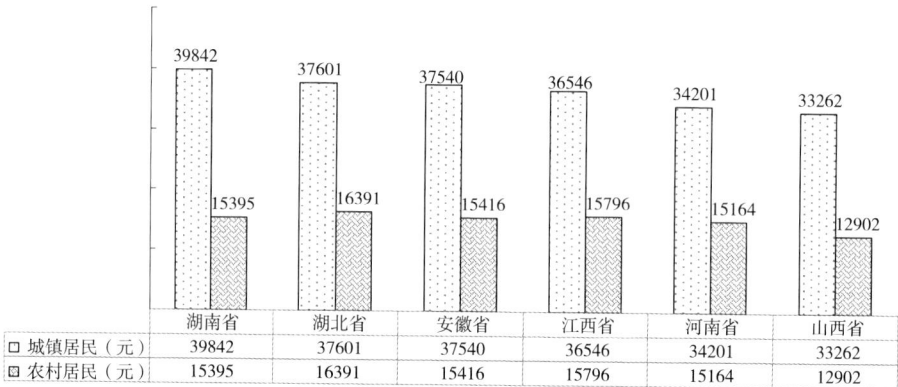

	湖南省	湖北省	安徽省	江西省	河南省	山西省
□ 城镇居民（元）	39842	37601	37540	36546	34201	33262
▨ 农村居民（元）	15395	16391	15416	15796	15164	12902

图 3-17 中部六省城乡居民人均可支配收入对比（2019 年）

三 省会城市集中度对比分析

从 2019 年省会城市的集中度（省会城市某项指标占全省的比重）来看，江西省基本处于第 4 位或第 5 位的位置，排名相对比较靠后。如江西南昌市的常住人口集中度为 12.0%，高于河南省，和山西省并列排名第 4 位；GDP 的集中度为 22.6%，高于河南，排名第 5 位；消费品零售总额集中度为 23.5%，高于安徽和河南，排名第 4 位；地方一般预算财政收入集中度为 19.1%，高于山西，排名第 5 位。

表 3-1 　　　　　　　　**2019 年中部六省省会城市集中度及排名**

省份	省会城市集中度（%）				集中度排名			
	GDP	常住人口	消费品零售总额	地方一般预算财政收入	GDP	常住人口	消费品零售总额	财政收入
山西省	23.7	12.0	27.8	16.5	4	5	3	6
安徽省	25.4	12.9	18.1	23.4	3	2	6	4
江西省	22.6	12.0	23.5	19.1	5	4	4	5

省份	省会城市集中度（%）				集中度排名			
	GDP	常住人口	消费品零售总额	地方一般预算财政收入	GDP	常住人口	消费品零售总额	财政收入
河南省	21.4	10.7	19.9	30.2	6	6	5	3
湖北省	35.4	18.9	32.8	46.2	1	1	1	1
湖南省	29.1	12.1	31.4	31.6	2	3	2	2

数据来源：依据各省统计年鉴相关数据整理和计算。

考虑到不同省份的地级行政区划个数并不相同，如河南有 17 个地级行政区划，湖北有 13 个，山西和江西则有 11 个，简单地以省会城市核心指标占全省的比值为标准并不够客观。我们进一步在集中度的基础上，增加进各省地级行政区划的个数这一因素，对集中度进行调整，形成各省省会城市的集中系数。集中系数越高，就表明省会城市对经济和资源的集中程度越高。

测算结果表明，江西各项核心指标的集中系数排在第 5 位或第 6 位，排名进一步下移，人口和 GDP 的集中系数与其余四省的差距十分明显。这表明当前江西省的省会城市的集聚能力还比较弱，亟待通过政策和市场的力量来进一步提高集中度。

表3-2　　　　　　**2019年中部六省省会城市集中系数及排名**

省份	地级行政区划个数	省会城市集中系数				集中系数排名			
		GDP	常住人口	消费品零售总额	财政收入	GDP	常住人口	消费品零售总额	财政收入
山西省	11	2.60	1.32	3.06	1.81	5	6	4	6
安徽省	16	4.06	2.06	2.90	3.75	3	2	5	4
江西省	11	2.49	1.32	2.59	2.11	6	5	6	5
河南省	17	3.63	1.83	3.38	5.14	4	3	3	2
湖北省	13	4.60	2.46	4.26	6.00	1	1	2	1
湖南省	14	4.08	1.70	4.40	4.42	2	4	1	3

数据来源：依据各省统计年鉴相关数据整理和计算。

第三节　结论与政策建议

本章重点考察了江西城镇化的时空特征，分析了江西城镇化发展的整体过程，同时还研究了城镇化与经济发展的相互影响。在此基础上，通过与中部地区其他省份的对比分析，总结出以下结论和政策建议。

（1）江西省城镇化进程整体基本与全国的城镇化进程同步。2000年前城镇化进程慢于全国平均水平。2000年后城镇化进度明显加快，与全国整体水平的差距明显缩小。未来，江西城镇化将逐渐进入中后期，面临的资源环境约束更加严格，区域竞争更加激烈，任务和挑战也更加艰巨。对此，必须坚持以人为核心的新型城镇化战略，改善城市品质，以城促产、以产兴城、以业聚人。同时，加大提升公共服务水平，特别是养老服务，以应对人口老龄化带来的挑战，保持城镇化的良性发展。

（2）城镇化的驱动力中服务业因素的影响不断扩大。近年来，工业化带来的驱动力有所减弱，服务业的驱动作用不断增强。2000年前，江西工业化率持续高于城镇化率，2000—2010年工业化和城镇化基本保持同步，这段时期工业化是城镇化的主导因素。2010年后，工业化与城镇化出现背离，服务业成为城镇化的主动力。作为发展中省份，江西既要加快传统工业转型升级，推动制造业高质量发展，重塑全省制造业的竞争新优势，又要以优质的营商环境吸引更多市场主体，加快服务业的发展，增强城镇化的新动力。

（3）与中部地区其他省份相比，江西省城镇化水平处于居中位置，与湖南较为接近。在经济指标方面，江西无论是总量还是人均，都处在比较靠后的位置，经济增长和上升的潜力较大。江西要充分发挥自身紧邻东部的地理区位优势，在区域合作上争取更大的主动，在产业提升上取得更大的成绩，在居民收入上取得更强的实效，在中部崛起中走在前列。

（4）在省会城市集中度方面，省会城市南昌的常住人口和GDP占比都明显偏低，城市首位度还不突出，在中部六省中排名比较靠后。未来，江西亟须实施强省会战略，加大省会城市投入，加快高端产业和高端人才集聚，提升省会城市的承载力、影响力和集中度，以强省会来进一步增强全省的整体发展能级。

（5）从省内各区域看，江西省北部地区城镇化水平要明显高于南部地区的，但南部地区的后发优势明显，南北地区之间的差距近些年在明显缩小。考虑到全省丘陵山地较多、南北交通不够便利的特点，在加大基础设施建设的同时，仍需加快将赣州打造成省域副中心城市，增强赣州市的综合承载能力。利用江西南部毗邻广东和福建的地理优势，更好地对接融入粤港澳大湾区的发展大局中，促进全省南部地区的发展，助力全省高质量发展之路越走越宽广。

第四章 江西历次城镇化发展战略和政策回顾[*]

城镇化是欠发达地区实现现代化的必由之路。加快城镇化，有利于优化资源配置，提高经济效益，加速工业化进程，提升江西省的综合竞争力。长期以来，江西省城镇化进程滞后于工业化，城镇化水平低于全国平均水平，已经对全省的经济发展带来了不利影响。改革开放以后，江西省委、省政府根据本省特有资源禀赋、区位交通、经济状况等制定和出台了一系列的城镇化战略，以及支持城镇化持续发展的户籍、土地、财政、金融、产业、就业、社会保障、住房等政策，对于加快推进江西城镇化进程，促进经济社会发展起到积极的作用。当前，江西已经进入城镇化的战略转型期，对历次城镇化发展战略、政策进行回顾和总结，将对进一步加快推进江西新型城镇化进程，全面提高城镇化质量，促进江西经济高质量跨越式发展具有重要作用。

第一节 江西城镇化发展战略回顾

一 1978—1992 年江西城镇化发展战略演变

中国的城镇化几乎伴随着改革开放的全过程，江西城镇化进程也不例外。1978 年党的十一届三中全会以后，随着改革开放全面展开，以家庭联产承包责任制为标志的农村改革快速推进，农业劳动生产率大幅提高，农村剩余劳动力不断出现，并逐渐向第二、第三产业转移。与此同时，在沿海发达地区的带动下，全省乡镇企业异军突起，吸引大量农村剩余劳动力

---

　　* 执笔人：麻骏斌、陈宁，江西社会科学院。

转移到非农产业。江西一些靠近长三角、珠三角和闽三角的县城和边界中心镇逐渐发展起来。

自 1980 年国务院制定"严格控制大城市规模，合理发展中等城市，积极发展小城镇"的城镇化发展方针后，江西确定了优先发展小城镇的政策，并于 1983 年以后积极实行地市合并或撤地建市，实行市领导县的新体制，小城镇建设蓬勃发展。江西城镇化迈入正轨，进入稳步发展阶段，城镇化率逐年提升，城市人口逐渐增加。

20 世纪 70 年代末 80 年代初，党中央、国务院批准广东、福建在对外经济活动中实行"特殊政策、灵活措施"，并决定在深圳、珠海、厦门、汕头试办经济特区。1984 年 4 月，党中央和国务院决定进一步开放 14 个港口城市。在全国实施沿海地区优先发展战略和沿海地区外向型经济迅速发展的大背景下，为加快与沿海地区的开放政策"接轨"，江西省推进对外开放进程，加速释放大中城市和各类小城镇的发展活力。

1984 年 10 月 20 日，中共中央出台《关于经济体制改革的决定》，明确提出：进一步贯彻执行对内搞活经济、对外实行开放的方针，加快以城市为重点的整个经济体制改革的步伐。随着城市经济体制改革的不断推进，江西和全国各地一样相继出台了一系列户籍制度改革政策，城乡之间人口流动的壁垒逐渐松动，大大促进了农村剩余劳动力流入城市。

1985 年召开的江西省经济工作会议提出，"七五"期间要加速北部地区建设，充分发挥九江口岸在全省对外开放中举足轻重的作用；同时，加快南部地区开发，初步确定给予赣州地区发展经济更多的自主权。1987 年 12 月 16—20 日召开的江西省委八届五次全体扩大会议上，正式做出关于赣州地区为经济体制改革试验区的决定，从 1988 年 1 月 1 日起，在经济体制改革、计划管理、技术改造、财政、对外经济贸易、粮食、物价、林业、物资协作、信贷 10 个方面进一步扩大赣州地区经济管理权限。为了策应国家实施的沿海开放战略，江西提出了以放对放、以活对活及"支持、跟进、接替"六字方针。1988 年全国"两会"期间，江西代表团宣布，从南北两头进一步开放门户，重点建设"南门北港"——赣州和九江。

"南门北港"发展战略的推进，在一定程度上改变了江西省长期以来以南昌为中心单核发展城镇化的发展格局和战略，逐渐形成了以南昌为中心，赣州、九江为副中心，其他中小城市和小城镇协调发展的城镇体系。

二 1992—2000 年江西城镇化发展战略演变

1992 年，邓小平南方谈话提出"胆子更大一点，步子更快一点"。并指出，计划多一点还是市场多一点，不是社会主义与资本主义的本质区别，计划和市场都是经济手段。社会主义的本质，是解放生产力。邓小平南方谈话吹响了江西省新一轮加速城镇化的号角。

1992 年 2 月 2 日，江西省委召开常委会议，做出了建设昌九工业走廊的重大战略决策，提出以浦东为龙头的沿长江开放开发和京九铁路开通为契机，在京九铁路中段、长江中下游交接地带的南昌到九江沿线地区，用 30 年的时间建成起点高、外向型、综合开发、环境优美的新型产业带，以工业为主带动第一、第三产业高速、协调发展。随后，江西省委、省政府密集出台了一系列政策，包括《昌九工业走廊总体规划要点》《江西省关于鼓励开发建设昌九工业走廊的规定》等一系列优惠政策和措施。随着昌九工业走廊战略展开，沿昌九高速公路和昌九铁路两侧开始了昌九城镇带建设。

1996 年 2 月 11 日，江西省人大通过《江西省国民经济和社会发展"九五"计划和 2010 年远景目标纲要》，提出要有计划推进城镇化进程，充分发挥中心城市对整个经济发展的带动和辐射作用，将中心城市在地理位置和交通上的优势，转化成结构优势和市场优势，要依托中心城市，形成若干卫星城镇，发展中心城市和卫星城镇的集聚效应。

1998 年，江西省开始正式编制城镇体系规划，提出构建"一核（南昌市）两轴（沿浙赣铁路、京九铁路两条发展轴）一环带（环鄱阳湖）三片（赣东北、赣西、赣中南）六区（昌九景、上鹰、新宜萍、赣州、吉安、抚州）"的城镇空间布局，但由于客观原因，该战略未能付诸实施。

三 2000—2012 年江西城镇化发展战略演变

进入 21 世纪，随着经济的高速增长，中国城镇化进程驶入了快车道。2001 年 2 月 23 日，江西省第九届人民代表大会第四次会议通过《江西省国民经济和社会发展第十个五年计划纲要》，提出要遵循城镇化发展规律，科学规划，有序推进，加快城镇体系建设，优化城乡经济结构，把推进城镇化的着力点放在壮大城镇经济实力、增强城镇功能上，努力实现城镇化与工业化相互促进、地区经济协调发展。继续推进和完善以南昌为中心，京九铁路和浙赣铁路为主轴的"大十字"生产力布局。3 月 15 日，第九届全国人民代表大会第四次会议批准了《国民经济和社会发展第十个五年计划纲要》，提出实施城镇化战略，要提高城镇化水平，走符合中国国情、大中小城市和小城镇协调发展的多样化城镇化道路，逐步形成合理的城镇体系。

2006 年，江西省第十届人民代表大会第四次会议通过《江西省国民经济和社会发展第十一个五年规划纲要》，提出要提高城乡发展融合度，大力推进新型城镇化，按照产业集聚、功能完善、节约土地、集约发展，合理布局、各具特色的原则，积极稳妥地推进城镇化进程。适应经济发展水平，坚持大中小城市和小城镇有机结合、协调发展，积极培育城市群。第十届全国人民代表大会第四次会议通过的《国民经济和社会发展第十一五个五年规划纲要》提出要深化户籍制度改革，进一步推进城镇化发展进程。

2008 年 1 月 11—14 日，江西省委、省政府召开全省推进新型城镇化和城市建设工作现场会，在总结前几年城镇化工作经验的基础上，对进一步推进城镇化进行了部署。2010 年 6 月 4 日，江西省委、省政府出台了《关于加快推进新型城镇化的若干意见》，明确了加快城镇化的总体思路和目标，提出着力培育和发展以南昌为核心的鄱阳湖生态城市群，构建沿沪昆线和京九线城镇密集带，做大做强区域中心城市，加快发展中小城市和小城镇，促进大中小城市和小城镇协调发展。江西省住房和城乡建设厅制定出台了《关于进一步加速城镇化发展的实施意见》，进一步明确了城镇化推进目标、城镇发展空间结构布局、城镇化发展路径，重点在土地利用、机构设置、金融支持、社会保障、户籍管理、财税制度、环境保护、行政区划等各方面先行先试，完善落实鼓励农民进城的政策和配套措施，使转户进城农民真正进得来、留得住、过得好，没有后顾之忧，切实由重视土地城镇化向重视人口城镇化转变。

2010 年，江西省新型城镇化"十二五"专项规划出台，立足已有城镇空间布局，在浙赣铁路以北，特别是环鄱阳湖地区大力发展都市圈和都市带，采用网状化城镇化模式，形成城镇发展合力。在浙赣铁路以南，实行大城市点轴带动模式，通过将赣州、吉安建设成为大城市和交通线进而带动区域发展，把城镇建设和交通建设紧密结合起来。在全省范围内形成"一群一片两带四轴"开放型空间发展新格局。

一群：鄱阳湖生态城市群。以核心城市为节点，以主要城镇发展和交通轴带为支撑，促进鄱阳湖城市群地区协调发展。近期重点打造"昌、九、景"三大都市区；远期以都市区为核心，依托环湖区域交通纽带，构筑鄱阳湖生态城市群。积极推动新余、鹰潭等城市加强与生态城市群的产业经济联系，成为城市群的拓展腹地。

一片：赣中南生态城镇协调发展片。重点打造赣州、吉安大都市区，培育瑞金新发展极核，呈片状集聚发展，促进全省南北区域统筹发展。同时，由省政府提供必要的政策倾斜，保障公共设施和基础设施的建设，以较快提高城镇发展水平。

两带：沪昆、京九城镇密集带。沪昆线西段：加快以新余、宜春、萍乡为复合中心"三点一带"的赣西城镇密集带发展，通过加强中心城市之间的联系与协作，积极培育以复合中心为特色的城镇密集带。沪昆线东段：重点对接长三角和海峡西岸经济区，形成产业转移基地，积极培育和拓展以上饶、鹰潭为核心，以信江河谷为轴线，以沪昆铁路、高速公路江西境内东段为纽带，大中小城市协调发展的赣东城镇密集带。京九线北段：重点加快昌九工业走廊的建设发展和沿江开发，使之成为鄱阳湖生态城市群的核心地区；抓住向莆铁路、海西经济区建设的机遇，加快以抚州为中心的赣东南城镇带建设。京九线南段：重点发展以赣州、吉安为中心的都市区，构筑"一小时"经济圈，加快促进人口、产业向京九铁路、赣龙铁路、206国道和323国道沿线城镇集聚，形成以赣州、吉安为核心，以京九沿线中小城市为骨干的点轴式城镇带。

四轴：向莆、沿长江—九景衢、济广高速（206国道）、厦蓉（323国道）沿线城镇发展轴。

2011年10月26—30日召开的江西省第十三次党代会明确提出，以鄱阳湖为核心，以沪昆线和京九线为主轴，密切中心城市和沿线城镇之间的联系与协作，加快发展鄱阳湖生态城市群，着力培育以信江河谷城镇群、赣西城镇群为重点的沿沪昆线城镇密集带和以吉泰城镇群、赣南城镇群为重点的沿京九线城镇密集带。同时提出到2015年全省城镇化率达到或接近全国平均水平的目标任务，要求各地在继续坚持以大开放为主战略、以工业化为核心的基础上，充分发挥投资带动效应，进一步加快城镇化发展。

表 4-1　　　　　2000—2011 年江西省出台的支持城镇化主要战略和政策

序号	年份	文件名称	主要内容
1	2000	《关于进一步加快小城镇发展的决定》	按照"尊重规律、循序渐进，因地制宜、科学规划，深化改革、创新机制，统筹兼顾、协调发展"的原则，统一规划、合理布局、综合开发、配套建设、注重实效，逐步形成以中小城市为依托、县城为龙头、建制镇为重点、一般集镇为网络的城镇化体系，全面提高小城镇规划、建设、管理、发展水平
2	2001	《江西省国民经济和社会发展第十个五年计划纲要》	遵循城镇发展规律，科学规划，有序推进，加快城镇体系建设，优化城乡经济结构，把推进城镇化的着力点放在壮大城镇经济实力、增强城镇功能上，努力实现城镇化与工业化相互促进，地区经济协调发展。继续推进和完善以南昌为中心、京九铁路和浙赣铁路为主轴的"大十字"生产力布局
3	2006	《江西省国民经济和社会发展第十一个五年规划纲要》	提高城乡发展融合度，大力推进新型城镇化。按照产业集聚、功能完善、节约土地、集约发展，合理布局、各具特色的原则，积极稳妥地推进城镇化进程。适应经济发展水平，坚持大中小城市和小城镇有机结合、协调发展，积极培育城市群
4	2007	《江西省新型城镇化"十一五"专项规划》	逐步建立以居住地为标准划分城镇人口与农村人口、以职业标准划分农业人口和非农业人口，城乡统一的户籍管理制度。在全省构建三大城市群，重点培育、发展以南昌为核心，以九景鹰饶为支撑的环鄱阳湖城市群；通过加强中心城市之间的联系与协作，积极培育以复合中心为特色的城镇密集带。有序发展赣中南城市群，充分利用毗邻广东、福建的地缘优势，积极吸引粤闽港澳台的产业转移和经济辐射，加快促进人口、产业向京九铁路、赣龙铁路、206 国道和 323 国道沿线城镇集聚，形成以赣州、吉安、抚州为核心，以小城市和县城为支柱的点轴式城市群
5	2010	《关于加快推进新型城镇化的若干意见》	坚持生态立省、绿色发展战略，紧紧围绕建设鄱阳湖生态经济区，以加快产业和人口集聚为重点，以提高城镇综合承载力、集聚力和辐射力为核心，以体制机制创新为动力，着力培育和发展以南昌为核心的鄱阳湖生态城市群，构建沿沪昆线和京九线城镇密集带，做大做强区域中心城市，加快发展中小城市和小城镇，促进大中小城市和小城镇协调发展

序号	年份	文件名称	主要内容
6	2010	《江西省新型城镇化"十二五"规划》	以加快产业和人口集聚为重点，以提高城镇综合承载力、集聚力和辐射力为核心，以体制机制创新为动力，做大做强区域中心城市，加快发展中小城市和小城镇，着力培育和发展以南昌为中心的鄱阳湖生态城市群，构建沿沪昆线和京九线城镇带，促进大中小城市和小城镇协调发展。实施中心城市战略，有选择地培育重点镇，提升县域经济发展活力，形成县市域城乡一体化发展格局，走具有江西特色的新型城镇化道路
7	2011	《江西省国民经济和社会发展第十二个五年规划纲要》	按照统筹规划、合理布局、完善功能、以大带小的原则，优化城市布局，完善城镇体系，形成以点带轴、以轴促面的城镇集群发展格局。以鄱阳湖为核心，以沪昆线和京九线为主轴，密切中心城市和沿线城镇之间的联系与协作，加快发展鄱阳湖生态城市群，着力培育以信江河谷城镇群、赣西城镇群为重点的沿沪昆线城镇密集带和以吉泰城镇群、赣南城镇群为重点的沿京九线城镇密集带
8	2011	《推进科学发展加快绿色崛起 为建设富裕和谐秀美江西而不懈奋斗》	坚定不移实施加速城镇化发展战略。要坚持把做大做强中心城市放在更加突出的位置，以中心城市崛起带动全省崛起。进一步完善城镇体系和空间布局，加快构建与长江中游城市群互通互联的鄱阳湖生态城市群和沿沪昆线、京九线两条城市带，建设一批各具特色的中小城市，形成中心城市与中小城市及小城镇分工明确、联系密切、布局合理、发展协调的城镇网络

四 2012年以来江西城镇化发展战略演变

党的十八大以来，江西省坚持以五大发展理念为引领，围绕中央关于坚持走中国特色新型城镇化道路的决策，提出了一系列政策措施，把推进城镇化作为扩大内需、调整结构的重要抓手，新型城镇化进程持续快速发展。尤其是2014年3月16日《国家新型城镇化规划（2014—2020年）》发布后，6月26日江西省委、省政府迅速出台了《江西省新型城镇化规划（2014—2020年）》，以及2015年12月国务院批复的《江西省城镇体系规划（2015—2030年）》，都提出以鄱阳湖生态经济区为依托，以沿沪昆线和京九线为主轴，聚集优势产业，提高规模效应，着力培育和发展以南昌市为核心的南昌都市区，加快发展九江都市区、赣州都市区，构筑"一群两带三区四组团"城镇空间发展战略。

（1）"一群"：鄱阳湖生态城市群。以南昌为中心，以昌九、昌抚一体化为重点，以景德镇、鹰潭、新余等区域性中心城市为支撑，强化中心城市集聚和辐射功能，统筹协调区内的资源配置、城市功能和规模、产业结构和布局，统筹规划城市群内各城市的基础设施和公共服务设施，提高基础设施网络化、公共服务均等化水平，强化城市间联系与协作。

（2）"两带"：分别为沿沪昆线、京九线的两条城镇发展带。沪昆线城镇带：西部以新余、宜春、萍乡为复合中心形成"三点一带"的赣西城镇密集带发展，通过加强中心城市之间的联系与协作，形成优势互补、特色鲜明的城市经济区域。东部重点发展以上饶、鹰潭为核心，以信江河谷为轴线，以沪昆铁路、高速公路江西境内东段为纽带，大中小城市协调发展的赣东城镇密集带。

京九线城镇带：北段通过昌九、昌抚一体化，形成以南昌为中心、连接赣北赣东南的城镇密集带。南段重点发展以赣州、吉安为中心的都市区，加快促进人口、产业向京九铁路、赣龙铁路、206 国道和 323 国道沿线城镇集聚，形成以赣州、吉安为核心，以京九沿线中小城市为骨干的点轴式城镇带。

（3）"三区"：在"一群两带"格局的基础上，培育发展南昌都市区、九江都市区、赣州都市区。南昌都市区：以南昌市中心城区为核心，周边 100 公里范围的区域，含南昌市中心城区、南昌县、进贤县、安义县、樟树市、丰城市、高安市、奉新县、靖安县、东乡区、鄱阳县、余干县、万年县、永修县等一小时经济区。建设长江中游城市群中心城市，打造全国区域经济增长的战略支点、重要的先进制造基地、商贸物流中心和宜居都市、重要综合交通枢纽、带动全省发展的核心增长极。

九江都市区：以九江市中心城区为核心，沿江联动瑞昌市、湖口县、彭泽县，向南联动德安县、共青城市、庐山市，强化城镇发展和资源要素集聚，推进沿江开放开发，带动修水县、武宁县、都昌县发展，打造鄱阳湖生态经济区建设新引擎、中部地区先进制造业基地、长江中游航运枢纽和国际化门户、全省区域合作创新示范区。

赣州都市区：包括以赣州市中心城区、上犹县为主体的核心区，以及其辐射范围内的赣南苏区人口规模较大的县城。建设省域副中心城市、全国稀有金属产业基地和先进制造业基地、红色文化传承创新区和著名的红色旅游目的地、区域性综合交通枢纽、原中央苏区振兴发展示范区、赣粤闽湘四省通衢的区域性现代化中心城市。

（4）"四组团"：积极推进四个城镇组团建设。以景德镇中心城区为核心，建设景德镇城镇组团；以抚州中心城区为核心，建设抚州城镇组团；以瑞金市为核心，建设瑞金城镇组团；以龙南县城为核心，推进与全南、定南整合发展，建设三南城镇组团。

表4-2　　　　2012—2019年江西省出台的支持城镇化主要战略和政策

序号	年份	文件名称	主要内容
1	2012	《关于进一步推进城镇化发展的实施意见》	以鄱阳湖生态经济区为依托，以沿沪昆线和京九线为主线，聚集优势产业，提高规模效应，着力培育和发展以南昌市为核心的南昌大都市区，加快发展赣州都市区、九江都市区，构筑"一群两带三区"为主骨架的省域城镇空间结构体系，促进大中小城市和小城镇协调发展
2	2014	《关于完善城镇化发展体制机制提高城镇化发展质量的意见》	坚持以人的城镇化为核心，遵循城镇发展规律，转变城镇化发展方式，完善城镇化发展体制机制，着力提高城镇化发展质量；以城市群为主体形态，以"一群两带三区"为主要载体，积极培育城镇群、都市区，促进区域中心城市集约紧凑发展，加快县城和重点镇建设，大力推进城乡一体化进程，促进大中小城市、小城镇和新农村协调发展、互促共进
3	2014	《江西省新型城镇化规划（2014—2020年）》	坚持以改革创新为统领，以人的城镇化为核心，以城镇群为主体形态，以综合承载能力为支撑，坚定不移走以人为本、四化同步、优化布局、生态文明、文化传承的新型城镇化道路，突出大中小城市发展、产城融合、绿色城镇建设、人居环境与生活品质提升，促进大中小城市和小城镇协调发展，提升城镇可持续发展水平。按照区域主体功能定位，以鄱阳湖生态经济区为依托，以沿沪昆线和京九线为主轴，优化城镇化空间布局和规模结构，构筑"一群两带三区四组团"为主骨架的省域城镇体系，促进大中小城市和小城镇协调发展
4	2015	《江西省城镇体系规划（2015—2030年）》	坚持以人为本和"五化"同步协调发展，走"核心聚集、多元驱动、城乡联动、生态宜居"的城镇化发展道路，实现城镇化发展质量的全面提升和城乡一体化发展。到规划期末建立起以鄱阳湖生态城市群为龙头，以都市区和其他城镇群为城镇化主要载体，以一批综合承载力强的县（市）域中心城市和重点镇为支撑，村镇联动一体的城镇化发展新格局；建成生态宜居指标全国领先，城乡安居乐业、山水特色突出和文化繁荣的城乡发展新格局

续表

序号	年份	文件名称	主要内容
5	2015	《关于开展江西省新型城镇化综合试点的通知》	全面贯彻落实中央、全省城镇化工作会议精神，以人的城镇化为核心，以提升质量为关键，以推进绿色城镇化为特色，紧紧围绕需要深入研究解决的重点难点问题，研究提出切实可行的政策措施和改革思路，完善城镇化发展体制机制，充分发挥改革试点的作用，大胆探索、试点先行，寻找规律、凝聚共识，创造可复制、可推广的经验和模式，推动全省新型城镇化健康有序发展。试点内容包括：建立农业转移人口市民化成本分担机制；建立多元化可持续的城镇化投融资机制；建立就地就近吸纳农业转移人口的促进机制；推动城乡一体化发展；综合推进体制机制改革创新
6	2016	《深入贯彻新发展理念　大力弘扬井冈山精神　为决胜全面小康建设富裕美丽幸福江西而奋斗》	以赣江新区建设为突破口，大力推进昌九、昌抚一体化，打造南昌核心增长极，构建南昌大都市区，深入推进九江沿江开放开发，把昌九地区建设成为率先发展的战略高地。坚持新型工业化、新型城镇化双轮驱动，有序推进以人为核心的新型城镇化，加快农业转移人口市民化，全面提升城镇化发展质量和水平，增强城镇化对经济社会发展的带动作用
7	2016	《江西新型城镇化发展质量评价报告》	以环鄱阳湖生态城市群为主体，积极参与国家"一带一路"、长江经济带、长江中游城市群发展和建设；以南昌、九江、赣州为支撑，培育建设南昌大都市区、九江都市区、赣州都市区。壮大区域性中心城市综合实力，加快县城发展，把有条件的县城和重点镇发展成为小城市。要建立健全城乡统一的户口登记制度和流动人口居住证制度，逐步消除城乡户籍壁垒。提高土地集约节约利用效率。划定大中城市建设用地边界和城镇开发边界
8	2019	《关于建立健全城乡融合发展体制机制和政策体系的实施意见》	建立健全城乡要素合理配置的体制机制，建立健全有利于城乡基本公共服务普惠共享的体制机制，建立健全有利于城乡基础设施一体化发展的体制机制，建立健全有利于乡村经济多元化发展的体制机制，建立健全有利于农民收入持续增长的体制机制

2018年7月30—31日，江西省委十四届六次全体（扩大）会议在南昌召开。会议提出，要以更大力度、更实举措在区域协调上求突破，强化引领支撑，优化区域格局。以融合一体的南昌都市圈为引领，以沪昆、京九高铁经济带为驱动轴，以赣南等原中央苏区振兴发展、赣东北开放合作、赣西转型升级为三大协同发展区，形成层次清晰、各显优势、融合互动、

高质量发展新格局。

（1）"一圈引领"是指以南昌为核心，以赣江新区为引擎，以九江、抚州为支撑，以一小时交通时空距离为半径，联动丰樟高、鄱余万等周边县市，打造融合一体发展的大南昌都市圈，引领全省经济社会发展。根据江西省委十四届六次会议报告和《江西省城镇体系规划（2015—2030年）》分析，大南昌都市圈包括南昌市全域，九江市全域，抚州市辖区，宜春市的奉新县、高安市、丰城市、樟树市、靖安县，上饶市的鄱阳县、余干县、万年县等，总面积约4.5万平方公里，占全省的26.96%。2017年末总人口1758万人，占全省的38.03%，经济总量接近全省的50.00%。

大南昌都市圈依托高铁交汇、通江达海、路网密集的区位交通优势，强化要素资源聚合、产业集群发展、城市互动合作，加快发展航空制造、中医药、虚拟现实、LED照明、新能源、新材料等产业，形成一批千亿级产业和产业集群，建成高端产业集聚、城乡融合一体、创新创业活跃、生态宜居宜游的都市圈。赣江新区作为国家重大改革发展的功能性平台，必须进一步创新体制机制，用足用好政策机遇，在先行先试中大胆创新、率先发展，成为展示江西高质量跨越式发展引领区、长江经济带绿色发展示范区、全国城乡融合发展体制机制创新试验区、全国内陆双向开放新高地、富有国际影响的创新创业和产业化基地和国际生态文化旅游目的地。

（2）"两轴驱动"是指依托沪昆和京九一纵一横两大高铁通道以及合福、渝厦等高铁网络，加速资源集聚、要素流动、动能积蓄，加快建设高铁经济带，形成驱动发展的"两轴"，强化"十字形"生产力布局主骨架，构建承东启西、纵贯南北的内陆双向开放大通道。

沪昆高铁经济带要发挥兼备"一带一路"和长江经济带通道作用，完善高速公路、城市快速道、普速铁路等多层次集疏运体系，增强上饶高铁枢纽功能，谋划建设萍乡高铁枢纽。向内加快区域融合，向外加大与长三角、长株潭等沿线城市群的联通合作，成为江西融入长三角经济圈和全面参与"一带一路"建设的主通道。京九高铁经济带要超前谋划、主动布局，着重提升赣州区域性高铁枢纽功能，完善吉安区域性交通枢纽功能，北向联通沿线中东部省份、京津冀协同发展，南向推进赣南等原中央苏区振兴发展，全面对接珠三角，成为江西融入"一带一路"和粤港澳大湾区的主通道。

（3）"三区协同"是指赣南等原中央苏区振兴发展区、赣东北开放合作发展区、赣西转型升级发展区相互合作，协同发展。

赣南等原中央苏区振兴发展区，包括赣州市、吉安市、抚州市苏区县。深度融入粤港澳大湾区和海西经济区，培育电子信息、钨和稀土新材料、生物医药、现代家具、特色农业等一批千亿产业，探索山水林田湖草生命共同体建设模式，推进以红色旅游为主体的全域旅游，打造融入粤港澳大湾区的开放高地、全国脱贫攻坚样板区、红色文化传承创新区。加快赣州省域副中心城市建设，带动吉泰走廊、向莆经济带发展升级，提升原中央苏区自我造血能力，打造江西南部重要增长板块。

赣东北开放合作发展区，包括上饶、景德镇、鹰潭三个设区市。围绕打造江西省对接长三角的前沿阵地，进一步深化与沿海地区的分工协作，加快建设上饶区域中心城市，提升其在赣浙闽皖四省交界的中心地位，支持鹰潭建设新一代宽带无线移动通信网试点示范基地，培育有色金属新材料、光伏光学、新能源汽车、航空制造以及大数据、大健康产业，建设成为对接东南沿海开放先行区、先进制造业基地、新业态新模式集聚区、文化旅游和康养休闲胜地。把景德镇打造成冠领中国、代表江西走向世界，世界感知中国、认识江西的国际瓷都。要把创建景德镇陶瓷文化传承创新试验区，作为建设文化强省、弘扬江西地域特色文化的重大载体，切实加强陶瓷文化的保护、传承、创新。

赣西转型升级发展区，包括宜春、萍乡、新余三个设区市。坚持以绿色生态、转型升级为主线，着力加快新旧动能转换，推进资源型产业更新替代，大力发展新能源、新材料、节能环保、大健康等绿色产业，加快区域整合和同城化步伐，增强宜春区域中心城市的集聚力和辐射带动力，提升萍乡海绵城市建设水平，建设新宜吉六县跨行政区转型合作试验区，打造全省产业转型升级样板区、新型城镇化先行区、绿色产业集聚区。

第二节　改革开放以来江西推进城镇化发展的主要政策

1978 年之前，江西省城镇化水平较低，城镇化率只有 16.8%。为了加速推进城镇化进程，改革开放以后，江西省从户籍、土地、财税、产业、社会保障、住房、教育等多方面出台一系列政策，促进城镇化进程，取得了明显的成效。

一　支持江西城镇化发展的户籍政策

1999 年，江西在城镇化不断发展的过程中，针对本省实际情况，出台了《关于解决当前户口管理工作中几个突出问题的意见》，放宽了婴儿落户、夫妻分居、身边无子女老人到城市投靠子女、在城市投资、兴办实业、购买商品房的公民及随其共同居住的直系亲属四类人员进城落户的政策。

2000 年，江西省出台《关于促进小城镇健康发展的若干指导意见》，放宽了小城镇落户限制。凡在小城镇有合法固定场所、稳定职业或生活来源的人员，及其共同居住生活的直系亲属，均可根据本人意愿转为城镇户口。

2002 年，江西省人民政府批转省公安厅《关于进一步改革户籍管理制度推进我省城市化进程的意见》（赣府发〔2002〕13 号），又有条件地放宽了设区市落户限制，取消了"农转非"指标控制，实行条件准入制度。规定在设区市农民工购买商品房、投资额或纳税达到当地政府标准、土地被征用且在城镇有固定居住条件的人员及其配偶、未成年子女，可在当地登记城镇户口。

2011 年 4 月 27 日，为认真贯彻落实国务院办公厅《关于积极稳妥推进户籍管理制度改革的通知》（国办发〔2011〕9 号）精神，江西省出台了《关于深入推进户籍管理制度改革加快城镇化进程的意见》（赣府发〔2011〕9 号），进一步放宽了市辖区的落户条件。规定：在县级市市区、县人民政府驻地镇和其他建制镇有合法稳定职业并有合法稳定住所（含租赁）的人员，本人及其共同居住生活的配偶、未婚子女、父母，可以在当地申请登记常住户口；在设区市市辖区有合法稳定职业满三年（设区市人民政府根据实际情况可以适当放宽职业年限要求），并有合法稳定住所（含租赁），同时按照国家规定，参加社会保险达到一定年限的人员，本人及其共同居住生活的配偶、未婚子女、父母，可以在当地申请登记常住户口。

2011 年 8 月 11 日，为积极适应动态开放的社会环境，进一步加强和创新流动人口服务管理，江西省政府出台了《江西省流动人口服务和管理办法》，全面推开了居住证管理制度，明确了持有居住证的流动人口可在居住地享受参加社会事务管理、参加任职资格评定或者考试、办理出入港澳地区的商务签注手续、申领机动车驾驶证等权益和服务，以制度的形式确保了流动人口与常住人口经济上同工同酬、政治上同责同权、生活上同城同利。

2012 年 11 月，为进一步加强和改进流动人口居住证申领和管理工作，省公安厅对《江西省流动人口居住登记和居住证办理工作规范》进行了部分修改，放宽了居住证申领条件，实行登记式申领，即"对拟在居住地居住三十日以上，已满十六周岁的流动人口，在依法申报居住登记后，公安机关发给有效期为六个月的居住证。对拟在居住地居住三十日以上，已满十六周岁并符合《江西省流动人口服务和管理办法》规定的流动人口，公安机关发给有效期为一年的居住证"。对加强流动人口服务管理、促进农业转移人口市民化起到了重要作用。

积极探索城乡统一的户口登记制度。按照省委、省政府的统一部署，江西省从 2010 年开始在南昌、新余试点取消农业户口和非农业户口划分，实行城乡统一的户口登记制度。南昌市在广泛、深入调研的基础上，提出了先在全市城区范围内取消农业、非农业二元制户籍登记制度，实行统一的"南昌市居民户口"登记，后根据本地社会经济和产业规划发展的阶段水平，逐步向建成区、组团和四县延伸，分步骤实施城乡统一的户籍登记制度思路。新余市周密部署，积极稳妥推进，圆满完成了户籍管理方面政策梳理和人口信息系统软硬件的升级改造，并成功在罗坊和双林两镇开展了城乡统一户口登记制度试点工作，取消农业户口和非农户口性质划分。南昌市和新余市建立城乡统一的户口登记制度的调研和试点工作，为逐步建立全省统一的户口登记制度提出了工作思路，积累了经验。

2014 年，江西省出台《关于进一步推进户籍制度改革的实施意见》（赣府发〔2014〕45 号），提出：实行差别化落户政策，有序放开南昌市中心城区落户限制，积极放开其他设区市中心城区落户限制，全面放开县级城市和建制镇落户限制。2017 年，江西省贯彻落实国务院办公厅推动 1 亿非户籍人口在城市落户实施方案，全面放开放宽重点群体落户限制，以农村学生升学和参军进入城镇的人口、在城镇就业居住一年以上和举家迁徙的农业转移人口以及新生代农民工为重点，促进有能力在城镇稳定就业和生活的农业转移人口举家进城落户。方案对落户程序进行了标准简化，明确十种情况可在当地申请登记常住户口。

表 4-3   江西省城镇化发展的户籍政策

序号	年份	文件名称	内容
1	1999	《关于解决当前户口管理工作中几个突出问题的意见》	放宽了婴儿落户随父随母自愿，夫妻分居，男性超过60周岁、女性超过55周岁身边无子女老人到城市投靠子女，在城市投资、兴办实业，购买商品房的公民及随其共同居住的直系亲属四类人员进城落户的政策
2	2000	《关于促进小城镇健康发展的若干指导意见》	凡在小城镇有合法固定场所、稳定职业或生活来源的人员，及其共同居住生活的直系亲属，均可根据本人意愿转为城镇户口，并在子女入学、参军、就业等方面享受与城镇居民同等待遇，不得实行歧视性政策
3	2002	《关于进一步改革户籍管理制度推进我省城市化进程的意见》	进一步放宽了设区市全面实行吸引在城市投资和购买商品房（含房改房）人员落户的政策、市区户口迁移落户的限制，还对其他人员的落户限制进行了适当放宽。对已投靠配偶所在地居住的人员，可根据自愿的原则，准予在该市区落户不受结婚年限制；男性超过60周岁、女性超过55周岁和其他符合国家有关离退休规定的人员，要求到市区投靠子女的，可以在其子女常住地落户；土地已被征用、需要依法安置的，且在市区有固定住所的人员，均可登记市区常住；华侨、港澳台同胞和境外投资者在我省投资兴办实业，其需要照顾的大陆亲属可登记市区常住户口
4	2011	《关于深入推进户籍管理制度改革加快城镇化进程的意见》	放宽小城镇落户条件，放宽设区市市辖区落户条件，在设区市市辖区有合法稳定职业满三年，并有合法稳定住所，同时按照国家规定参加社会保险达到一定年限的人员及直系亲属，可以在当地登记常住户口
5	2011	《江西省流动人口服务和管理办法》	县级以上人民政府应当按照资源整合、集中管理、互联互通的原则，组织有关部门逐步建立流动人口综合信息系统，实现政府部门之间信息共享，方便流动人口办理有关就业、就学、经营、社会保障等事务
6	2014	《关于进一步推进户籍制度改革的实施意见》	实行差别化落户政策，有序放开南昌市中心城区落户限制，积极放开其他设区市中心城区落户限制，全面放开县级城市和建制镇落户限制
7	2017	《江西省贯彻落实国务院办公厅推动1亿非户籍人口在城市落户实施方案》	全面放开放宽重点群体落户限制，以农村学生升学和参军进入城镇的人口、在城镇就业居住一年以上和举家迁徙的农业转移人口以及新生代农民工为重点，促进有能力在城镇稳定就业和生活的农业转移人口举家进城落户。方案对落户程序进行了标准简化，明确十种情况可在当地申请登记常住户口

二 支持江西城镇化发展的土地政策

2011 年，江西省全面完成了对 2008 年版《江西省建设用地指标》进行修订的工作，形成了《江西省建设用地控制指标》，并经省政府同意，于 2011 年 10 月 16 日印发各地实施。修订后的《江西省建设用地控制指标》行业种类更加齐全、分类体系更加合理、定额指标更加科学集约、内容表述更加规范准确。其中，容积率的平均水平从 0.81 提高到了 0.83，最低的投资强度要求为 100 万元/亩，最高的则达 367 万元/亩。完善节约集约用地政府考核评价指标体系，强化市县政府的主体责任，严格兑现奖惩。从 2011 年开始，江西省政府将"节约集约用地"纳入对市、县政府的考核评价体系，并在 2012 年度省政府对市县政府考核中增加了考核比重。江西省积极开展节约集约用地模范县创建活动，2010 年以来，全省有 30 个县（市）和开发区获全省模范县称号，严格兑现奖惩，营造节约集约用地良好氛围。

2012 年 10 月 22 日，省政府下发了《关于进一步提高建设用地供应率和利用率的通知》（赣府发〔2012〕36 号），从规划管控、规范土地储备和抵押融资、规范土地供应方式、发挥区位调整作用、实行新增建设用地计划与供地率挂钩、项目用地管理、闲置土地清理处置、开发区土地集约利用、城乡低效用地利用试点、加强用地考评和监管十个方面明确了相应标准和举措，具有很强的针对性和可操作性，为进一步推进全省节约集约用地提供了政策保障。

2013 年 2 月，国土资源部出台《开展城镇低效用地再开发试点指导意见》，确定在内蒙古、辽宁、上海、江苏、浙江、福建、江西、湖北、四川、陕西十省（区、市）开展试点，推进城镇低效用地再开发利用，优化土地利用结构，促进经济发展方式转变。城镇低效用地是指城镇中布局散乱、利用粗放、用途不合理的存量建设用地。符合土地利用总体规划的下列城镇存量建设用地可列入试点范围：国家产业政策规定的禁止类、淘汰类产业用地；不符合安全生产和环保要求的用地；"退二进三"产业用地；布局散乱、设施落后，规划确定改造的城镇、厂矿和城中村等。

推动城镇低效用地再开发利用，有利于促进节约集约用地和保护耕地，有利于提升城镇化质量和扩大内需，有利于加快转变经济发展方式，保障和促进科学发展，具有全局和深远意义。江西省将南昌作为先期试点城市，并组织专家组评审，进行了试点工作。

表4-4   江西城镇化发展的土地政策

序号	年份	文件名称	内容
1	2000	《关于促进小城镇健康发展的若干指导意见》	进一步积极稳妥地推进土地使用制度改革。在不减少耕地总量和符合土地利用总体规划的前提下，建设用地指标的安排主要向小城镇建设用地倾斜。鼓励引导有条件的乡镇所辖的村庄撤村并点，收回旧宅基地还耕，采取以地换地的办法，集中在小城镇规划区内搞建设。适当简化用地审批手续，对小城镇建设用地实行批量审批，由乡镇人民政府根据村镇规划、土地利用总体规划和近期建设用地需求申报用地计划，经土地管理部门逐级审核，按法律法规确定的程序审批
2	2010	《关于加快推进新型城镇化的若干意见》	创新土地管理机制，进一步加强城镇总体规划与土地利用总体规划的衔接，依法保障城镇发展的合理用地需求。严格土地管理，提高城镇现有土地的利用率，严禁违法占地、粗放用地，切实提高土地集约和节约利用水平。实行城镇土地"统一规划、统一征收（收回、收购）、统一储备、统一开发、统一供应、统一监管"制度，确保政府垄断土地一级市场。合理控制城镇土地储备总量、供应总量和开发总量。建立城镇建设用地增加与农村建设用地减少相挂钩的机制，强力推进和积极扶持土地整理复垦开发工作，逐步建立城乡统一的建设用地市场
3	2012	《关于进一步提高建设用地供应率和利用率的通知》	积极推进城乡建设用地增减挂钩、低丘缓坡荒滩等未利用地开发利用、工矿废弃地复垦利用等试点工作，探索推进城镇低效用地"二次开发"和空间利用的激励政策，支持南昌市开展城镇低效用地再开发试点
4	2014	《江西省新型城镇化规划（2014—2020年）》	合理调控城镇建设用地规模和结构。严格控制新增城镇建设用地规模，严格执行城市用地分类与规划建设用地标准，实行增量供给与存量挖潜相结合的供地、用地政策，提高城镇建设使用存量用地比例。探索实行城镇建设用地增加规模与吸纳农业转移人口落户数量挂钩政策。合理确定大城市建设用地规模，适度增加集约用地程度高、发展潜力大、吸纳人口多的卫星城、中小城市和县城建设用地供给

序号	年份	文件名称	内容
5	2016	《加快推进新型城镇化的若干意见》	实行城镇土地"统一规划、统一征收（收回、收购）、统一储备、统一开发、统一供应、统一监管"制度，确保政府垄断土地一级市场。合理控制城镇土地储备总量、供应总量和开发总量。建立城镇建设用地增加与农村建设用地减少相挂钩的机制，强力推进和积极扶持土地整理复垦开发工作，逐步建立城乡统一的建设用地市场。全家或部分成员迁入城镇落户的农户，按照承包方的意愿，允许保留土地承包经营权，并鼓励其依法有偿进行土地承包经营权流转
6	2017	《关于实施支持农业转移人口市民化若干财政政策的意见》	市县政府不得强行要求进城落户农民转让在农村的土地承包权、宅基地使用权、集体收益分配权，或将其作为进城落户条件。要通过健全农村产权流转交易市场，逐步建立进城落户农民在农村的相关权益退出机制，积极引导和支持进城落户农民依法自愿有偿转让相关权益，促进相关权益的实现和维护
7	2019	《关于建立健全城乡融合发展体制机制和政策体系的实施意见》	按照国家部署，推广余江农村宅基地改革试点经验，放活宅基地和农民房屋使用权，探索跨集体经济组织流转。通过置换转让、有偿退出等方式，整合利用腾退宅基地和碎片化集体建设用地。允许农村集体经济组织通过村庄整治、宅基地整理，以出租、入股、联营等方式盘活利用空闲农房及宅基地，用于发展农村新产业新业态。允许农村集体经济组织对农村旧住宅、废弃宅基地、空心村等闲置建设用地进行拆旧复垦，将拆旧复垦指标上市交易。探索建立对增量宅基地集约有奖、存量宅基地退出有偿制度

三 支持江西城镇化发展的财税政策

2000年，江西省出台《关于促进小城镇健康发展的若干指导意见》，提出在小城镇收取的城市维护建设税，由当地政府全额用于小城镇基础设施建设，不得截留挪用；土地使用税、土地增值税应按现行财政体制分配，大部分用于小城镇基础设施建设；小城镇国有土地有偿使用收益除按法律规定上交中央和省外，应留给镇级财政，统一用于小城镇的开发和建设；从集镇规划区内收取的市政公用设施配套费，80%返回乡镇安排使用。

对新型城镇化建设中企业从事省以上政府主管部门批准建设的公共基

础设施项目投资经营所得，自项目取得第一笔生产经营收入所属纳税年度起，可依法享受企业所得税"三免三减半"优惠政策。

对新型城镇公交站场运营用地包括城镇公交首末车站、停车场、保养场、站场办公用地、生产辅助用地，道路客运站场运营用地包括站前广场、停车场、发车位、站务用地、站场办公用地、生产辅助用地，免征城镇土地使用税。

对新型城镇化建设中企业投资用于自身生产经营所需要的铁路专线、公路、码头等用地，除另有规定者外，在场区外、与社会公用地段未加隔离的，暂免征收城镇土地使用税。

沿线居民因建设规划需要，土地、房屋被县级以上人民政府征用、占用后，重新承受土地、房屋权属的单位和个人，经县级以上人民政府批准可酌情给予减征或免征契税。

在新型城镇建设规划、旧城改造过程中，土地被征用的单位和个人取得的征地补偿费，不征收营业税；对被拆迁人按照国家有关城镇房屋拆迁管理办法规定的标准取得的拆迁补偿款，免征个人所得税。为扩大城市居民活动场所，改善人居环境而建设的市政街道、广场、绿化地带等公共用地免征城镇土地使用税。

2010 年，江西省出台《关于加快推进新型城镇化的若干意见》，在资金支持方面，整合各类财政性资金，优先安排国债资金、中央预算内投资、省基建投资和其他专项补助资金，重点扶持小城镇基础设施和产业项目建设。在投融资方面，依法依规统筹运作，为小城镇建设搭建融资平台，放开小城镇基础设施和公用事业投资领域，形成多元化的投融资渠道。按照"政府主导、市场运作、社会参与"的原则，拓展资金筹措渠道，形成多元化投资新格局。通过整合资源、盘活存量、收储土地等方式，壮大政府投融资平台实力，增加其信用等级。整合政府用于城市基础设施建设的投资，充分发挥政府投资对社会投资的引导、示范和放大作用。

2014 年，出台《江西省新型城镇化规划（2014—2020 年）》，提出建立多元化可持续的投融资机制，做大做强城镇化建设省级融资主体，整合市县融资主体，创新省市统筹建设城市基础设施和公共服务设施的融资模式。发挥现有政策性金融机构的重要作用，制定政策性金融专项支持方案，探索建立城镇基础设施、住宅政策性金融机构，为基础设施、公共服务和保障性安居工程提供政策性金融服务。

2015 年，江西省出台《关于开展江西省新型城镇化综合试点的通知》，提出建立多元化可持续的城镇化投融资机制。加快投融资机制改革，创新金融服务，放开市场准入，逐步建立多元化可持续的城镇化资金保障机制。依据城市规划编制城市基础设施建设规划和融资规划，针对不同项目性质设计差别化融资模式与偿债机制。理顺市政公用产品和服务价格形成机制，放宽准入，完善监管，在城镇基础设施和公共服务领域，积极推广政府和社会合作（PPP）模式，吸引社会资本参与投资、建设和运营。

表 4-5 **江西省城镇化发展的财税政策**

序号	年份	文件名称	内容
1	2000	《关于促进小城镇健康发展的若干指导意见》	在小城镇收取的城市维护建设税，由当地政府全额用于小城镇基础设施建设，不得截留挪用；土地使用税、土地增值税应按现行财政体制分配，大部用于小城镇基础设施建设；小城镇国有土地有偿使用收益除按法律规定上交中央和省外，应留给镇级财政，统一用于小城镇的开发和建设；从集镇规划区内收取的市政公用设施配套费，80%返回乡镇安排使用
2	2002	《关于开展再就业小额担保贷款、扶持下岗失业人员再就业的通知》	各金融机构积极开展小额贷款业务，简化手续，扩大规模，为下岗失业人员创业提供信贷支持
3	2003	《江西省下岗失业人员小额担保贷款管理实施办法》	各国有商业银行、股份制商业银行、城市商业银行都应开办下岗失业人员小额担保贷款业务，并简化手续，为申请贷款的下岗失业人员提供开户和结算便利。省、各设区市和有条件的县（市）就业服务机构应成立"下岗失业人员小额担保贷款信用担保中心"，作为事业单位法人，负责为下岗失业人员小额贷款提供贷款担保，并由其与商业银行共同负责监督贷款的还本付息。省、设区市和有条件的县（市）要建立下岗失业人员小额贷款担保基金，所需资金主要由同级财政筹集安排，由担保中心专户储存于同级财政部门指定的商业银行，封闭运行，专项用于下岗失业人员小额担保贷款。小额担保贷款责任余额不得超过贷款担保基金银行存款余额的五倍

内陆省区城镇化之江西探索

序号	年份	文件名称	内容
4	2010	《关于加快推进新型城镇化的若干意见》	在资金支持方面，整合各类财政性资金，优先安排国债资金、中央预算内投资、省基建投资和其他专项补助资金，重点扶持小城镇基础设施和产业项目建设。在投融资方面，依法依规统筹运作，为小城镇建设搭建融资平台，放开小城镇基础设施和公用事业投资领域，形成多元化的投融资渠道。按照"政府主导、市场运作、社会参与"的原则，拓展资金筹措渠道，形成多元化投资新格局。通过整合资源、盘活存量、收储土地等方式，壮大政府投融资平台实力，增加其信用等级。整合政府用于城市基础设施建设的投资，充分发挥政府投资对社会投资的引导、示范和放大作用
5	2014	《江西省新型城镇化规划（2014—2020年）》	建立多元化可持续的投融资机制。做大做强城镇化建设省级融资主体，整合市县级融资主体，创新省、市统筹建设城市基础设施和公共服务设施的融资模式。发挥现有政策性金融机构的重要作用，制定政策性金融专项支持方案，探索建立城镇基础设施、住宅政策性金融机构，为基础设施、公共服务和保障性安居工程提供政策性金融服务
6	2015	《关于开展江西省新型城镇化综合试点的通知》	建立多元化可持续的城镇化投融资机制。加快投融资机制改革，创新金融服务，放开市场准入，逐步建立多元化可持续的城镇化资金保障机制。依据城市规划编制城市基础设施建设规划和融资规划，针对不同项目性质设计差异化融资模式与偿债机制。理顺市政公用产品和服务价格形成机制，放宽准入，完善监管，在城镇基础设施和公共服务领域，积极推广政府和社会合作（PPP）模式，吸引社会资本参与投资、建设和运营
7	2017	《关于实施支持农业转移人口市民化若干财政政策的意见》	市、县政府要将农业转移人口及其他常住人口随迁子女义务教育纳入公共财政保障范围，实行就近划片入学政策。省财政设立农业转移人口市民化奖励资金。奖励资金根据农业转移人口实际进城落户以及市县提供基本公共服务情况进行测算分配，并向吸纳流动农业转移人口较多和财政困难地区倾斜。加大对农业转移人口市民化的财政支持力度并建立动态调整机制
8	2018	《江西省"十三五"促进就业规划》	大力实施就业优先战略和人才强省战略，贯彻劳动者自主就业、市场调节就业、政府促进就业和鼓励创业的方针，不断完善体制机制，实现经济发展与促进就业良性互动、扩大就业规模与提升就业质量协调推进

四 支持江西城镇化发展的产业政策

2010 年，江西省委、省政府出台《关于加快推进新型城镇化的若干意见》，提出坚持走新型工业化道路，提升以第二、第三产业为主的结构层次，不断壮大城市产业实力，以产业的发展支撑城市的发展，努力实现经济增长、就业增加与新型城镇化发展的良性互动。依托大中城市的人才、技术、资本等优势，实施科技创新"六个一"工程，积极培育高新技术产业、战略性新兴产业，着力发展附加值高和就业容量大的制造业等都市型工业，大力发展循环经济、低碳经济、绿色经济，提升整体水平和竞争力。大力发展现代服务业和生产型服务业，不断提高服务业发展水平和在经济总量中的比重，促进服务业与现代制造业有机融合，积极拓展新型服务领域，为扩大就业、集聚人口创造有利条件。依托地缘、资源和原有基础优势，加快中小企业、非公有经济发展，建立和完善中小企业服务体系，加大政策扶持力度，打造名牌和特色产品。

坚定不移地实施重大项目带动战略，充分发挥项目建设的"引擎"作用，以关系发展全局、带动作用强的重大产业项目、重大基础设施项目、重大城市建设项目为抓手，推动产业升级，增强发展后劲。以各类工业园区为载体，加快发展对地方经济影响面大、产业链长、带动力强的重大产业项目，推动产业集聚，努力培育和形成特色支柱产业，把各类园区建设成为项目建设的载体、对外开放的窗口、产业升级的高地、吸纳就业的平台、城镇发展的新区。

调整优化产业布局。要规划建设好不同类型、不同规模的产业发展带和核心区，培育产业集群，在全省尽快形成特色鲜明、错位发展、相互协调的区域产业格局。区域中心城市要进一步增强自主创新能力，发展壮大优势产业，改造提升传统产业，加快发展旅游业等现代服务业，努力壮大经济实力。中小城市和小城镇要围绕集聚人口、扩大就业、拉动内需，充分利用要素成本优势，积极发展特色产业和劳动密集型产业，努力创造就业岗位。要进一步完善城市功能分区，合理配置产业用地，大力发展园区经济，积极推进城市产业集聚发展。要大力推进农业现代化，推进农业技术进步，提高农业技术装备水平，借助农业现代化推进新型城镇化。

2012 年，江西省人民政府出台《关于进一步推进城镇化发展的实施意见》，提出加快构建城镇产业支撑体系，优化城镇产业空间布局。以促进社会资源和生产要素的优化配置为重点，进一步科学确定各城市的功能定位，形成特色鲜明、分工协作、错位发展、相互协调的区域产业格局。

推动城镇产业结构升级。坚持以科技为先导、市场为引领，立足现有基础和条件，突出江西优势和特色，大力培育壮大新能源、新材料、新能源汽车、民用航空、生物医药等战略性新兴产业，形成一批战略性新兴产业基地，使之成为引领江西未来发展的主导力量。充分利用高新技术和先进适用技术，加快对有色、钢铁、汽车、石化、建材、陶瓷、纺织等传统优势产业升级改造，推动信息化与工业化的深度融合，建设铜、钨和稀土精深加工等若干国家级产业基地，打造一批超千亿元优势产业。

把加快发展现代服务业作为推进产业结构优化升级的重要途径，大力发展现代物流、商贸流通、金融保险、信息咨询、科技服务、商务会展、服务外包、教育培训、医疗保健、文化创意、旅游娱乐等新兴服务业，尤其要大力挖掘整合、充分利用江西省丰富的旅游资源，加快建设红色旅游强省、生态旅游名省、旅游产业大省。努力打造特色文化产业，形成若干具有较强竞争力的特色文化产业集群，实现经济发展与就业增长的良性循环。

实现城镇产业集聚发展。进一步加强城镇群、城镇带发展和产业梯度发展的衔接互动，形成龙头带动、结构合理、体系完善的现代产业发展格局。加速产业向园区聚集，实现产业园区化、园区特色化，促进骨干企业裂变扩张，大力引进、培育一批拥有自主知识产权和知名品牌、核心竞争力强、主业突出、行业领先的大企业大集团，形成一批集中度高、关联性强、技术先进的产业集群，加速提升全省产业整体水平。

表 4-6　　　　　　　　江西省支持城镇化发展的产业政策

序号	年份	文件名称	内容
1	2006	《江西省国民经济和社会发展第十一个五年规划纲要》	发展文化产业，完善文化产业政策、形成以公有制为主体、多种所有制共同发展的文化产业格局和以民族文化为主体、吸收外来有益文化的文化市场格局

序号	年份	文件名称	内容
2	2007	《江西省新型城镇化"十一五"专项规划》	重点培育发展以南昌为核心，以九景鹰饶为支撑的环鄱阳湖城市群。加强与邻省、邻近城市的合理分工与协作，重点发展信息网络、新医药、生物工程等高新技术产业及汽车、机械、电子、食品、轻工、化工、纺织、服装等工业和以生产服务、旅游服务、高等教育为重点的第三产业
3	2010	《关于加快推进新型城镇化的若干意见》	调整优化产业布局。要规划建设好不同类型、不同规模的产业发展带和核心区，培育产业集群，在全省尽快形成特色鲜明、错位发展、相互协调的区域产业格局。区域中心城市要进一步增强自主创新能力，发展壮大优势产业，改造提升传统产业，加快发展旅游业等现代服务业，努力壮大经济实力。中小城市和小城镇要围绕集聚人口、扩大就业、拉动内需，充分利用要素成本优势，积极发展特色产业和劳动密集型产业，努力创造就业岗位。要进一步完善城市功能分区，合理配置产业用地，大力发展园区经济，积极推进城市产业集聚发展。要大力推进农业现代化，推进农业技术进步，提高农业技术装备水平，借助农业现代化推进新型城镇化
4	2012	《关于进一步推进城镇化发展的实施意见》	优化城镇产业空间布局。以促进社会资源和生产要素的优化配置为重点，进一步科学确定各城市的功能定位，形成特色鲜明、分工协作、错位发展、相互协调的区域产业格局
5	2014	《江西省新型城镇化规划（2014—2020年）》	根据城市地缘、资源环境承载能力、要素禀赋和比较优势，坚持以市场为导向，大力发展城镇经济，优化产业布局，夯实产业基础，强化产业支撑，培育发展各具特色的城镇产业体系。强化城市间专业化分工协作，形成大中小城市和小城镇特色鲜明、错位发展、相互协调的产业发展格局

五　支持江西城镇化发展的就业政策

1978年，城市知识青年上山下乡运动停止，同时，大批"下乡知青"陆续返城，城镇面临巨大的就业压力，政府开始对计划经济条件下形成的劳动就业制度进行改革。1981年，江西省人民政府下发《关于抓紧做好安置城镇待业人员就业工作的通知》，要求各级人民政府采取有力措施安置城镇待业人员就业。1985年12月，江西省劳动人事厅召开全省劳动就业工作会议，对全省就业工作改革提出要求。

2005 年，江西省出台《关于进一步加强就业再就业工作通知的意见》（赣府发〔2005〕21 号文），提出以提高就业稳定性为重点，做好国有企业下岗失业人员、城镇大集体企业下岗职工、国有企业关闭破产需要安置人员的再就业工作，基本解决体制转轨遗留的下岗失业问题；大力推进全民创业，加强实用型技能人才的培养，不断提高劳动者职业技能和创业能力，积极做好城镇新增劳动力的就业工作，保持高校毕业生就业水平的基本稳定；以改善农村劳动者就业环境和努力培育劳务输出品牌为依托，积极推动城乡统筹就业，提高劳务输出水平；逐步建立就业与社会保障的联动机制。

2005 年，江西省通过《江西省就业促进条例》。这是江西省深入贯彻实施《就业促进法》的一项重要举措，标志着江西省就业工作步入了依法管理的新阶段。条例以扩大就业为核心，以保障和改善民生为根本出发点，以公平就业、促进社会和谐稳定为基本原则，重点对政策支持、资金保障、服务管理、教育培训、就业援助等方面进行了规范。它不仅着力解决当时江西省就业的主要问题和突出矛盾，更加注重建立促进就业的长效机制；不仅明确了建立市场机制促进就业的努力方向，更加明确了政府在促进就业当中的重要责任。随后，省、市、县三级均成立了劳动就业服务部门，为高校毕业生、农民工、就业困难人员提供各项就业管理服务。

2009 年，江西省人民政府办公厅发布《关于进一步加强农民工技能培训工作的通知》，根据农民工自身需求，实施分类培训，不断规范培训的形式和内容，切实提高培训质量和效果。创新农民工培训机制。省农村劳动力转移就业工作联席会议要组织协调有关部门建立培训项目管理制度，完善政府购买培训成果的机制，保证承担培训任务的职业技能院校、具备培训条件的企业及其他各类培训机构平等参与招投标，提高培训质量。继续全面实施培训券制度，由农民工自主选择培训项目、培训方式和培训机构参加培训。

2015 年，江西省出台《关于进一步做好新形势下就业创业工作的实施意见》，提出统筹推进高校毕业生等重点群体就业，鼓励高校毕业生多渠道就业。继续把高校毕业生就业摆在就业工作首位。推进农村劳动力转移就业。结合新型城镇化建设和户籍制度改革，推动产业转移承接、集聚和转型升级，促进农村劳动力就地就近转移就业和返乡创业。

表 4-7　　　　　　　　　江西省支持城镇化发展的就业政策

序号	年份	文件名称	内容
1	1981	《关于抓紧做好安置城镇待业人员就业工作的通知》	各级人民政府采取有力措施安置城镇待业人员就业
2	1988	《关于统筹做好全省农村劳动力转移培训工作的通知》	统筹全省农村劳动力转移培训
3	1996	《关于在全省实施再就业工程的通知》	启动国有企业失业职工再就业工作。江西省求职登记的对象由过去单一的城镇非农户口待业人员，扩大到法定劳动年龄内有劳动能力、求职需求的城镇劳动者和不具有当地城镇户口的劳动者以及跨县流动的城乡劳动者
4	2001	《关于大力促进就业和再就业工作的通知》	加快建立市场导向的就业机制，逐步完善社会保障体系，加强职业培训、就业服务、社会保障工作之间的互相融合，尽快形成市场引导培训、培训促进就业的格局，形成就业促进保障、保障支持就业的格局，形成市场主导、政府督导、各方协力、齐抓共管促进就业的工作格局
5	2005	《关于进一步加强就业再就业工作通知的意见》	把扩大就业摆在经济社会发展更加突出的位置；在重点解决好体制转轨遗留的再就业问题的同时，努力做好城镇新增劳动力就业和农村富余劳动力转移就业工作，有步骤地统筹城乡就业和提高劳动者素质，探索建立市场经济条件下促进就业的长效机制
6	2005	《江西省就业促进条例》	县级以上人民政府应当推进小城镇建设和加快县域经济发展，引导农业富余劳动力向小城镇和非农产业转移就业；在制定小城镇规划时，将本地农业富余劳动力转移就业作为重要内容。县级以上人民政府应当进一步完善进城就业农村劳动者户籍迁移、子女就学、公共卫生、住房租购和社会保障等方面政策措施，督促企业改善用工环境，为农村劳动者进城就业创造条件

序号	年份	文件名称	内容
7	2010	《关于进一步加强农民工技能培训工作的通知》	把农民工培训工作纳入全省经济和社会发展规划，按照地方政府分级管理、职能部门各司其职、农村劳动力转移就业工作联席会议统筹协调的原则，建立相互配合、有序运行的工作机制
8	2015	《关于进一步做好新形势下就业创业工作的实施意见》	统筹推进高校毕业生等重点群体就业，鼓励高校毕业生多渠道就业。继续把高校毕业生就业摆在就业工作首位。推进农村劳动力转移就业。结合新型城镇化建设和户籍制度改革，推动产业转移承接、集聚和转型升级，促进农村劳动力就地就近转移就业和返乡创业
9	2018	《关于做好当前和今后一个时期促进就业工作的若干政策措施》	支持各类职业院校（含技工院校）、普通高等学院、职业培训机构和符合条件的企业承担失业人员职业技能培训或创业培训。对培训合格的失业人员按规定给予职业培训补贴
10	2019	《关于推进全方位公共就业服务的实施意见》	推动公共就业服务城乡常住人口全覆盖。完善就业失业登记管理，优化各级公共就业服务机构业务经办流程。劳动年龄内、有劳动能力、有就业要求的城乡劳动者可持居民身份证（或社会保障卡、电子社会保障卡），在常住地公共就业服务机构申请公共就业服务。其中，处于无业状态的劳动者可进行失业登记，就业困难人员以及零就业家庭的劳动者可申请就业援助。保障用人单位同等享有公共就业服务

六 支持江西城镇化发展的社会保障政策

1999 年，江西省出台《江西省统一企业职工基本养老保险制度实施办法》（赣府发〔1999〕14 号），实行统账结合的养老保险制度，基本养老保险费由企业、个人共同承担，并建立养老保险个人账户。2006 年，根据国务院《关于完善企业职工基本养老保险制度的决定》（国发〔2005〕38 号），江西省出台了《江西省完善企业职工基本养老保险制度的实施意见》（赣府发〔2006〕8 号），对全省企业职工养老保险制度进行了完善，并一直沿用至今。

2009 年，根据国务院《关于开展新型农村社会养老保险试点的指导意见》（国发〔2009〕32 号）精神，江西省出台了《江西省人民政府关于印发〈江西省新型农村社会养老保险试点实施办法〉的通知》（赣府发〔2009〕26 号），推出新型农村社会养老保险，农村居民被纳入养老保险覆盖范围，对确保农村基本生活、逐步减小城乡差距、维护农村社会稳定具有重大意义。

　　2011 年，根据国务院《关于开展城镇居民社会养老保险试点的指导意见》（国发〔2011〕18 号）精神，江西省出台了《江西省人民政府关于印发〈江西省城镇居民社会养老保险试点实施办法〉的通知》（赣府发〔2011〕18 号），推出城镇居民社会养老保险，城镇非从业居民被纳入养老保险覆盖范围，至此，江西省养老保险实现了制度上的全覆盖。

表 4-8　　　　　　　　　　江西省支持城镇化发展的社会保障政策

险　　种	参保人群	享受待遇条件	享受待遇标准
城镇职工基本养老保险（文件依据：赣府发〔1999〕14 号、赣劳社养〔2005〕13 号、赣府发〔2006〕41 号）	企业职工、无雇工的个体工商户、灵活就业人员	达到法定退休年龄，且累计缴费年限（含视同缴费年限）满 15 年	办理退休后，按月领取相应额度养老金。养老金由基础性养老金、过渡性养老金、个人账户养老金组成。基础养老金＝（退休时在岗职工月平均工资＋退休时在岗职工月平均工资×本人缴费工资平均指数）÷2×个人累计缴费年限×1%；过渡性养老金＝退休时在岗职工月平均工资×本人缴费工资平均指数×视同缴费年限×1.1%；个人账户养老金＝退休时个人账户储存额÷本人退休年龄相对应的计发月数
新型农村社会养老保险（文件依据：赣府发〔2009〕26 号）	年满 16 周岁（不含在校学生）、未参加城镇职工基本养老保险的农村居民	年满 60 周岁	养老金待遇由基础养老金和个人账户养老金组成，基础性养老金每人每月 55 元（中央财政全额补助）；个人账户养老金月计发标准为个人账户全部储存额除以 139。新农保制度实施时，已年满 60 周岁，不用缴费，可以按月领取 55 元基础养老金。鼓励中青年农民积极参保、长期缴费，缴费年限超过 15 年的，每超过一年，每月增加 1 元基础养老金
城镇居民社会养老保险（文件依据：赣府发〔2011〕18 号）	年满 16 周岁（不含在校学生）、不符合职工基本养老保险参保条件的城镇非从业居民	年满 60 周岁	养老金待遇由基础养老金和个人账户养老金组成，基础性养老金每人每月 55 元；个人账户养老金月计发标准为个人账户全部储存额除以 139。城居保制度实施时，已年满 60 周岁，不用缴费，可以按月领取 55 元基础养老金。鼓励中青年农民积极参保、长期缴费，缴费年限超过 15 年的，每超过一年，每月增加 1 元基础养老金

险　　种	参保人群	享受待遇条件	享受待遇标准
城镇职工基本医疗保险（文件依据：赣府发〔1999〕27号、赣府厅发〔2011〕29号）	企业、机关、事业单位、社会团体、民办非企业单位及其职工，城镇个体经济组织业主及其从业人员以及灵活就业人员	连续参保缴费	在职职工按照缴费基数的2.9%或3.2%划入个人账户，退休人员按照退休工资的3.5%或3.8%划入个人账户，可用于购药、门诊等费用支出等。门诊特殊慢性病费用可按照一定比例在医疗保险统筹基金中报销。住院医疗待遇：一级医疗机构，起付标准为200元，报销比例为95%；二级医疗机构，起付标准为400元，报销比例为90%；三级医疗机构，起付标准为600元，报销比例为85%。职工医疗保险年度内最高支付不低于15万元（赣州市26万元）
城镇居民基本医疗保险（文件依据：赣府厅发〔2007〕31号，赣府厅发〔2009〕97号）	城镇居民	连续参保缴费	门诊家庭补偿金，按个人缴费标准的50%划入。成年人50元、未成年人15元。可用于购药、门诊等费用支出等；门诊特殊慢性病执行住院医疗起付标准和报销比例，其中：年度内最高支付限额Ⅰ类为15000元；Ⅱ类为5000元。住院医疗待遇，起付标准：一级医疗机构100元；二级医疗机构200元；三级医疗机构300元。补偿比例：一级医疗机构75%；二级医疗机构65%；三级医疗机构55%；年度内最高累计支付限额（实际报销金额）为成年人3万元，未成年人6万元，结合大病补充医疗保险，逐步使城镇居民医疗保险年度内最高支付限额达到城镇居民可支配收入的6倍左右（约10万元）
新型农村合作医疗保险（文件依据：赣府厅发〔2010〕81号、赣卫农卫字〔2011〕6号）	农村居民	连续参保缴费	家庭账户基金：自缴费用不低于20%计入大病统筹基金，剩余部分为参合农民本人的家庭账户基金。门诊大病补偿：门诊大病的补偿比为40%，起付线为0元，封顶线为3000元。住院补偿：住院起付线乡（镇）级100元、县（市、区）级300元，县外600元；补偿比例：乡（镇）级90%，县（市、区）级80%，县外50%

续表

险　种	参保人群	享受待遇条件	享受待遇标准
工伤保险	职工	连续参保缴费	基金支付工伤医疗和康复、伤残、护理及工亡等待遇；用人单位支付停工留薪期的工资福利及护理待遇、5—6级伤残津贴及一次性伤残津贴就业补助金
生育保险	职工	连续参保缴费	基金支付生育医疗费用和生育津贴，生育津贴按职工所在用人单位上年度职工月平均工资计发
失业保险	职工	所在单位和本人已按照规定履行缴费义务满1年	支付失业保险金、基本医疗保险费；领取失业金期间死亡的，支付丧葬补助金和抚恤金

七　支持江西城镇化发展的住房政策

1995 年，《江西省人民政府贯彻国务院〈关于深化城镇住房制度改革决定〉的实施办法》提出，建立和完善住房公积金管理制度，加强住房公积金的管理。各市、县人民政府负责制定住房公积金的归集、使用、管理等有关具体规定，同级房改领导小组（委员会）审批住房公积金的使用计划和财务收支预决算。稳步出售公有住房；出售公有住房的定价原则、计算办法、折扣比例、产权界定等均按《关于深化城镇住房制度改革决定》的规定执行。做好与原有售房政策的衔接工作。已出售的公有住房均须按照购房款与成本价的比重明确个人拥有的产权比例，统一发放产权证。

2000 年，江西省出台《关于进一步深化城镇住房制度改革加快住房建设实施方案》，提出稳步推进住房商品化、社会化，逐步建立适合社会主义市场经济体制和江西省省情的城镇住房新制度；加快住房建设，促使住宅业成为新的经济增长点，不断满足城镇居民日益增长的住房需求。停止住房实物分配，逐步实行住房分配货币化；建立和完善以经济适用住房为主的多层次城镇住房供应体系；发展住房金融，培育和规范住房交易市场。

2010 年，江西省出台《关于加快发展公共租赁住房的实施意见》，提出各市、县要结合当地经济发展状况、城市总体规划、土地利用规划、产业政策、人口政策以及公共租赁住房的需求情况，编制公共租赁住房发展规划和年度计划，并纳入当地 2010—2012 年保障性住房建设规划和"十二五"住房保障规划，分年度组织实施。

表4-9 　　　　　　　　　**江西省政策城镇化发展的住房政策**

序号	年份	文件名称	内容
1	1995	《江西省人民政府贯彻国务院〈关于深化城镇住房制度改革决定〉的实施办法》	建立和完善住房公积金管理制度，加强住房公积金的管理。各市、县人民政府负责制定住房公积金的归集、使用、管理等有关具体规定，同级房改领导小组（委员会）审批住房公积金的使用计划和财务收支预决算。稳步出售公有住房；出售公有住房的定价原则、计算办法、折扣比例、产权界定等均按《决定》的规定执行。做好与原有售房政策的衔接工作。已出售的公有住房均须按照购房款与成本价的比重明确个人拥有的产权比例，统一发放产权证
2	2000	《关于进一步深化城镇住房制度改革加快住房建设实施方案》	稳步推进住房商品化、社会化，逐步建立适合社会主义市场经济体制和江西省省情的城镇住房新制度；加快住房建设，促使住宅业成为新的经济增长点，不断满足城镇居民日益增长的住房需求。停止住房实物分配，逐步实行住房分配货币化；建立和完善以经济适用住房为主的多层次城镇住房供应体系；发展住房金融，培育和规范住房交易市场
3	2010	《关于加快发展公共租赁住房的实施意见》	各市、县要结合当地经济发展状况、城市总体规划、土地利用规划、产业政策、人口政策以及公共租赁住房的需求情况，编制公共租赁住房发展规划和年度计划，并纳入当地2010—2012年保障性住房建设规划和"十二五"住房保障规划，分年度组织实施
4	2010	《江西省住房保障工作奖励资金管理办法》	各设区市住房城乡建设部门会同发展改革部门、财政部门每年1月15日前，对照本办法附表《棚户区改造工作评分表》开展设区市本级自评及对所辖县（市、区）考评工作，经设区市人民政府研究同意后，可推荐1—2个县（市、区）作为激励支持对象，并将自评考评情况报告、《棚户区改造工作评分表》、设区市本级和所推荐拟激励支持的县（市、区）的评分证明材料分报省住房城乡建设厅、省发展改革委和省财政厅

序号	年份	文件名称	内容
5	2013	《江西省人民政府办公厅关于加快棚户区改造工作的实施意见》	各市、县（区）人民政府要进一步加大棚户区改造力度，让更多困难群众的住房条件早日得到改善。各地要在前期实地调查摸底的基础上，组织编制好本辖区 2013 年至 2017 年棚户区改造总体规划及分年度实施计划，并报上一级人民政府审定。各相关部门在审批棚户区改造项目时，要简化工作程序，缩短工作周期，提高审批效率，协调推动完成项目前期准备工作。发改部门要将项目建议书、可行性研究报告、初步设计审批合并为直接审批项目初步设计
6	2017	《关于提高公共租赁住房使用效率的意见》	2007 年至 2015 年，全省累计开工建设公租房（含廉租房）77.6 万套。各地要加快分配入住，确保全省公租房分配入住率 2016 年底前达到 70%，2017 年底前达到 80%，2018 年底前达到 90% 以上

八　支持江西城镇化发展的教育政策

2003 年，国务院办公厅转发了教育部等部门《关于进一步做好进城务工就业农民工子女义务教育工作的意见》（国办发〔2003〕78 号），提出流入地政府负责进城务工就业农民工子女接受义务教育工作，以全日制公办中小学为主，使进城务工就业农民工子女受教育环境得到明显改善，九年义务教育普及程度达到当地水平。2004 年，《江西省人民政府办公厅转发教育厅等部门〈关于进一步做好进城务工就业农民工子女义务教育工作的意见〉》（赣府厅发〔2004〕27 号）要求：必须坚持以全日制公办中小学为主，切实减轻进城务工就业农民工子女教育费用负担，做到义务教育阶段收费与当地学生一视同仁，根据居住所在地由当地教育行政部门就近安排入学，不得收取借读费。各设区市人民政府分别转发了市教育部门出台的本地区关于做好进城务工就业农民工子女义务教育具体措施，入学条件放宽到在本地居住（含租赁）、工作一年以上。农民工随迁子女享有受教育权利，免费接受公办九年义务制教育，在制度上得以保障，使他们享有与城镇儿童、少年同等的受教育条件和机会。

2012 年，《江西省教育事业发展"十二五"规划》提出以关爱为主旨办好特殊群体教育，将进城务工人员随迁子女教育需求纳入各地教育发展规划。坚持以输入地政府管理为主、以全日制公办中小学为主，确保进城务工人员随迁子女平等接受义务教育。

2014年，江西省教育厅出台《关于进一步做好义务教育免试就近入学工作的实施意见》，提出各地要依法合理确定随迁子女入学条件，积极接收随迁子女就学，帮助他们解决实际困难，融入城市生活。各招生学校对随迁子女不得歧视、不得拒收，与本校学生一视同仁。各市、县（区）教育行政部门要制定具体实施办法。坚持深化改革、分类推进，妥善解决随迁子女就读问题。随迁子女特别集中的地方，要扩大公办学校容量，鼓励社会力量办学，购买民办学校服务，满足随迁子女入学需求。要结合城市发展规划、人口规模分布和教育承载能力，稳步有序地妥善安排符合条件的随迁子女就学。要加大对接收随迁子女学校的支持力度，防止出现随迁子女因"上学难"而失学。

随着农民工子女教育"以流入地政府管理为主，以公办中小学为主""两为主"政策的出台和实施，我国农民工子女在城市的"入学难"问题在很大程度上得到了缓解。就江西而言，自2004年后，各地纷纷出台了配套措施，简化农民工随迁子女入学手续，均等化提供义务教育。当前，农民工子女义务教育已经取得很大进展。

表4-10　　　　　　　江西省支持城镇化发展中的教育政策

序号	年份	文件名称	内容
1	2004	《江西省人民政府办公厅转发教育厅等部门〈关于进一步做好进城务工就业农民工子女义务教育工作的意见〉》	坚持"以县为主"管理体制，发挥县级政府的作用，切实减轻进城务工就业农民工子女教育费用负担，做到义务教育阶段收费与当地学生一视同仁。对进城务工就业农民工子女根据居住所在地由当地教育行政部门就近安排入学，不得收取借读费。同时，根据学生家长务工就业不稳定、住所不固定的特点，允许进城务工就业农民工子女分期交纳学习费用。进城务工就业农民工子女转出原校或返回原籍学习，禁止收取任何费用
2	2012	《江西省教育事业发展"十二五"规划》	确保进城务工人员子女就学。完善进城务工人员子女就学保障政策。将进城务工人员随迁子女教育需求纳入各地教育发展规划

序号	年份	文件名称	内容
3	2014	《关于进一步做好义务教育免试就近入学工作的实施意见》	各地要依法合理确定随迁子女入学条件，积极接收随迁子女就学，帮助他们解决实际困难，融入城市生活。各招生学校对随迁子女不得歧视、不得拒收，与本校学生一视同仁。各市、县（区）教育行政部门要制定具体实施办法。坚持深化改革、分类推进，妥善解决随迁子女就读问题。随迁子女特别集中的地方，要扩大公办学校容量，鼓励社会力量办学，购买民办学校服务，满足随迁子女入学需求。要结合城市发展规划、人口规模分布和教育承载能力，稳步有序地妥善安排符合条件的随迁子女就学。要加大对接收随迁子女学校的支持力度，防止出现随迁子女因"上学难"而失学
4	2016	《江西省教育事业发展"十三五"规划》	保障困难群体教育权利。完善控制学生辍学和动员辍学学生复学机制。逐步落实以居住证为主要依据的随迁子女入学政策，依法保障进城务工人员随迁子女平等接受义务教育

第三节　40 年来江西城镇化发展战略和政策的反思

一　关于城镇化滞后的反思

江西省城镇化率落后于周边各省及全国平均水平。城镇化水平明显偏低，发展严重滞后。2018 年，江西的城镇化水平比全国平均水平低 3.66 个百分点，与周边省份相比，比浙江低 12.88 个百分点，比福建低 9.78 个百分点，比广东低 14.68 个百分点，比湖北低 4.28 个百分点，与湖南持平。

表 4-11　　　　　　　江西省与全国及周边地区城市化率比较（%）

	江西省	湖南省	湖北省	浙江省	江苏省	福建省	广东省	全国
2010 年	39.80	40.45	44.30	57.20	53.20	48.70	63.14	44.94
2018 年	56.02	56.02	60.30	68.90	69.61	65.80	70.70	59.68

数据来源：2008 年、2009 年中国统计年鉴及各省统计公报。

二　关于中心城市辐射带动力不强的反思

城镇体系不完善，中心城市辐射带动能力不强。2018 年，江西 200 万人口以上的超大城市只有南昌市 1 个，人口 100 万—200 万的大城市只有 2

个，95%以上的城市为中小城市，大城市发展严重滞后。① 研究表明，城市人口规模达到 25 万以上才会产生一定规模效益，100 万—200 万效益最佳。江西省城市规模普遍偏小，中心城市经济集聚效益偏弱，特别是支柱产业作用不突出，产品竞争力差，中心城市通过产品扩散、技术扩散等形式对周围地区所起的组织、协调作用难以发挥，中心城市的辐射功能不强。

三 关于城镇化发展不平衡的反思

区域间差异显著。江西省以沪昆高铁沿线为界，沿线市、县及其以北地区统称北部，其以南地区统称南部，南、北地域相差无几，但城镇化水平却相差较大，2018 年底，北部的南昌市常住人口城镇化水平达 74.23%，新余市达 70.03%，萍乡市达到 69.07%，景德镇市达到 66.94%，鹰潭市达到 60.68%，九江市达到 55.27%，上饶市达到 52.00%，宜春市达到 49.68%，而南部的吉安市城镇化水平为 50.95%，赣州市为 50.00%，抚州市为 49.81%。北部 8 市除宜春市外，其他城市的城镇化率都高于南部 3 市，南昌市、新余市高出南 3 市 20 个百分点左右，萍乡市、景德镇市、鹰潭市高出 10 个百分点左右，差距较大。江西省 22 个设市城市 17 个在北部，占 77.27%，南部只有 5 个，占江西省城市总数的 22.73%，北部是南部的 3.4 倍。此外，通过对两地经济总量、工业化水平、市场发育程度、基础设施水平、投资环境等指标综合分析，结果也证明北部的城镇化水平大大高于南部的。

四 关于"土地城镇化"快于"人口城镇化"的反思

城镇化发展质量不高。近年来，江西省城镇化速度不断加快，城镇规模逐步扩大，但由于一些城市片面追求规模，土地扩张速度较快，人口密度偏低，城镇内涵不深，质量不高，"人口城镇化"滞后于"土地城镇化"，一些城市新区"空城"现象严重，导致城市生产、生活、生态不协调。

五 关于城市结构趋同的反思

个性特征不明显。江西省城市体系比较单一，基本按"省会城市——

---

① 黄建清：《福建省城市化发展滞后原因分析及对策措施》，《福建师范大学学报》（哲学社会科学版）2003 年第 4 期。

地级城市—县级城市—建制镇"的行政建制层次分布。绝大多数城市都是各级政府的所在地，在本区域内自成一体，造成工业体系、产业结构雷同、重复建设严重等现象，城市之间相对封闭，缺乏互补性。一些城市规划科学性不够，在建设中脱离实际，盲目贪大求洋、照搬照抄，缺乏个性与特色。有的就市论市，不能超越市域从更大范围来统筹考虑合理的生产力布局、资源配置、产业与区位优势、生态环境、人文环境、公共建设项目的共建共享等问题，导致"千城一面"，缺乏地域特色、文化品位和自然魅力。

六　农民工市民化进展缓慢的反思

城市内部社会分层日益凸显。在城乡二元结构依然存在的情况下，随着城镇化进程的推进，江西城乡二元结构矛盾逐步缓解，但城乡差距和城乡壁垒依然存在。2018 年江西省城镇居民人均可支配收入 33819 元，农村居民人均可支配收入 14460 元，前者是后者的 2.34 倍。农业转移人口市民化困难重重，致使 2018 年户籍人口城镇化率仅 43.4%，远低于常住人口城镇化率。据统计，截至 2018 年，江西省农民工总数达到 804.6 万人，其中省外就业 544.9 万人、省内就业 259.7 万人。但由于历史和体制原因，省内就业的农民工虽然逐步成为产业工人，却难以成为真正的城镇居民，未能在教育、就业、医疗、养老、保障性住房等方面享受与城镇居民同样的基本公共服务，仍处于"半市民化"状态。

七　关于城市行政区划调整滞后的反思

大、中城市与小城市发展协调不够。行政区划调整滞后已成为制约江西省城镇化发展的重要因素，"小马拉大车、大马拉小车"的形象在江西比较突出，城市发展受到限制。从全国省会城市来看，南昌市人口、GDP 排位都在 20 名以后，面积甚至排到倒数第 4 名，仅大于太原、南京、海口三市。从中部地区看，三项指标均列第 5 名，仅高于太原市。亟待进行行政区划调整，扩大南昌市市域范围，而上饶市的鄱阳县、余干县、万年县，宜春市的高安市、丰城市、靖安县、奉新县，在地理位置上远离其管辖设区市的中心城区，更靠近南昌市市区，与南昌市的经济、社会、文化联系更强，完全可以划入南昌市管辖。同样，新余市、鹰潭市、景德镇市等也存在"大马拉小车"的现象，与此相反，赣州市、上饶市、宜春市又存在"小马拉大车"的现象。如赣州市管辖 18 个县区，其所辖的瑞金市、宁都县、石城县及三南距离赣州中心城区 100 公里开外，长期缺少赣州中心城市辐射，联系较弱。这种状况给区域间的资源配置、分工合作等增添了诸多不便。

表 4-12　　　　　　2018 年中部六省省会面积、常住人口与 GDP 情况

类别	郑州	武汉	长沙	合肥	太原	南昌	南昌在中部省会中的排名
面积（平方公里）	7446	8494.41	11819	11445.1	6988	7402	5
常住人口（万人）	1014	1108	815	809	442	555	5
GDP（亿元）	10143	14847	11003	7823	3884	5275	5

数据来源：各省统计年鉴及统计公报。

第五章　内陆省会城市南昌的集聚模式和增长规律[*]

改革开放以来，南昌市不断解放思想、深化改革、扩大开放，工业化和城镇化进程不断加快，经济社会发展实现了历史性飞跃，综合实力显著提升，产业结构不断优化，开放合作有效推进，发展活力日益增强，民生福祉大幅提升，作为长江经济带核心城市、"一带一路"重要节点城市地位日益凸显，带动江西省高质量发展的核心龙头地位持续增强。

第一节　改革开放以来南昌市城市人口集聚特征

南昌，简称"洪"或"昌"，是江西省的省会城市，是江西省重要的人口集聚区。南昌总面积 7402 平方公里，建成区面积 317.30 平方公里，2019 年常住人口 560.06 万人。改革开放以来南昌市人口规模、结构和质量等都发生了翻天覆地的变化，人口总量不断增长，人口结构持续优化，人口质量明显提升。

一　改革开放以来南昌城市发展历程

改革开放以来，南昌市城镇化呈现出快速发展的基本态势，常住城镇人口由 1978 年的 110.40 万人增加到 2019 年的 420.93 万人，增加了 300 多万人，南昌市城镇化主要经历了三个发展阶段。

（一）第一阶段：1978—1999 年

1978 年以后，南昌市城市发展迅速，南昌市户籍人口城镇化率从 1978

---

* 执笔人：高玫，江西社会科学院。

年的 29.91% 增加到 2000 年的 46.66%，1980 年南昌市户籍人口城镇化率超过 30%，2000 年超过 40%。这个时期由于受南昌市基础设施等条件的限制，南昌城市建设主要在赣江一侧依托旧城向南拓展，城市人口主要聚集于昌南。1998 年南昌市委、市政府借昌北大堤被列入全省鄱阳湖防洪治理工程的良机，及时启动实施了全长 34.89 公里的"一江两岸"道路防洪系列工程，对南昌大桥至赣江大桥沿江两岸的路堤进行综合改造，使红谷滩优越的区位优势得以凸显，城市建设的重点也由此开始向"一江两岸"转移。

（二）第二阶段：2000—2011 年

2001—2012 年，南昌市户籍人口城镇化率从 41.45% 提高到 46.29%，2011 年南昌市常住城镇人口达 342.18 万人，常住人口城镇化率达 67.24%，高于全国同期 15.97 个百分点、高于全省同期 21.54 个百分点。这个阶段南昌市委、市政府根据当时的产业基础、城市发展现状、交通和用地等条件，着眼于未来发展，及时调整了城市空间结构，重点打造以红谷滩新区为核心的现代新城，在城市整体发展上采取"西进、东拓、北控、南延"策略，基本形成了"一江两岸，南北双城，张开双翼，敞开四门，内外有环，外带五个组团"的总体空间格局。即以八一广场为中心的东、西湖老城区和以市行政中心为中心的红谷滩中心区"双核"都市核心圈，以青山湖、青云谱、朝阳、蛟桥等为城市副中心的都市内圈。瑶湖、昌南、乐化、梅岭和九龙湖等地区则以组团镶嵌的布局构成都市外圈。到 2010 年，南昌市中心城市建成区面积达 265 平方公里，十年建成区面积扩大了两倍；南昌以占全省 4.40% 的国土面积，集中了全省 21.50% 的城镇人口，创造了全省 23.20% 的国民生产总值。

（三）第三阶段，2012—2019 年

在这个阶段，南昌市启动了户籍制度改革，出台了《南昌市人民政府关于进一步深化户籍制度改革的实施意见》和十三个实施细则，通过调整完善户口迁移政策，促进有能力在城镇就业和生活的常住人口有序实现市民化，稳步提高了户籍人口城镇化水平。2012—2019 年南昌市户籍人口城镇化率从 46.13% 提高到 55.76%，年均提高近 1.4 个百分点，2016 年南昌市户籍人口城镇化率超过了 50%。常住人口城镇化率从 2012 年的 68.78% 提高到 2019 年的 75.15%，2014 年南昌市常住人口城镇化率超过了 70%。"十二五"期间，南昌市建成区面积增加了 70 平方公里，达到 335 平方公里，新建县、撤县建区使南昌市区范围直抵鄱阳湖畔，市区面积占国土面积的比重由 8% 跃升为 40%。这个阶段南昌市不断加快区域中心城市发展，稳步推进城镇化进程，中心城区人口不断增强，城市吸引力不断提升；有序拓展城市空间，中心城区"一江两岸"城市框架初步形成。

二　南昌市人口演变特征

从人口数量上来看，1978—2019 年，南昌市人口数量不断增长，1978 年南昌市户籍人口 306.82 万人，2019 年达到了 536 万人，平均每年增加 5.6 万人。改革开放 40 年，南昌市人口增长经历了由慢到快再逐步稳定的过程。1978—1988 年，这 10 年间人口增长 48.46 万，年均增长 4.8 万人；1988—1998 年，这 10 年间人口增长 60.56 万，年均增长 6.1 万人；1998—2008 年，这 10 年间增长 78.89 万人，年均增长 7.9 万人，1988—2008 年南昌市人口处于加速增长时期；2008—2018 年，这 10 年间增长 59.82 万人，年均增长近 6 万人，人口增速趋于平稳。

从在全省人口占比来看，南昌市人口总数占江西省人口数量的比重稳步提升，改革开放 40 年南昌市人口总数在全省人口占比提高 2 个百分点，从 1978 年的 9.64% 提高到 2018 年的 11.86%，1999 年南昌市在全省的人口占比超过 10%，2005 年南昌市在全省的人口占比超过 11%。

从人口密度来看，1978—2019 年南昌市人口密度稳步提升，南昌市人口密度由 1978 年 415 人/平方公里到 2018 年 742 人/平方公里，每平方公里增加 327 人。1990 年，南昌市人口密度超过了 500 人/平方公里，2002 年超过了 600 人/平方公里，2015 年超过了 700 人/平方公里。

表 5—1　　　　　1978—2019 年南昌市人口占江西省总人口比重

年份	南昌市人口（万人）	江西省总人口（万人）	南昌市人口占全省人口占比（%）	年份	南昌市人口（万人）	江西省总人口（万人）	南昌市人口占全省人口占比（%）
1978	306.82	3182.82	9.64	1991	375.42	3864.64	9.71
1980	317.23	3270.20	9.70	1992	378.88	3913.09	9.68
1985	335.31	3509.80	9.55	1993	382.76	3966.04	9.65
1990	372.59	3810.64	9.78	1994	388.77	4015.45	9.68

年份	南昌市人口（万人）	江西省总人口（万人）	南昌市人口占全省人口占比（%）	年份	南昌市人口（万人）	江西省总人口（万人）	南昌市人口占全省人口占比（%）
1995	395.16	4062.54	9.73	2008	494.73	4400.10	11.24
1996	401.72	4105.46	9.79	2009	497.33	4432.16	11.22
1997	407.89	4150.33	9.83	2010	502.25	4462.25	11.26
1998	415.84	4191.21	9.92	2011	504.95	4488.44	11.25
1999	424.23	4231.17	10.03	2012	507.87	4503.93	11.28
2000	432.55	4148.54	10.43	2013	510.08	4522.15	11.28
2001	440.16	4185.77	10.52	2014	517.73	4542.16	11.40
2002	448.85	4222.43	10.63	2015	520.38	4565.63	11.40
2003	450.77	4254.23	10.60	2016	522.79	4592.26	11.38
2004	460.79	4283.57	10.76	2017	524.66	4622.06	11.35
2005	475.17	4311.24	11.02	2018	531.88	4647.57	11.44
2006	483.96	4339.13	11.15	2019	536.00	4666.13	11.49
2007	491.31	4368.41	11.25	—	—	—	—

注：此表南昌市总人口以户籍人口为统计口径。

数据来源：历年南昌市统计年鉴、江西省统计年鉴。

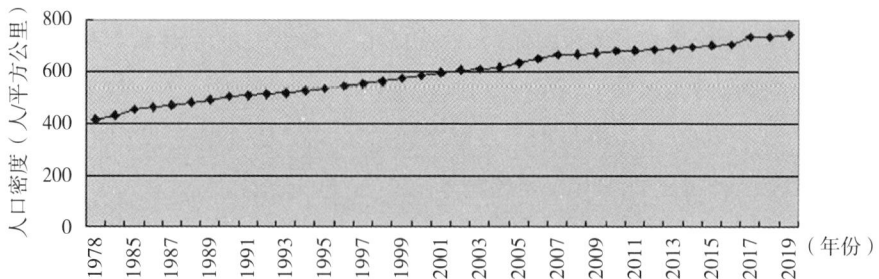

图5-1 1978—2019年南昌市人口密度变化情况

从人口再生产情况来看，改革开放以来，南昌市人口再生产类型发生变化，人口出生率和死亡率由高水平向低水平转变，南昌市人口再生产类型逐步由传统型向现代型转变。1978年，南昌市人口出生率为24.23‰，人口死亡率为5.75‰，人口自然增长率较高，达到18.48‰。1980年，南昌市人口出生率大幅下降，由1978年的24.23‰下降到1980年的12.54‰，人口死亡率仍然保持在 5‰ 左右，1980 年人口自然增长率比 1978 年下降了 11.26 个百分点。
1980—1990 年南昌市人口出生率有小幅增长，由 12.54‰ 增长到 18.24‰，人
口死亡率在 4.6‰—5.4‰ 波动，人口自然增长率由 7.22‰ 增长到 13.22‰，增
长 6 个百分点。1991—1999 年人口出生率基本上在 10.75‰—14.05‰ 波动，
人口死亡率由 1991 年的 4.62‰ 下降为 1999 年的 3.59‰，人口自然增长率基本
保持在 6‰—10‰，只有 1997 年人口自然增长率达到两位数，为 10.14‰。
2000 年是自 1980 年以来的人口出生率高峰，南昌市人口出生率达到 18.75‰，
人口死亡率为 5.73‰，人口自然增长率达到 13.02‰。2001—2018 年的大部分
年份南昌市人口出生率主要在 11‰—16‰ 波动，只有 2010 年和 2014 年南昌市
人口出生率超过 20‰，分别为 21.97‰ 和 26.89‰，2001—2019 年的大部分年
份人口死亡率在 2‰—6‰ 波动，2010 年、2012 年和 2017 年人口死亡率超出波
动范围，分别为 7.79‰、8.39‰ 和 12.10‰，这一期间人口自然增长率波动幅
度较大，2014 年南昌市人口自然增长率超过 20.00‰，达到 22.15‰，而 2017
年却仅为 3.57‰。

表 5-2　　　　　　　　**1978—2019 年南昌市人口自然变动情况**　　　　　　（单位：‰）

年份	人口出生率	人口死亡率	人口自然增长率	年份	人口出生率	人口死亡率	人口自然增长率
1978	24.23	5.75	18.48	2002	14.58	2.73	11.85
1980	12.54	5.32	7.22	2003	10.42	2.75	7.67
1985	12.62	4.78	7.84	2004	12.11	5.05	7.06
1986	13.85	4.79	9.06	2005	16.13	2.63	13.50
1987	11.97	4.66	7.31	2006	14.28	2.66	11.62
1988	14.48	4.73	9.75	2007	14.23	2.94	11.29
1989	14.10	5.00	9.10	2008	13.63	2.64	10.99
1990	18.24	5.02	13.22	2009	11.22	3.80	7.42
1991	13.64	4.62	9.02	2010	21.97	7.79	14.18
1992	11.85	4.42	7.43	2011	12.46	3.14	9.32
1993	10.75	4.21	6.54	2012	15.03	8.39	6.64

年份	人口出生率	人口死亡率	人口自然增长率	年份	人口出生率	人口死亡率	人口自然增长率
1994	10.95	4.09	6.86	2013	14.42	5.41	9.01
1995	11.37	4.35	7.02	2014	26.89	4.74	22.15
1996	13.74	3.89	9.85	2015	13.56	3.52	10.04
1997	14.05	3.91	10.14	2016	13.41	2.89	10.52
1998	12.57	3.83	8.74	2017	15.67	12.10	3.57
1999	12.63	3.59	9.04	2018	12.84	6.02	6.82
2000	18.75	5.73	13.02	2019	11.52	4.37	7.14
2001	12.41	3.44	8.97	—	—	—	—

数据来源：历年南昌市统计年鉴。

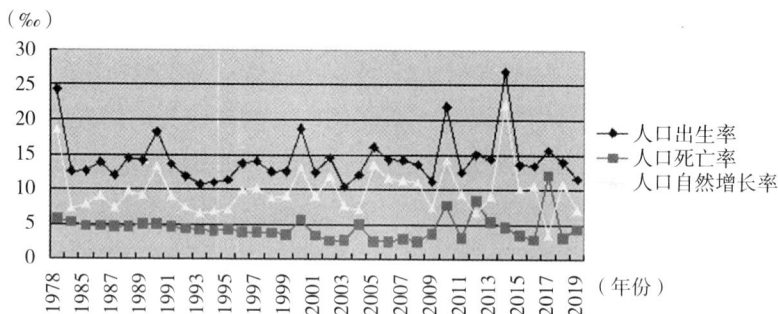

图 5-2　1978—2019 年人口自然变动情况

三　南昌市人口结构特征

(一) 人口性别结构

从国际通行的总人口性别比一般在 95—105 的范围看，改革开放 40 多年南昌市总人口性别比均超出国际通行的正常范围，南昌市人口性别结构并不够合理。

1978—1995 年南昌市总人口性别比有小幅上升，由 1978 年的 108.5 上升到 1995 年的 109.38，1995—2000 年南昌市总人口性别比有小幅回落，2000 年南昌市总人口性别比为 108.83，2001—2009 年是南昌市总人口性别比失调较为严重的时期，9 年间总人口性别比均超过了 110，2005 年是改革开放以来南昌市人口性别结构最不均衡的一年，总人口性别比达到 111.56，2010 年开始南昌市总人口性别比稳步下降，从 2010 年的 109.53 下降到 2019 年的 106.90，尽管已经相对接近国际通行的正常范围值，但是优化南昌市总人口性别结构仍然任重道远。

表 5-3　　　　　1978—2019 年南昌市总人口性别结构变化情况

年份	按性别分总人口（万人）		总人口性别比	年份	按性别分总人口（万人）		总人口性别比
	男	女			男	女	
1978	159.69	147.13	108.54	2002	235.45	213.40	110.33
1980	165.43	151.80	108.98	2003	236.77	214.00	110.64
1985	174.34	160.97	108.31	2004	241.91	218.88	110.52
1986	177.49	163.45	108.59	2005	250.57	224.60	111.56
1987	180.93	166.83	108.45	2006	254.79	229.17	111.18
1988	184.88	170.40	108.50	2007	258.07	233.24	110.65
1989	188.52	174.45	108.07	2008	259.92	234.81	110.69
1990	193.70	178.89	108.28	2009	260.77	236.56	110.23
1991	195.33	180.09	108.46	2010	262.55	239.70	109.53
1992	197.15	181.73	108.49	2011	263.30	241.65	108.96
1993	199.21	183.55	108.53	2012	264.41	243.46	108.61
1994	202.91	185.86	109.17	2013	265.30	244.78	108.38
1995	206.43	188.73	109.38	2014	268.60	249.13	107.82
1996	209.50	192.22	108.99	2015	269.98	250.40	107.82
1997	212.12	195.77	108.35	2016	271.45	251.34	108.00
1998	216.19	199.65	108.28	2017	271.57	253.09	107.30
1999	220.92	203.31	108.66	2018	274.92	256.96	106.99
2000	225.42	207.13	108.83	2019	276.94	259.06	106.90
2001	231.46	208.70	110.91	—	—	—	—

数据来源：历年南昌市统计年鉴。

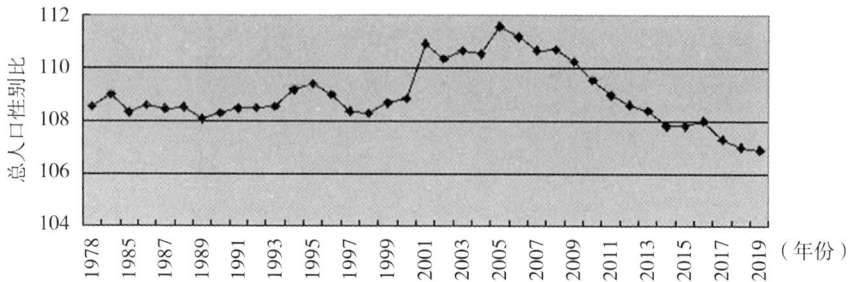

图5-3 1978—2019年南昌市总人口性别比

（二）人口年龄结构

国际上通常认为，判断一个国家或地区是否拥有人口红利，主要看两个指标：一是劳动年龄人口；二是人口抚养比。总人口抚养比在50%以内，劳动年龄人口占总人口比重越大，即为"人口红利"时期；而劳动年龄人口比重逐步下降，总人口抚养比超过60%时则为"人口负债"时期。南昌市总人口抚养比由2012年的34.71%增长到2019年的40%，仍然处于"人口红利"时期。南昌市15—64岁的劳动人口由2010年的300.47万人增加到2019年的400.01万人，从2010—2019年，南昌市15—64岁的劳动人口近100万人，年均增长11万人，南昌市15—64岁的劳动人口占总人口比重由2010年的69.40%增加到2019年的71.42%，2010—2019年南昌市15—64岁劳动年龄人口比重稳定在70%左右，人口红利持续得到释放，南昌市处于人口红利期，人口红利是推动南昌地区经济社会持续快速发展的重要助推器。尽管如此，南昌市人口老龄化问题依然不容忽视，2012—2019年，15—64岁人口比重持续下降，2019年南昌市65岁以上人口62.42万人，是2000年老龄人口的2倍多，2000年南昌市65岁以上人口占总人口比重6.30%，到2019年这一比重提高到11.15%，年均增长0.5个百分点。老年人口的持续增加导致全市老年抚养比持续提高，2012年老年抚养比10.72%，2019年老年抚养比就上升到15.60%，而老年抚养比的快速上升又将带动总抚养比上升，这将导致南昌市人口红利面临拐点。

（三）人口知识结构变化

改革开放以来，南昌市人口知识结构发生了根本性变化。1982年南昌市每万人中拥有大专以上学历的人仅为177人，1990年南昌市每万人中拥有大专以上学历的人数提高至 344 人，8 年时间南昌市人口每万人拥有大学学历的人数提高了近 2 倍。2000 年南昌市每 10 万人以上拥有大专以上学历的人数为 7411 人，2010 年南昌市每 10 万人以上拥有大专以上学历的人数为 18845 人，10 年间南昌市每 10 万人以上拥有大专以上学历的人数增加了 11434 人，年均增加 1000 多人，目前南昌市每 10 个人中就有近 2 个人拥有大学学历，南昌市人口受教育程度不断提高，南昌市人口知识结构持续优化。

表 5-4　　　　　　　　　2010—2019 年南昌市总人口年龄结构

年份	0—14 岁人口		15—64 岁人口		65 岁及以上人口		少儿抚养比（％）	老年抚养比（％）	总人口抚养比（％）
	人口数（万人）	比重（％）	人口数（万人）	比重（％）	人口数（万人）	比重（％）			
2019	97.61	17.43	400.01	71.42	62.42	11.15	24.40	15.60	40.00
2018	97.21	17.53	398.06	71.78	59.28	10.69	24.42	14.89	39.31
2017	95.61	17.50	395.02	72.30	55.72	10.20	24.20	14.11	38.31
2016	93.03	17.32	390.99	72.79	53.12	9.89	23.79	13.59	37.38
2015	91.74	17.30	389.18	73.39	49.37	9.31	23.57	12.69	36.26
2014	90.55	17.28	387.62	73.97	45.85	8.75	23.36	11.83	35.19
2013	90.36	17.43	384.57	74.18	43.55	8.40	23.51	11.32	34.82
2012	91.39	17.81	380.92	74.23	40.85	7.96	23.99	10.72	34.71
2010	105.19	24.30	300.47	69.40	27.29	6.30	—	—	—

数据来源：历年南昌市统计年鉴、江西省统计年鉴。

四　南昌市人口城乡结构演变特征

改革开放四十多年，随着南昌市经济持续快速增长和户籍制度改革加快推进，乡村人口加快向城镇地区转移聚集，城镇人口持续增加，城镇化水平不断提高。1978—2019 年，南昌市非农业人口由 91.76 万人增加到了近 300 万人，年均增加 5 万人。2004 年南昌市非农业人口超过 200 万，2018 年超过 300 万。户籍人口城镇化率从 1978 年的 29.91% 提高到 2019 年的 55.77%，提高了 25.86 个百分点，年均提高 0.63 个百分点。1980 年南昌户籍人口城镇化率达到 30% 以上，2016 年南昌市户籍人口城镇化率首次超过

50%，南昌市户籍人口城镇化率从 30% 到 40% 用了 21 年时间，从 40% 到 50% 用了 16 年时间。

表 5-5　　　　　　　　1978—2019 年南昌市户籍人口城镇化情况

年份	按农业、非农业人口分		户籍人口城镇化率（%）	年份	按农业、非农业人口分		户籍人口城镇化率（%）
	农业人口（万人）	非农业人口（万人）			农业人口（万人）	非农业人口（万人）	
1978	215.06	91.76	29.91	2002	260.93	187.92	41.87
1980	216.49	100.74	31.76	2003	255.31	195.46	43.36
1985	215.88	119.43	35.62	2004	255.88	204.91	44.47
1986	219.34	121.60	35.67	2005	255.23	219.94	46.29
1987	221.49	126.27	36.31	2006	256.25	227.71	47.05
1988	225.78	129.50	36.45	2007	258.55	232.76	47.38
1989	229.21	133.76	36.85	2008	261.57	233.16	47.13
1990	235.79	136.80	36.72	2009	263.21	234.13	47.08
1991	235.43	139.99	37.29	2010	268.22	234.02	46.59
1992	237.37	141.51	37.35	2011	271.23	233.72	46.29
1993	238.81	143.95	37.61	2012	273.59	234.28	46.13
1994	240.08	148.69	38.25	2013	274.12	235.96	46.26
1995	241.87	153.29	38.79	2014	279.35	238.38	46.04
1996	244.45	157.27	39.15	2015	282.26	238.12	45.76
1997	246.31	161.58	39.61	2016	233.29	289.5	55.38
1998	250.86	164.98	39.67	2017	234.88	289.78	55.23
1999	255.07	169.16	39.87	2018	247.33	307.22	55.40
2000	256.66	175.89	40.66	2019	237.09	298.91	55.77
2001	257.71	182.45	41.45	—	—	—	—

数据来源：历年南昌市统计年鉴。

1978—2019 年，南昌市常住城镇人口由 110.4 万人增加到 420.94 万人，改革开放以来常住城镇人口增加了 310 万余人，年均增加 7.6 万人。1994 年南昌市常住城镇人口首次超过乡村人口，城乡人口结构发生了深刻变化，新型城乡关系正逐步形成。南昌常住人口城镇化率从 1978 年的 35.98% 到 2019 年的 75.16%，提高了 39.18 个百分点，2014 年南昌市常住人口城镇化率超过了70%。

在南昌市人口城镇化水平不断提高的同时，南昌城镇化发展质量却有待进一步提高，直接体现就是常住人口城镇化率与户籍人口城镇化率差异较大。1978年南昌市常住人口城镇化率与户籍人口城镇化率差距为6.07个百分点，2010年以后南昌市常住人口与户籍人口城镇化率差距不断扩大，2015年两者相差达到了25.80%，尽管2016—2019年南昌市常住人口与户籍人口城镇化率差距较2015年有所缩小，但是2019年南昌市常住人口与户籍人口城镇化率差距依然较大，仍然有19.40%。从南昌人口城乡结构来看，2019年末，南昌市常住城镇人口为420.94万人，而户籍城镇人口仅为298.91万人，意味着有超过100万居住在城镇的农业转移人口没有实现户籍转换，无法在城镇平等享受教育、就业服务、社会保障、医疗、保障性住房等方面的公共服务。

表5-6　　　　　　　1978—2019年南昌市常住人口城镇化情况

年份	常住人口总数（万人）	户籍人口与常住人口城镇化率差值	常住人口城镇化率（％）
1978	306.82	-6.07	35.98
1980	317.23	-6.11	36.87
1985	335.31	-4.88	40.50
1990	378.39	-8.14	44.86
2000	433.17	-8.18	48.84
2005	470.93	-7.99	54.28
2010	505.33	-19.12	65.71
2011	508.90	-20.95	67.24
2012	513.16	-22.65	68.78
2013	518.42	-23.57	69.83
2014	524.02	-24.82	70.86
2015	530.29	-25.80	71.56
2016	537.14	-16.91	72.29
2017	546.35	-18.09	73.32
2018	554.55	-18.83	74.23
2019	560.06	-19.40	75.16

数据来源：历年南昌市统计年鉴。

五 南昌人口迁徙流动特征

由于改革开放初期，人口流动迁徙人数极少，反映人口流动情况的机械增长率直到1995年才开始有专项核算统计。2006年之前南昌市基本上是人口净流入地市，迁入人口大于迁出人口，尤其是2003—2005年，人口机械增长率都超过了10‰。2005年，南昌市人口机械增长率接近20‰。2005年南昌市迁入人口是迁出人口的两倍多，净迁入人口近10万人。改革开放以来江西省一直是人口流出大省，即便是省会城市南昌2007—2016年也呈现出了人口外流现象，尤其是2007—2012年，南昌市人口机械增长率在-5‰到-4‰波动。从人口迁出规模上来看，2007—2010年每年人口迁出规模均超过了10万人，2009—2010年每年人口净迁出近3万人。随着南昌市经济发展、各项鼓励回乡创业的政策相继落地、南昌市创业和就业环境进一步改善，南昌市外流人口开始回流，自2013年开始南昌市人口迁入规模与迁出规模相差不大，2013年南昌市人口机械增长率为-0.70‰。从2017年开始，南昌市迁入人口规模大于迁出人口规模，人口机械增长率由负转正，主要吸引了省内部分县、市人口，南昌市人口流动开始转向健康发展，但是人口机械增长率仍然存在波动，2018年人口机械增长率提升至2.96‰，2019年人口机械增长率又出现回落，降至0.56‰，因此，有必要进一步采取相应政策措施，提高南昌市人口的净流入水平。

表5-7　　　　　　　1995—2019年南昌市人口流动情况

年份	年平均人口（人）	机械变动（人）		人口机械增长率（‰）
		迁入	迁出	
1995	3919683	75410	57524	4.60
1996	3984440	53614	54305	-0.17
1997	4048069	48395	49674	-0.32
1998	4118652	77813	56383	5.20
1999	4200343	93356	65817	6.56
2000	4283889	109387	83783	5.98
2001	4363531	107026	74089	7.55

年份	年平均人口（人）	机械变动（人）		人口机械增长率（‰）
		迁入	迁出	
2002	4445051	102751	84909	4.01
2003	4498135	149405	103679	10.17
2004	4557818	183340	129694	11.77
2005	4679791	177619	84219	19.96
2006	4795630	133710	104279	6.14
2007	4876331	141675	161599	−4.09
2008	4930174	99517	124143	−4.99
2009	4960296	88412	111120	−4.40
2010	4997898	83076	112320	−5.85
2011	5036003	73677	95200	−4.27
2012	5064114	72425	93227	−4.11
2013	5089723	61508	65084	−0.70
2014	5139031	52833	62360	−1.85
2015	5190566	40758	43425	−0.51
2016	5215851	36826	44079	−1.39
2017	5237261	39086	35706	0.65
2018	5282742	110707	95078	2.96
2019	5339429	87534	84554	0.56

数据来源：历年南昌市统计年鉴。

六 南昌市人口空间集聚特征

从人口空间集聚与分布情况来看，南昌市各县区人口分布并不均匀，2019 年，南昌县、新建区、进贤县人口占南昌市总人口比重均超过了 10%，青云谱区、经济开发区、湾里区人口占南昌市总人口比重均未超过 5%。各县区人口的城镇化水平差异也十分明显。东湖区、西湖区、青云谱区、经济开发区人口城镇化水平均超过了 90%，远高于南昌市 2019 年的城镇化水平，而南昌县、新建区、安义县、进贤县人口城镇化水平均未超过 35%，高新开发区、湾里区人口城镇化水平均未超过 50%，低于全市平均水平。

表5-8 2019年南昌市各县区人口数量及构成情况

地区	户数（户）	总人口（人）						各县区城镇化率（%）
		合计	各县区人口占南昌市总人口比重（%）	男	女	城镇人口	乡村人口	
总计	1698949	5360018		2769411	2590607	2989123	2370895	55.77
东湖区	144773	445111	8.30	221234	223877	415272	29839	93.30
西湖区	156547	458448	8.55	227482	230966	458448	0	100.00
青云谱区	86731	264321	4.93	134824	129497	264321	0	100.00
青山湖区	147325	441259	8.23	224473	216786	379364	61895	85.97
新建区	207795	709570	13.24	372815	336755	205454	504116	28.95
红谷滩区	101943	290360	5.42	145282	145078	231947	58413	79.88
南昌县	310913	1058294	19.74	555226	503068	330694	727600	31.25
安义县	101441	308038	5.75	164151	143887	95240	212798	30.92
进贤县	259442	849422	15.85	445945	403477	275621	573801	32.45
经济开发区	52136	151038	2.82	77932	73106	146421	4617	96.94
高新开发区	99256	303122	5.66	157263	145859	146362	156760	48.28
湾里区	30647	81035	1.51	42784	38251	39979	41056	49.34

数据来源：2020年《南昌市统计年鉴》。

第二节 南昌市产业集聚特征

改革开放以来，南昌市经济保持了持续稳定发展，工业化进程不断加快，产业结构日趋优化，已从工业化的初期阶段进入中后期阶段。进入新时代，南昌市经济将进入高质量稳定发展时期，加快产业集聚、加速工业化进程的趋势不会改变，仍然需要坚持以工业化为核心，不断推动产业结构转型升级，发展新兴产业，推动产业向中高端迈进，融入全球产业链、价值链的中高端环节，提高经济向上动力。

一　产业结构演变特征

（一）三次产业结构变动情况

从改革开放以来南昌市三次产业结构变动的情况来看，经历了几个阶段，从 1978 年的"二一三"结构到 1986 年形成"二三一"结构，30 多年基本保持不变，2018 年三次产业结构为 3.6%：50.5%：45.9%，农业比重持续下降，20 世纪 90 年代中期降到 16.2%，2005 年降到 10% 以下，2012年降到 5% 以下，2018 年比 1978 年下降了 25.7 个百分点，第三产业上升了24.4 个百分点，工业基本维持在 50% 左右。

表 5-9　　　　　　1978—2018 年南昌市三次产业结构变动情况　　　　（单位：%）

年份	1978	1980	1985	1986	1990	1995	2000	2005	2010
第一产业	29.3	26.8	24.2	22.2	21.9	16.2	10.9	7.3	5.5
第二产业	49.2	48.4	52.6	50.3	39.7	45.4	45.8	52.8	56.7
第三产业	21.5	24.8	23.2	27.5	38.4	38.4	43.3	39.9	37.8
年份	2011	2012	2013	2014	2015	2016	2017	2018	—
第一产业	5.0	4.9	4.6	4.4	4.3	4.2	3.8	3.6	—
第二产业	58.7	56.4	54.9	55.0	54.5	52.4	53.3	50.5	—
第三产业	36.3	38.7	40.5	40.6	41.2	43.4	42.9	45.9	—

数据来源：历年南昌市统计年鉴。

（二）三次产业从业人员结构演变特征

从改革开放以后三次产业从业人员结构看，全省就业结构逐步得到优化，第一产业就业人员先增后减，在 20 世纪 90 年代初达到高点 94.00 万人，第二、第三产业就业人员不断增加，比重不断提高。党的十八大以来，南昌市全力推进供给侧结构性改革，加快推进经济结构战略性调整，就业结构显著优化。第一、第二产业就业人员逐年减少，第三产业就业人员增加，成为吸纳就业最多的产业。

表5-10 1978—2017年南昌市三次产业从业人员结构

年份	年末从业人员（万人）			构成（%）		
	第一产业	第二产业	第三产业	第一产业	第二产业	第三产业
1978	76.89	35.33	18.91	58.6	26.9	14.5
1980	75.84	39.60	20.59	55.8	29.1	15.1
1985	72.58	54.88	38.00	43.9	33.2	22.9
1990	94.00	60.98	43.43	47.5	30.7	21.8
1995	89.65	66.55	55.59	42.3	31.4	26.3
2000	84.84	56.34	73.78	39.5	26.2	34.3
2005	80.00	63.29	100.99	32.7	25.9	41.4
2010	71.41	73.01	148.14	24.4	25.0	50.6
2011	69.49	87.27	146.88	22.9	28.7	48.4
2012	70.40	113.57	131.95	22.3	35.9	41.8
2013	68.91	118.68	138.55	21.1	36.4	42.5
2014	68.08	122.67	139.37	20.6	37.2	42.2
2015	63.15	123.41	145.13	19.0	37.2	43.8
2016	60.20	128.72	144.43	18.1	38.6	43.4
2017	58.10	130.72	144.76	17.4	39.3	43.3

数据来源：历年南昌市统计年鉴。

（三）三次产业内部结构演变特征

1. 农业经济结构从单一的种植业演进为农林牧渔全面发展

在改革开放前的计划经济时期，农民只能被动服从"以粮为纲"的计划种植，种植业产值在农业总产值中份额长期占80%以上，粮食作物面积占农作物播种面积80%以上，产业间比例失衡。1978年，农林牧渔专的比例为85.4%：0.9%：11.8%：1.4%：0.5%。党的十一届三中全会后，伴随着农村生产经营方式的转变、生产力水平的提高，农业经济内部结构也发生了深刻的变化，种植业不断递减、养殖业持续递增，农林牧渔专的比例调整到2018年的44.1%：1.6%：27.2%：22.8%：4.4%，初步改变了农业内部结构单一的状况，种植业比重下降了近41.3个百分点，牧业比重上升15.4个百分点，渔业比重提升21.4个百分点。农业和渔业的变化幅度最大，农业所占比重呈整体下降趋势，牧业和渔业的比重持续稳步上升，林业发展缓慢而稳定，结构渐趋合理。

表 5-11　　　　　　1978—2018 年南昌市第一产业内部结构状况　　　　（单位：%）

指标＼年份	1978	1980	1985	1990	1995	2000	2005	2010	2015	2018
农林牧渔服务业	100	100	100	100	100	100	100	100	100	100
农业	85.4	84.1	65.2	55.6	51.2	41.9	40.0	37.1	38.9	44.1
林业	0.9	0.9	1.5	1.1	1.7	1.5	1.2	1.1	1.3	1.6
牧业	11.8	12.6	22.4	31.2	35.2	35.2	33.0	39.6	34.4	27.2
渔业	1.4	1.3	4.6	6.4	11.9	21.4	23.6	20.1	23.3	22.8
农林牧渔专业及辅助性活动	0.5	1.1	6.3	5.7	—	—	2.2	1.9	2.1	4.4

数据来源：历年南昌市统计年鉴。

从第二产业看，从 1978 年占比 49.2%，除 20 世纪 90 年代到 21 世纪初略有下降外，其他年份始终保持在 50% 以上，说明南昌市仍处在工业化快速发展阶段。从二产内部看，随着城镇化进程不断加快，各项基础设施投入不断加大，建筑业占比不断上升，工业占比逐步下降，1990 年南昌市建筑业在二产中占比为 5.04%，工业占 94.96%，到 2017 年建筑业占比达到 27.20%，上升了 22.16 个百分点，工业占比降至 72.80%。

表 5-12　　　　　　1978—2018 年南昌市第二产业内部结构变化　　　　（单位：%）

指标＼年份	1978	1980	1985	1990	1995	2000	2005	2010	2015	2017	2018
三产总计	100	100	100	100	100	100	100	100	100	100	100
二产	49.2	48.4	58.6	39.7	45.4	45.8	52.8	56.9	54.5	52.2	50.5
工业	—	—	—	37.7	39.0	34.9	37.2	43.5	40.5	38.0	—
建筑业	—	—	—	2.0	6.4	10.9	15.6	13.4	14.0	14.2	—

数据来源：历年南昌市统计年鉴。

数据显示，改革开放以来，南昌市第三产业实现了快速发展，在三个产业中的占比不断提升。1978 年南昌市第三产业占比为 21.5%，1990 年突破30%，达到38.4%，2000年突破40%，达到43.3%。此后，虽有一定的波动，但始终保持在40%以上，2018年达到45.9%，比1978年提高了24.4个百分点。第三产业内部结构也发生了较大的变化，总体呈现由传统服务业为主向现代服务业为主的趋势，交通运输邮电业、批发零售住宿餐饮业等传统产业占比逐步降低，金融保险业、信息服务业、旅游业、休闲娱乐业等新兴服务业、现代服务业占比不断上升，成为第三产业的支柱。1995年交通运输邮电业在第三产业中占比为14.062%，2018年降到8.06%，批发零售住宿餐饮业占比从30.99%降到17.86%，金融保险业则从13.28%上升到15.90%。

表5-13　　　　　　　　1978—2018年南昌市第三产业内部结构变化　　　　　（单位：%）

指标　　　年份	1978	1980	1985	1990	1995	2000	2005	2010	2015	2017	2018
三产总计	100	100	100	100	100	100	100	100	100	100	100
三产	21.5	24.8	23.2	38.4	38.4	43.3	40.0	37.7	41.2	44.0	45.9
交通运输邮电业	—	—	—	5.0	5.4	7.4	9.4	4.6	4.0	3.8	3.7
批发零售住宿餐饮业	—	—	—	10.8	11.9	12.0	8.6	8.9	8.6	8.4	8.2
金融保险业	—	—	—	10.7	5.1	4.6	4.4	5.3	7.4	7.3	7.3

数据来源：历年南昌市统计年鉴。

2. 投资结构演变

有色金属、建材等传统产业占比逐渐缩小，装备制造业、新能源汽车产业、生物医药、新材料等战略性新兴产业加速壮大，占工业投资比重超七成；服务业投资占据全部产业投资的"半壁江山"；民间投资活力持续释放，占全部投资比重的五成。

从三次产业的投资结构来看，总体上是由工业、服务业并重向服务业占主导转变。三次产业投资结构由1978年的8.3%：43.1%：48.6%调整为2018年的1.1%：31.8%：67.1%，一产、二产投资占比各下降7.2个和11.3个百分点，三产投资占比提高18.5个百分点。

表 5-14　　　　　　1978—2018 年南昌市三次产业投资结构比例　　　　（单位：%）

指标　　　　　年份	1978	1980	1990	2000	2010	2013	2014	2015	2016	2017	2018
第一产业	8.3	6.1	1.1	1.5	1.3	1.4	1.9	1.5	1.6	1.5	1.1
第二产业	43.1	23.1	14.2	54.2	40.8	44.2	41.6	39.8	36.2	36.4	31.8
第三产业	48.6	70.8	84.7	44.3	57.9	54.4	56.5	58.7	62.1	62.1	67.1

数据来源：历年南昌市统计年鉴。

2000 年，工业投资占全社会固定资产投资比例为 21.65%，房地产开发投资占比为 16.53%；2010 年，工业投资占全社会固定资产投资比例提高到 33.35%，房地产开发投资占比则降为 5.68%；2018 年，工业投资占全社会固定资产投资比例进一步提高到 37.14%，房地产开发投资占比则回升到 15.61%。

表 5-15　　　　　1978—2018 年南昌市全社会固定资产内部结构变化情况

年份	1978	1980	1990	2000	2010	2013	2014	2015	2016	2017	2018
全社会固定资产投资（亿元）	1.22	2.11	10.32	79.87	1939.35	2906.43	3463.22	4021.47	4576.73	5157.29	5719.43
工业投资	0.53	0.49	1.46	17.29	646.86	1001.33	1247.34	1552.73	1625.86	1843.99	2124.28
房地产开发投资	—	—	—	13.20	110.22	406.14	414.07	485.37	674.60	790.69	892.69
新增固定资产（亿元）	0.71	1.31	8.63	36.72	1412.92	1797.70	2003.93	2692.85	2771.81	3141.84	—

数据来源：历年南昌市统计年鉴。

二　产业集群演变特征

2018 年，南昌市共有 13 个产业集群（见表 5-16），其中，省级重点产业集群 10 个，省级战略性新兴产业集聚区 2 个。2018 年，南昌市产业集群实现主营业务收入 2939.4 亿元，实现利税 229.3 亿元，从业人员 288627 人。南昌市产业集群主要呈现出以下特点：

（1）围绕 13 个产业集群形成了四大战略性新兴支柱产业，即汽车及新能源汽车、电子信息、生物医药、航空装备；四大特色优势传统产业，即绿色食品、现代轻纺、新型材料、机电装备制造，使战略性新兴支柱产业和特色优势传统产业成为工业增长的主动力。

（2）产业集群成为全市经济持续健康发展的主要增长极。南昌市产业集聚区已经显示出旺盛的活力，形成了巨大的带动效应，成为全省经济持续健康发展的主要增长极。12个产业集群主营业务收入全部超过70亿元，超过100亿元的10个，超过150亿元的8个，超过300亿元的4个，超过500亿元的1个。

（3）新兴产业效益水平有较大提升。2018年，13个产业集群利税全部超过4亿元，其中南昌高新区光电及通信产业集群、南昌小蓝经开区汽车及零部件产业集群、南昌经开区光电产业集群、南昌高新区软件和信息技术服务业集群、进贤医疗器械产业集群5个新兴产业集群超过20亿元，南昌高新区光电及通信产业集群、南昌高新区软件和信息技术服务业产业集群、南昌经开区新能源汽车及汽车零部件产业集群、安义铝合金塑钢型材产业集群、进贤医疗器械产业集群等达到两位数增长，南昌经开区光电产业集群达到三位数增长。产业集群的主营业务收入和利税对地方工业经济的贡献达到70%以上。

（4）产业集聚区加速了生产要素集聚，创造和提供了巨大的就业机会。13个产业集群汇集企业从业人员达到288627人，其中从业人员超过万人的产业集群区就有9个，超过2万人的7个，超过3万人的4个，青山湖区针织服装产业集群投产企业682家，从业人员达到59980人。

表5-16　　　　　2018年南昌市重点产业集群及战略性新兴产业集聚区

序号	产业集群名称	所属行业	从业人员（人）	相关企业数（个）	投产企业数（个）	主营业务收入		利税	
						累计（亿元）	增长（%）	累计（亿元）	增长（%）
1	南昌高新区光电及通信产业集群	电子信息	45000	130	63	550	25.0	25.0	25.9
2	南昌小蓝经开区汽车及零部件产业集群	汽车	22379	151	133	450	6.1	30.5	-18.1
3	南昌经开区光电产业集群	电子信息	35000	21	21	400	33.3	25.0	108.6
4	青山湖区针织服装产业集群	纺织	59980	729	682	398.2	9.5	19.2	9.0

续表

序号	产业集群名称	所属行业	从业人员（人）	相关企业数（个）	投产企业数（个）	主营业务收入		利税	
						累计（亿元）	增长（%）	累计（亿元）	增长（%）
5	南昌高新区软件和信息技术服务业产业集群	软件	22000	550	500	190	11.7	21.5	12.5
6	南昌高新区智能装备制造产业集群	装备	16000	25	25	180	10.0	11.5	8.9
7	南昌经开区新能源汽车及汽车零部件产业集群	汽车	6800	19	19	163.6	26.2	16.7	14.0
8	安义铝合金塑钢型材产业集群	建材	21000	148	140	156	13.2	12.5	14.5
9	南昌临空电子信息产业集群	电子信息	12000	45	12	140.7	23.5	4.4	-6.4
10	新建区汽车及零部件产业集群	汽车	4300	20	20	112.9	14.4	6.1	-8.2
11	进贤医疗器械产业集群	医药	30020	123	103	78.4	10.0	29.4	14.2
12	进贤钢结构产业集群	钢铁	8569	59	57	74.6	10.0	19.5	11.5
13	南昌小蓝经开区医药产业集群	医药	5579	30	28	45.0	-63.1	8.0	-22.1

数据来源：江西省工业化和信息化厅。

三　企业规模演变特征

南昌市自 2002 年对规模以上工业企业进行统计以来，各项经济指标稳定增长，规模以上工业企业个数前期增长较快，2004 年就突破 700 家，达到 794 家；2006 年突破 900 家，达到 902 家；2009 年突破 1000 家，达到 1116 家；2010 年以后进入稳定发展阶段，到 2018 年全市规模以上工业企业总数 1196 户，比 2002 年增加 692 户；用工人数 411541 人，比 2002 年增加 219642 人；主营业务收入 6395.38 亿元，是 2002 年的 20 倍；利润总额 363.37 亿元，是 2002 年的 25.7 倍；固定资产原价 2015 年达到 2499.90 亿元，是 2002 年的 10.7 倍；工业增加值 2015 年达到 1451.84 亿元，是 2002 年的 13.5 倍。

表 5-17　　　　　2002—2018 年规模以上工业企业主要经济指标

年份	企业个数（个）	用工人数（个）	固定资产原价（亿元）	工业总产值（亿元）	工业增加值（亿元）	主营业务收入（亿元）	利润总额（亿元）	税金总额（亿元）
2002	504	191899	233.99	329.99	107.25	319.13	14.12	28.59
2003	500	195487	262.31	414.92	135.62	408.90	23.22	34.41
2004	794	206053	297.43	554.34	172.06	564.75	27.26	41.21
2005	769	215277	381.14	726.26	231.19	709.49	34.18	22.67
2006	902	218724	435.18	965.97	307.16	959.42	38.33	27.23
2007	939	227621	540.02	1271.80	403.14	1269.20	53.23	38.02
2008	940	246243	—	1783.02	543.30	1814.76	53.94	43.78
2009	1116	285943	1030.36	2104.82	615.10	2119.84	96.73	48.79
2010	1154	301514	1192.22	2773.20	650.92	2768.52	138.73	139.75
2011	968	374042	1425.15	3316.87	761.23	3343.66	168.33	164.41
2012	1015	405540	1636.30	3856.50	967.26	3864.69	211.40	189.86
2013	1078	418944	1850.89	4437.52	1159.48	4405.09	250.76	220.81
2014	1211	446633	2237.32	5074.96	1380.64	5139.71	316.70	261.24
2015	1300	444758	2449.90	5486.20	1451.84	5534.87	309.76	266.35
2016	1385	494316	—	—	—	6161.52	361.05	
2017	1473	458430	—	—	—	6225.85	375.85	
2018	1196	411541	—	—	—	6395.38	363.37	

数据来源：历年南昌市统计年鉴。

从南昌市规模以上工业大中小微型企业数量规模看，自 2005 年开始全面统计以来，前期大中型工业企业发展较慢，小型企业发展较快。2011 年以后大中型工业企业发展较快，小型企业发展速度放缓。从企业数量看，2005 年大型工业企业 13 家，到 2010 年只有 19 家，2011 年达到 35 家，2018 年达到 42 家，是 2005 年的 3.2 倍；中型企业 2005 年 66 家，到 2010 年只有 94 家，2011 年猛增到 166 家，2018 年达到 172 家，是 2005 年的 2.6 倍；小型企业 2005 年 690 家，2009 年仅 5 年时间就猛增到 1012 家，此后，有所下滑，2018 年才恢复到 982 家，是 2005 年的 1.4 倍。

从主营业务收入看，大型企业增长较快，中小型企业增长较慢。2018年大型企业主营业务收入达到3756.29亿元，是2005年的近13倍；而中小型企业2018年主营业务收入分别为1265.05亿元、1374.03亿元，是2005年的5.6倍、7.1倍。

表5-18　　　2005—2018年规模以上工业大中小微型企业数量规模变化情况

年份	大型企业		中型企业		小型企业		微型企业	
	数量（个）	主营业务收入（亿元）	数量（个）	主营业务收入（亿元）	数量（个）	主营业务收入（亿元）	数量（个）	主营业务收入（亿元）
2005	13	290.34	66	226.46	690	192.69	—	—
2006	13	406.00	65	244.90	824	308.51	—	—
2007	13	498.23	72	302.13	854	468.81	—	—
2008	14	621.44	77	362.22	849	831.05	—	—
2009	16	810.40	88	374.93	1012	934.50	—	—
2010	19	1063.44	94	492.81	1041	1212.28	—	—
2011	35	1472.70	166	785.37	758	1082.75	9	2.84
2012	38	1642.46	215	1036.59	743	1169.08	19	16.55
2013	42	1978.18	224	1190.50	770	1292.65	42	33.76
2014	42	2184.14	255	1462.74	861	1427.39	53	65.44
2015	45	2402.84	293	1754.78	865	1265.01	97	112.24
2016	47	2960.62	258	1623.55	1018	1529.85	62	47.50
2017	47	3302.87	263	1411.62	1124	1486.89	39	22.47
2018	42	3756.29	172	1265.05	982	1374.03	—	—

数据来源：历年南昌市统计年鉴。

分区域来看，到2018年规模以上大型企业主要分布在南昌高新区、南昌经开区、南昌县，三地合计35家，占总数的83.3%。中型企业主要分布在南昌县、新建区、青山湖区、南昌经开区和南昌高新区，以上五地占比86.2%；小型企业主要分布南昌县、南昌经开区、青山湖区、安义县、南昌高新区，以上五地合计776家，占比79.0%。

表5-19　　　　2018年南昌市县（市区）规模以上工业企业单位数　　（单位：个）

		南昌市	西湖区	青云谱区	湾里区	青山湖区	新建区	南昌县	安义县	进贤县	南昌经开区	南昌高新区
	总计	1196	2	28	26	176	109	265	142	105	221	150
按单位规模分	大型企业	42	1	2	0	1	0	6	0	3	14	15
	中型企业	188	0	4	1	34	30	44	10	11	34	20
	小型企业	982	1	22	25	141	79	215	132	91	173	115
按隶属关系分	中央企业	16	0	1	0	2	5	0	0	0	3	4
	地方企业	1180	2	27	26	174	104	265	142	105	218	146
按轻重行业分	轻工业	559	0	11	14	146	51	116	39	66	79	37
	重工业	637	2	17	12	30	58	149	103	39	142	113

数据来源：历年南昌市统计年鉴。

四　企业投资来源演变特征

1. 引进外资来源

2018年全市实际利用外资348899万美元，比1985年增长2250倍，年均增长26.4%。从2000年到2018年，南昌市累计引进外资企业2699家，累计实际利用外资298亿美元，利用外资年均增长32.9%。实际利用外资主要来源地国家和地区为：中国香港、中国台湾、美国、新加坡、日本、韩国，来源于港澳台的资金占比为47.2%。

表5-20　　　　　2000—2018年南昌市实际利用外资企业数　　（单位：个）

年份	中国香港	中国台湾	日本	韩国	新加坡	美国	其他国家（地区）	合计
小计	1575	208	50	34	37	154	641	2699
2000	17	5	3	0	0	7	11	43
2001	34	11	4	2	0	6	8	65
2002	78	8	3	0	6	21	33	149
2003	88	15	3	2	1	17	46	172
2004	97	10	10	5	4	21	48	195
2005	111	7	4	4	8	9	44	187
2006	104	6	4	0	1	17	42	174
2007	85	13	6	2	1	11	37	155

年份	中国香港	中国台湾	日本	韩国	新加坡	美国	其他国家（地区）	合计
2008	83	7	1	4	3	7	32	137
2009	76	10	0	1	3	4	51	145
2010	191	37	3	3	2	16	52	304
2011	130	17	2	0	2	3	31	185
2012	96	14	2	1	1	0	50	164
2013	100	12	2	1	2	0	59	176
2014	125	7	0	2	0	2	53	189
2015	62	5	0	3	2	4	6	82
2016	44	9	1	2	0	4	12	72
2017	27	6	1	0	1	1	16	52
2018	27	9	1	2	0	4	10	53

数据来源：南昌市投资促进局。

表5-21　　　　　　　2000—2018年南昌市实际使用外资金额　　　（单位：万美元）

年份	中国香港	中国台湾	日本	韩国	新加坡	美国	其他国家（地区）	合计
小计	1302558	103324	20471	18405	30523	65075	1440003	2980359
2000	933	869	269	0	0	10	9	2090
2001	2089	483	244	609	0	193	9149	12767
2002	30190	790	1870	0	1081	3833	14838	52602
2003	49374	8784	173	260	1364	5613	14661	80229
2004	69201	950	5276	3013	6051	21061	5761	111313
2005	64050	2561	997	3943	2281	3906	5288	83026
2006	62862	2355	406	0	980	7043	19874	93520
2007	75041	10009	1906	1930	30	2140	9614	100670
2008	58455	5165	2	3565	3930	5472	35179	111768
2009	60456	6267	0	2	13284	2860	42220	125089
2010	88270	22323	191	980	250	8869	26772	147655
2011	167778	10698	4074	0	0	380	25085	208015
2012	113300	13743	989	600	998	0	60629	190259
2014	96346	6853	0	2000	0	400	126516	232115

年份	中国香港	中国台湾	日本	韩国	新加坡	美国	其他国家（地区）	合计
2015	62437	1424	0	3	193	0	197599	261656
2016	57113	0	0	1500	0	0	230351	288964
2017	112243	0	0	0	0	0	205822	318065
2018	20032	0	0	0	0	3295	325572	348899

注：2013 年数据缺失。

数据来源：南昌市投资促进局。

2. 引进省外资金来源

自 2005 年有系统统计以来，到 2018 年南昌市利用省外资金项目 2443 个，实际进资 4925.87 亿元，2018 年项目比 2005 年增长 2.95 倍，资金增长 8.95 倍。资金来源地主要是广东省、上海市、浙江省、江苏省、湖南省等省市。在 2018 年引进资金中，广东省占 37.34%，浙江省占 10.92%，上海占 10.00%，江苏省占 7.78%。

表 5-22　　　　　　　　2005—2018 年南昌市引进省外项目来源

省份　　年份	广东省	浙江省	江苏省	湖南省	上海市	其他省市	总计
	项目（个）	项目（个）	项目（个）	项目（个）	项目（个）	项目（个）	项目（个）
2005	13	23	3	2	19	37	97
2010	—	—	—	—	—	—	—
2012	19	22	12	6	13	83	155
2013	34	25	15	11	14	81	180
2015	107	63	43	19	67	278	577
2016	117	75	37	20	65	197	511
2017	120	79	34	23	60	224	540
2018	109	47	29	17	38	143	383

数据来源：南昌市投资促进局。

表5-23　　　　　　　　2005—2018年南昌市实际引进省外资金

省份 年份	广东省 实际进资 （亿元）	浙江省 实际进资 （亿元）	江苏省 实际进资 （亿元）	湖南省 实际进资 （亿元）	上海市 实际进资 （亿元）	其他省市 实际进资 （亿元）	总计 实际进资 （亿元）
2005	19.75	19.88	1.50	1.20	16.43	40.63	99.39
2012	88.21	43.56	33.05	6.91	48.50	180.98	401.21
2013	100.46	55.46	42.04	8.51	57.90	240.97	505.34
2014	205.36	53.43	39.81	10.41	56.79	237.76	603.58
2015	414.21	50.50	31.93	13.05	76.46	86.97	673.21
2016	208.49	100.15	29.69	14.77	113.44	298.49	765.03
2017	214.21	109.67	36.28	28.33	180.89	319.92	889.50
2018	369.16	107.97	76.94	27.72	98.83	307.99	988.61

数据来源：南昌市投资促进局。

第三节　南昌市城市空间演变的时空特征

一　改革开放以来南昌市城市区划演变

1978年，南昌市设东湖区、西湖区、胜利区、抚河区、青云谱区和郊区，以及南昌县、新建县2县。1980年撤销胜利区、抚河区2区，1981年增设湾里区。至1982年南昌市总面积只有4794平方公里。1983年宜春地区安义县、抚州地区进贤县划归南昌市管辖，城市面积扩大到7402平方公里。

2002年6月，经国务院批准，郊区改名青山湖区，并正式挂牌。2004年，南昌市区划调整，桃花镇、湖坊镇同盟水产场划入西湖区，塘山镇永和村、公园村、贤湖村、永溪村、长巷村、七里村六个村划入东湖区，湖坊镇楞上村、太和村、热心村划入青云谱区，东湖区青山路街办潘坊等七个居委会、西湖区上海路街办洪钢等28个居委会划入青山湖区。

2015年8月5日，国务院正式批复了南昌市部分行政区划调整方案，同意撤销新建县，设立南昌市新建区，以原新建县的行政区域为新建区的行政区域，新建区人民政府驻长堎镇新建大道239号。调整后，南昌市辖3县6区，其中城区由东湖、西湖、青云谱、青山湖、新建、湾里6个区组成。市区面积从 622 平方公里，扩大到 3095.36 平方公里。

二 城市空间结构演变

改革开放至 20 世纪末，受基础设施差等条件的限制，南昌城市建设主要在赣江一侧依托旧城向南拓展，城市人口主要聚集于昌南，全市政治、经济、社会、文化、科技等各方面资源都集中在赣江南部。进入 21 世纪，2001 年，南昌市委、市政府根据当时的产业基础、城市发展现状、交通和用地等条件，着眼于未来发展，及时调整了城市空间结构，着力打造以红谷滩新区为核心的现代新城，在城市整体发展上采取"西进、东拓、北控、南延"策略，基本形成了"一江两岸，南北双城，张开双翼，敞开四门，内外有环，外带五个组团"的总体空间格局，即以八一广场为中心的东、西湖老城区和以市行政中心为中心的红谷滩中心区"双核"都市核心圈，以青山湖、青云谱、朝阳、蛟桥等为城市副中心的都市内圈。瑶湖、昌南、乐化、梅岭和九龙湖等地区则以组团镶嵌的布局构成都市外圈。

表 5-24　　　　　1978—2018 年南昌市区域范围和人口情况

年份	城市人口（万人）	市区人口（万人）	城市面积（平方公里）	市区面积（平方公里）	建成区面积（平方公里）	市区人口密度（人/平方公里）
1978	306.82	—	4794	—	—	—
1985	335.31	119.24	7402	617.00	—	1933
1990	378.39	135.40	7402	561.20	65.00	2413
1995	406.14	151.10	7402	561.20	68.00	2692
2000	433.17	170.20	7402	617.00	84.00	2758
2005	470.93	214.52	7402	617.00	134.97	3476
2009	498.79	204.00	7402	622.00	185.00	3279
2010	505.33	202.45	7402	622.00	201.50	3255
2015	530.29	241.84	7402	3095.36	307.30	590
2016	537.14	243.74	7402	3095.36	317.30	787
2017	546.35	246.19	7402	3095.36	327.35	795
2018	554.55	约250	7402	3095.36	317.30	807

数据来源：历年江西统计年鉴、南昌市统计年鉴。

三　城市经济集聚中心分布和演变

从工业、商业、物流三个方面分析和探索南昌市经济集聚中心的历史分布和演变，有助于我们了解目前南昌市经济中心变迁的情况。

（一）产业园区的空间分布和演变规律

从南昌市工业园区的空间分布可以看出，7个工业园区布局比较均衡，青山湖区、新建区、南昌县、进贤县、安义县等县区都有。西湖区、东湖区是传统商业区，红谷滩新区是新崛起的商业区，这几个区基本没有工业，湾里区打造休闲旅游，青云谱区正在由传统工业区向现代服务业集聚区转变，它们未来发展的重点都是第三产业。

表5-25　　　　　　　　　　南昌市工业园区基本情况

工业园区名称	设立时间	核准面积（公顷）	管辖面积（公顷）	投产企业数（个）	工业增加值（亿元）	主营业务收入（亿元）
南昌高新技术产业开发区	1992年11月	680	23100	1519	1629	5797
南昌经济技术开发区	2000年4月	980	21560	324	684	1330
南昌小蓝经济技术开发区	2012年7月	1800	9480	368	357	1051
新建长堎工业园区	1997年11月	1272	4000	104	106	479
青山湖高新技术产业园区	2006年3月	500	1600	205	92	162
安义工业园区	2006年3月	300	1200	126	33	181
进贤工业园区	2016年2月	1027	1803	75	52	211

数据来源：江西省工业和信息化产业厅。

（二）商业中心的空间分布和演变规律

从南昌市商业街、商业综合体、商品交易市场的分布和演变，可以清晰地探究南昌市整个商业中心的空间分布变化和演变规律。

1. 商业街

从改革开放到2000年，南昌市商业中心主要集中在西湖区和东湖区两个老城区，主要商业街如中山路商业街、胜利路商业街、八一大道—阳明路商业街、象山路商业街、渊明路商业街、站前路商业街等都在其范围内。21世纪以来，随着南昌市"一江两岸"战略和老城区工业"退城进郊"的实施，南昌市商业中心逐步扩张，青云谱区、青山湖区、湾里区等都创建了特色商业街，红谷滩新区则配合新城区建设了一些现代休闲街区（见表5-26）。

表5-26　　　　　　　2012—2018年南昌市特色商业街空间分布情况

序号	辖区	特色商业街名称	命名年份		
			国家级	省级	市级
1	南昌县	江西鹿鼎国际红酒商业街			2014
2	进贤县	医疗器械产业街		2013	2014
3		文化产业一条街		2014	2014
4		军山湖品蟹街			2014
5	东湖区	胜利路步行街	2014	2012	2014
6		791艺术街区		2012	2014
7		蓝海特色商业街			2017
8		樟树林文化商业街		2013	2014
9	西湖区	恒茂特色商业街		2013	2014
10		金塔逸街（绳金塔民俗风情街）	2016	2015	2014
11		南古艺术商贸街			2016
12	青云谱区	利民路特色商业街（青云小镇）		2015	2014
13		警民路"湖滨小镇"特色商业街			2017
14	青山湖区	青湖欢乐街			2014
15		699艺术街区		2019	2017
16	湾里区	太平心街		2014	2014
17	红谷滩新区	赣江新天地商业街		2012	
18		红谷滩金街		2017	2016
		合计	2条	12条	17条

数据来源：南昌市商务局。

2. 商业综合体

城市商业综合体是以住宅小区、商住楼为基础，融合商业零售、商务办公、酒店餐饮、公寓住宅、综合娱乐五大核心功能于一体的多功能、高效率的综合体。商业综合体的出现，给以往纯粹的商业楼模式带来了严峻的挑战。2010 年以前，南昌市大型商场、综合大楼如南昌百货大楼、洪城大厦、大众商场、丽华大厦、天虹商场、沃尔玛、太平洋购物中心等，都集中在西湖区和东湖区。2010 年以后，随着南昌红谷滩新区日趋成熟，南昌高新区、南昌经开区产城融合快速发展，一批商业综合体拔地而起，有效地优化了南昌市商业格局，促进了南昌市商贸经济发展。

表 5-27　　　　　　南昌市商业综合体空间分布情况（2019 年）

号序	项目名称	所属区域	建设规模及主要建设内容
1	万达（红谷滩店）	红谷滩新区	红谷滩万达广场位于南昌市红谷滩 CBD 核心中央商务区，是万达集团 2010 年在南昌开发建设的首个城市综合体项目，总建筑面积约 60 万平方米
2	万达茂（万达旅游城）	红谷滩新区	包含酒店群（1 个六星级、1 个五星级、2 个四星级、5 个三星级酒店）、万达城、滨湖酒吧街、商业和居住区的特大型综合项目。总建筑面积约 480 万平方米
3	绿地广场（双子座店）	红谷滩新区	绿地中央广场项目占地 173 亩，总建筑面积约 70 万平方米，该项目规划建设集世界级 5A "绿地中心"（双子楼）写字楼、超五星级酒店、大型国际商业中心、现代文化娱乐中心、高档公寓等于一体的大型现代服务业综合项目，是大规模、现代化、高品质的标志性"城市综合体"
4	铜锣湾 T16 购物中心	红谷滩新区	占地 125 亩，总建筑面积达 33 万平方米，地下车库和设备用房 15 万平方米。该项目是集购物、休闲、娱乐、餐饮、文化、居住等于一体的超大型的城市综合体。项目拥有百货公司、大型超市、家电专卖、餐饮、文化、冰场、美食广场等大型主力店和上千个专业品牌店
5	南昌世茂天城	红谷滩新区	占地 124.8 亩，总建筑面积约 39 万平方米，为集大型超市、精品店、餐饮、KTV、影院、住宅于一体的高端综合项目

号序	项目名称	所属区域	建设规模及主要建设内容
6	红谷滩天虹联发店	红谷滩新区	以"精品百货+精致超市+休闲娱乐餐饮"的业态组合,满足顾客一站式的购物需求
7	沃尔玛山姆会员店	红谷滩新区	总投资约1亿美元,总建筑面积约5万平方米,将建设成为红角洲片区(九龙湖新城)区域内具有重要引领性作用的大型商业购物中心项目
8	南昌杉杉奥特莱斯广场	红谷滩新区	建设经营大型奥特莱斯商业购物广场项目,总建筑面积约13万平方米,包括奥特莱斯名品购物中心约10万平方米、餐饮休闲0.5万—1万平方米及附属等
9	万达(八一广场店)	东湖区	占地约14000平方米,首层为室内商业步行街,二、三层为沃尔玛,四层为万达电影城
10	蓝天碧水购物广场	东湖区	集餐饮、娱乐、休闲、购物等复合功能于一体的都市生活商业综合体
11	西湖万达广场	西湖区	集商业广场、商业街区等为一体的商业综合体
12	乐盈广场	西湖区	占地47.968亩,项目由1号、2号、3号楼组成,总建筑面积约13万平方米,地上建筑面积约80000平方米。地下两层,建筑面积约50000平方米,包括超市和停车场。建设包括购物中心、商业街、电影院、餐饮等
13	恒茂梦时代广场	青山湖区	占地面积100亩,规划建筑面积30万平方米,其中地下两层,建筑面积10万平方米,地上建筑面积20万平方米,集生活、购物、娱乐、休闲、饮食、展览、办公及文化为一体,汇聚南昌最高端的购物商场、百货大楼、影院、商业建筑、写字楼、办公大楼等业态,提供最具个性的时尚生活体验和感受,打造南昌市引领时尚潮流的综合消费乐园
14	青山湖万达广场	青山湖区	该项目位于城东高新大道以东、京东南大道以西、秦胜二路以南、解放东路以北,总占地面积约85亩。规划地上建筑面积约为9万平方米,地下建筑面积约为2.5万平方米。
15	太盛正古港(十字街王府井城市商业综合体)	青云谱区	青云谱区洪城路,项目占地面积123亩,建筑面积约72.57万平方米,规划建设有:大型室内购物中心(约13万平方米)——北京王府井百货、商业步行街、国际知名五星级豪华酒店(约4万平方米)及万豪公寓式酒店、超五A甲级写字楼及部分住宅

号序	项目名称	所属区域	建设规模及主要建设内容
16	欧尚超级商业中心	新建区	总占地面积 35 亩，建筑面积为 66286.98 平方米。分为地下一层、地上四层
17	首创南昌奥特莱斯商业综合体	新建区	项目总占地 130.48 亩，规划总建筑面积为 18.8 万平方米。项目定位于品牌折扣店、时尚购物街，是集休闲娱乐为一体的新商业综合体，项目总投资约为 13.4 亿元人民币，2017 年第四季度开业。开业后提供就业岗位约 5000 个，可实现年营业额 8 亿元人民币，创造税收近 5000 万元人民币
18	新城吾悦广场	新建区	项目占地 6.63 万平方米，容积率 2.0，计容建面 13.27 万平方米，规划为集时常购物中心、大型超市、3D 影院、商业街、办公等于一体的大型城市综合体项目
19	新城吾悦广场	高新区	该项目规划建筑面积 563230 平方米，规划商用及住宅 371745 平方米，是集 SOHO 办公、商务中心、时尚购物中心、电商、商业街、百货主力店、餐饮娱乐、大型 MAX 影院于一体的商业综合性项目
20	盈石广场	经开区	项目 5.1 万平方米商业，由两 Mall 一街一广场联合打造。南 Mall 规划是时尚生活方式中心，主要业态将会引进电影院、KTV、快时尚品牌、运动品牌；北 Mall 规划是邻里中心，主要是生活配套类业态为主；金街将打造成为南昌特色的主题街区

数据来源：南昌市商务局。

3. 商品交易中心

一个地方的商品交易市场是否活跃，能够反映出一个地方商品流通和消费品市场发展程度。从 2018 年南昌市亿元以上商品交易市场的个数、成交量的情况来看，西湖区、青山湖区、青云谱区、东湖区四个区的市场数量有 22 个，占全市的 81.5%，交易量达 695.97 亿元，占全市的 90.24%。这说明老城区的商业氛围比较浓厚。

表 5-28 　　　　　2018 年南昌市亿元以上商品交易市场的主要经济指标

市场详细名称	成交额 （亿元）	年末营业面积 （平方米）	年末出租摊位数 （个）
合计（27 个）	771.21	2107647	36838
东湖区（3 个）	57.83	57145	1122
墩子塘农产品综合市场	1.60	3145	198
南昌水产品综合交易批发市场	47.68	43000	804
江西旧机动车交易中心	8.55	11000	120
西湖区（10 个）	356.55	411794	16391
南昌市万寿宫商城	2.93	54020	468
南昌长运商贸城	4.07	30620	568
江西国际珠宝城经营管理有限公司	3.92	50000	50
南昌市洪城大市场	291.90	151300	11772
江西省华东商贸城	3.26	17234	493
江西鸿顺德国际商贸城有限公司	1.90	22500	486
江西家电市场	1.00	23374	350
江西省五华批发市场	24.23	21060	1004
江西联信大市场	20.14	11686	400
南昌市宝源汽配综合大市场	3.20	30000	800
青云谱区（4 个）	256.33	248931	3139
南昌建材大市场有限公司	6.31	34486	1055
江西省运通汽配市场有限公司	13.00	40000	336
南昌肉类联合加工厂肉食品批发市场	38.50	21000	400
南昌深圳农产品中心批发市场有限公司	198.52	153445	1348
青山湖区（5 个）	25.26	482863	3939
京东家俱城	5.60	130000	506
江西省旧货大市场	2.16	15000	750
南昌香江商贸城	2.52	278442	1974
南昌市废旧钢材交易市场	3.77	46021	679
南昌市郊区佛塔生猪交易批发市场	11.21	13400	30
南昌县（3 个）	29.69	302353	1010
南昌县莲塘综合市场	4.09	9600	672
南昌县农机大市场	12.40	274753	120

续表

市场详细名称	成交额 （亿元）	年末营业面积 （平方米）	年末出租摊位数 （个）
南昌县小蓝禽蛋批发市场	13.20	18000	218
红谷滩新区（2个）	45.55	604561	11237
江西红谷滩汽车广场	17.35	21000	83
南昌华南城	28.20	583561	11154

注：上述771.21亿元交易额按交易性质分为批发额和零售额两部分，按经营户规模大小分为限上额和限下额两部分，按照统计制度规定，能纳入全市社会消费品零售总额统计范围的是零售额的限上部分。

数据来源：南昌市商务局。

（三）物流中心布局和演变特征

改革开放以来，特别是21世纪以来，南昌市物流中心布局虽然有所变化，但总体变化不大，重点是依托向塘铁路编组站和昌北机场等优势，围绕两大物流枢纽和八大物流产业集群进行建设。

1. 两大物流枢纽

（1）昌南物流枢纽。位于南昌县向塘镇，充分依托向塘特有的铁路、公路交通枢纽的优势，通过与铁路部门的战略合作，运用现代信息技术和现代物流的理念，重点发展汽车物流、公路货运、铁路运输、多式联运、制造业物流、大宗产品物流、第三方物流和绿色物流等生产资料物流和生活资料物流，培育一批大型物流企业，为区域内的工业企业和商贸企业提供物流服务。目前，昌南物流枢纽重点项目包括江西向塘铁路—公路枢纽型物流基地、向塘综合性货场、小蓝工业物流中心和姚湾港综合物流基地，总用地规模660公顷。

（2）昌北物流枢纽。位于南昌经开区北部、临空经济区，充分依托区域内的铁路、机场、港口等优势，以昌九一体化为基础，充分利用九江152公里的长江岸线资源，规划建设货运服务型物流园区、口岸服务型物流园区和综合服务型物流园区，重点发展航空物流、港口物流、多式联运、保税物流、生物医药物流等。未来，昌北物流枢纽将承担国家一级物流园区功能，采用物流园区管委会的管理机制，带动全市物流园区的发展。昌北物流枢纽重点项目包括昌北铁路货运物流项目、龙头岗综合物流枢纽基地、综合保税区、保税物流（B型）一期、保税物流（B型）二期、临空经济园、快递物流园、医药仓储中心、医药仓储配送物流园、罗亭工业园物流园区和 块发展备用地，总用地规模 736 公顷。

2. 八大物流产业集群

南昌市物流产业集群主要集中在南昌县、新建区、西湖区、青云谱区、经开区和高新区，按涉及领域分类，主要涉及城市配送、汽车、综合、保税、冷链、临空、商贸、高新八大物流产业集群，包括九州通药业、三志物流、江西尧泰、江西集装箱码头、江西奇佳肥业、安和物流、江西中联物流、江铃实顺物流、中运国际货贷、赣银物流、正义物流、江西国鸿、南昌宝迪等 36 家物流龙头企业。《江西省物流产业集群发展规划（2015—2020 年）》中全省规划了 50 个产业集群，其中南昌布局了 8 个，具体为：南昌城市配送物流产业集群、南昌汽车物流产业集群、向塘综合物流产业集群、南昌保税物流产业集群、南昌冷链物流产业集群、南昌临空物流产业集群、昌西南商贸物流产业集群、南昌高新物流产业集群；其中南昌城市配送物流产业集群、南昌汽车物流产业集群、向塘综合物流产业集群、南昌保税物流产业集群 4 个产业集群被列入全省重点打造的 20 个物流示范产业集群名单。

2019 年上半年，南昌市八大物流产业集群运行情况总体良好，物流产业集聚效应明显，运行效率进一步提升。产业集群规模稳步增长。2019 年上半年，八大物流产业集群实现物流主营收入 332.9 亿元，增长 7.0%，总量、增幅在全省排名第一，市场主体不断壮大。全市八大物流产业集群内 A 级物流企业总数达 28 家，占全省总数的 20%，南昌冷链物流产业集群内的江西阿南物流有限公司为 2018 年全国冷链百强企业。

四　跨江发展的新城新区成长过程

新中国成立以来，南昌市城市建设一直在赣江南岸，全市政治、经济、社会、文化、科技等各方面资源及入口都集聚在昌南。进入 21 世纪，南昌市实施"一江两岸"发展战略，跨江在昌北打造了红谷滩新区和九龙湖新城。

（一）红谷滩新区建成和发展

红谷滩新区是南昌市委、市政府为拓展城市规模，构建"一江两岸"城市发展格局而设立的城市新区，是全省的"五个中心"（省行政中心、金融中心、商务中心、文化旅游中心、创新中心）。常住人口 60 万，区域面积 175 平方公里，分为生米镇、红谷滩中心区、红角洲、凤凰洲、九龙湖新城片区，行政区划为一镇一街办三个管理处。

红谷滩中心区（沙井街道办事处）为集商贸金融、行政办公、信息、文化、居住等多功能为一体的现代化新型城市中心区。规划了 3.89 平方公里的中央商务区，该区域正在高标准建设全省金融商务区。凤凰洲片区（凤凰洲管理处）为重要的江岸景观区，是以旅游、居住为主的城市生活新区。红角洲片区（红角洲管理处）是集高教、科研、旅游、体育和高级商住为一体的生态新城，也是南昌打造山水都城、南昌水城的精华示范区。九龙湖新城片区（生米镇、九龙湖管理处）生米镇是 2012 年由新建县成建制划入，九龙湖新城片区定位为智慧型城市副中心、区域性商务会展中心、省级文化艺术中心、生态型低碳示范新城。

红谷滩新区的开发建设大致经历了四个阶段：1998—2000 年为酝酿、决策和抽沙造地阶段；2000—2005 年为发展起步阶段；2005—2010 年为发展成长阶段；2011 年以后为发展成熟阶段。2000 年 7 月 11 日，红谷滩中心区 4.28 平方公里的开发建设正式启动。2001 年底行政中心竣工，市委、市人大、市政府、市政协、市纪委等部分党政机关迁入红谷滩办公。2002 年 5 月 15 日成立红谷滩新区工委、管委会，为市委、市政府派出机构，2009 年被省编办批准为副厅级建制。

红谷滩新区自 2002 年 5 月成立以来，开发建设聚焦了全省上下的目光和全市人民的期待，成为 21 世纪以来江西最具开放活力、最富创业激情、最显繁荣潜质的一片沃土。经过这些年的发展，已经成为南昌打造核心增长极的重要载体和展示南昌综合实力、水平的标志性区域。2015 年以来，红谷滩新区在市委、市政府的正确领导下，坚持大手笔布局、大气魄建设、大智慧管理，全力聚焦全省"五个中心"（省行政中心、金融中心、商务中心、文化旅游中心、创新中心）建设，强化首位担当，全区经济社会发展继续保持良好态势。

红谷滩新区是一座正在崛起的新城，已经成为助推南昌打造"富裕美丽幸福江西'南昌样板'"和实现新跨越目标的强劲引擎。红谷滩新区将继续以奋发有为的精神，以从严从实的作风，开拓进取，扎实工作，加快红谷滩"三次开发"，推进全省"五大中心"建设，打造全省乃至全国新区建设典范，全力展现红谷滩新区在新时代的新作为。截至 2018 年底，红谷滩新区面积扩大到 178 平方公里，建成区达到 90 平方公里，城市人口达 25 万余人。

（二）九龙湖新城建设和发展

九龙湖组团是南昌"西进""南延"战略意图实现的重要空间依托，是江西省西南部城镇对接南昌的重要门户地区，是南昌带动西南城镇发展的战略性区域。九龙湖组团将由城市边级融入都市区一体化发展，发展目标是打造现代化的区域交通枢纽和生产性服务中心，建设成南昌都市圈的城市副中心。该区域山、江、湖三要素齐备，利于生态化、高标准建设。同时，南昌西南区高校众多，拥有学生近 20 万人，大学城功能的延伸也是九龙湖组团发展的动力之一。而此处物流园、西客站与货运站的建设，"城运会"的举行及望城工业园区的良好发展态势，使该区域具有区位、交通、空间提供及产业发展等方面的组合优势。

在九龙湖片区社会事业的配套建设中，中小学总占地面积 225.84 亩，总投资 48777.41 万元。其中，中学包括红谷滩第一中学、师大附中滨江分校二期，共设置 42 个班，可容纳学生 2100 人。九年制学校碟子湖学校占地面积 49 亩，其中小学 36 个班、中学 24 个班，可容纳学生 2880 人。九龙湖片区新建 5 所综合性医院，为提高红谷滩新区九龙湖片区医疗水平，多个省级医院将在此建设分院，其中包括江西省人民医院红谷滩分院、昌大二附院红谷滩分院、省儿童专科医院、省妇幼保健红谷滩分院、省口腔医院红谷滩分院 5 家综合性医院，总占地面积 625.56 亩。

五 大南昌都市圈形成与发展

大南昌都市圈包括南昌市、九江市和抚州市的临川区、东乡区，宜春市的丰城市、樟树市、高安市和靖安县、奉新县，上饶市的鄱阳县、余干县、万年县，含国家级新区赣江新区。2018 年，国土面积 4.5 万平方公里，年末总人口 1790 万人，地区生产总值（GDP）10506 亿元。

大南昌都市圈重点优化提升南昌市中心城区和赣江新区核心主导地位，强化九江、抚州两市中心城区战略增长极功能，构建九江—南昌—抚州和沿沪昆高铁通道两大发展轴，培育丰樟高、奉靖、鄱余万都组团发展能力，增强其他县市支撑功能，形成"一核两极两轴，三组团多支撑"的都市圈区域格局。

（1）"一核"——南昌市中心城区和赣江新区。南昌市中心城区：聚焦推进绿色食品、现代轻纺、新型材料、机电装备制造等传统优势产业转型升级，重点培育汽车及新能源汽车、电子信息、生物医药、航空装备等战略性新兴产业发展新动能，大力发展工业设计、文化创意、健康养生、现代物流等现代服务业，提升对都市圈高质量发展的引领带动力。赣江新区：对标国际，高标准建设基础设施和配套公共服务，提升信息化、智能化、生态化水平，打造产业融合、城乡融合、产城融合发展典范区。

（2）"两极"——九江市中心城区和抚州市中心城区。九江市中心城区：强化商贸物流、金融、文化、科教、旅游等区域中心城市服务功能，培育临江滨湖名山特色鲜明的幸福产业发展优势。抚州市中心城区：以推进昌抚合作示范区、赣闽合作示范区建设为先导，主动对接南昌市和赣江新区并错位发展，积极参与海西经济区建设，深化与长三角、海峡西岸城市群的产业对接。

（3）"两轴"——"九江—南昌—抚州纵向发展轴"和"沿沪昆高铁通道横向发展轴"，提升沿线主要节点区域功能。

（4）"三组团"——丰樟高组团、奉靖组团和鄱余万都组团。丰樟高组团：打造中部地区高水平的产业绿色转型带动乡村振兴先行区，严格限制高污染产业发展。奉靖组团：打造都市圈生态休闲旅游度假区、康养产业发展优势区。鄱余万都组团：打造全国知名的湖泊旅游休闲度假目的地、全国绿色优质农水产品供应基地、劳动密集型产业转移承接基地。

（5）"多支撑"。引导都市圈内湖口县、彭泽县、修水县、武宁县、安义县等县强化与"一核两极两轴"对接发展。

第六章　本地资源与沿海转移联动下的
赣州城市崛起 *

改革开放以来，特别是 2012 年《国务院关于支持赣南等原中央苏区振兴发展的若干意见》出台实施以后，赣州市迎来了振兴发展的重大战略机遇期，通过中央政策支持、对口支援和承接东部沿海产业转移，工业化和城镇化进程大大加快。2016 年，江西省第十四次党代会提出，要把赣州建设成为省域副中心城市。2017 年，省政府进一步出台政策文件，支持赣州纵深推进赣南苏区振兴发展、建设省域副中心城市和"一带一路"重要节点城市，赣州市发展将进入一个新的阶段。总结和研判赣州市改革开放 40 多年来人口规模和经济规模的增长趋势、产业发展演变特征，以及赣州经济与广东沿海经济的联动关系，对于将赣州市打造成为江西对接粤港澳大湾区的桥头堡和全省高质量跨越式发展的中心城市具有重要意义。

第一节　40 年来城市人口规模和经济规模增长趋势

一　赣州市人口规模和结构增长趋势

赣州，简称"虔"，也称"赣南"，是江西省的南大门，是江西省面积最大、人口最多的设区市。总面积 39379.64 平方公里，下辖 3 个市辖区、14 个县、1 个县级市、2 个功能区，2019 年户籍人口为 983.07 万人。

改革开放 40 多年来，赣州市人口数量、质量及结构等发生了根本性变化，人口总量持续增加，人口结构不断优化，人口质量显著提升，人口发

---

　　*　执笔人：麻智辉，江西社会科学院。

展实现了从多起来到强起来的历史转变。

（一）赣州市人口数量增长状况及趋势

从 1978 年至 2019 年，赣州市人口呈不断增长的态势，人口总数一直位居江西 11 个设区市第一位。1978 年赣州市总人口 604.2 万人，2019 年达到 983.07 万人，增加了 378.87 万人，年均增加 9.24 万人，人口密度由 1978 年的 153 人/平方公里增加到 2018 年的 250 人/平方公里，每平方公里增加了 97 人。1978 年赣州市人口占全省的比重为 18.98%，此后，一直呈上升的态势，2000 年占比为 19.14%，2010 年为 20.33%，2018 年达到 21.12%。

改革开放 40 多年来，赣州市人口增长经历了由慢到快再到逐步稳定的过程。1978—1988 年，这 10 年增加人口 83.99 万人，年均增加人口 8.4 万人；1988—1998 年，这 10 年增加人口 85.17 万人，年均增加人口 8.5 万人；1998—2008 年，受经济快速发展影响，人口总量增速逐年加快，这 10 年增加人口达到 115.59 万人，年均增加人口 11.6 万人，大大超过了前两个十年的增长速度；2008—2018 年，这 10 年增加人口 92.51 万人，年均增加人口 9.25 万人，人口增速逐渐趋于平稳。

表 6-1　　　　　　1978—2019 年赣州市总人口占江西的比重

年份	江西省（万人）	赣州市（万人）	占比（%）	年份	江西省（万人）	赣州市（万人）	占比（%）
1978	3182.82	604.20	18.98	2005	4311.24	845.69	19.62
1980	3270.20	619.23	18.93	2010	4462.25	907.27	20.33
1985	3509.80	655.33	18.67	2015	4565.63	960.63	21.04
1990	3810.64	710.52	18.65	2016	4592.26	970.78	21.14
1995	4062.54	746.81	18.38	2017	4622.10	974.25	21.08
2000	4148.54	794.16	19.14	2018	4647.60	981.46	21.12
—	—	—	—	2019	—	983.07	—

数据来源：历年赣州市统计年鉴。

（二）赣州市人口结构增长状况及趋势

1. 人口性别结构不尽合理

改革开放 40 多年，赣州市加强人口综合治理，人口性别结构前期总体合理，后期出现波动失调的局面。总人口性别比从 1978 年的 102.0 上升到

1988 年的 104.1，到 1998 年上升到 105.8，再到 2008 年的 108.4、2018 年的 107.8、2019 年的 107.9，总体呈上升趋势。从国际通行的总人口性别比一般在 95—105 的范围看，赣州总人口性别比前 20 年趋于正常水平，后 20 年出现逐渐失衡的局面，高于国际通行的 95—105 的正常值。

表 6-2　　　　　　　1978—2019 年赣州市人口规模及结构情况　　　　（单位：人）

年份	总人口	男	女	年份	总人口	男	女
1978	6042038	3051148	2990890	1999	7823205	4024683	3798522
1979	6109909	3087852	3022057	2000	7941569	4092857	3848712
1980	6192320	3127760	3064560	2001	8077290	4159050	3918240
1981	6267642	3177497	3090145	2002	8184850	4204532	3980318
1982	6042038	3051148	2990890	2003	8311991	4285047	4026944
1983	6413502	3263162	3150340	2004	8456471	4356137	4100334
1984	6484903	3302135	3182768	2005	8456939	4383679	4073260
1985	6553290	3341866	3211424	2006	8611512	4471132	4140380
1986	6641873	3386657	3255216	2007	8770399	4554342	4216057
1987	6724620	3435945	3288675	2008	8889521	4623547	4265974
1988	6881935	3510509	3371426	2009	8969895	4658311	4311584
1989	6994242	3569302	3424940	2010	9072674	4714715	4357959
1990	7105217	3637570	3467647	2011	9182605	4769151	4413454
1991	7196780	3692470	3504310	2012	9267014	4821640	4445373
1992	7344337	3719452	3624885	2013	9285202	4835256	4449946
1993	7287637	3738780	3548857	2014	9542050	4960641	4581589
1994	7352945	3791991	3560954	2015	9606332	4993143	4613189
1995	7468126	3845324	3622802	2016	9707752	5031901	4675851
1996	7556171	3884429	3671421	2017	9742532	5055243	4687298
1997	7648959	3936598	3712361	2018	9814600	5090900	4723700
1998	7733654	3975286	3758348	2019	9829666	5101479	4729225

数据来源：历年赣州市统计年鉴，2019 年数据来自统计公报。

2. 劳动年龄结构逐步改变

与全国人口生育趋势一致，受 20 世纪六七十年代高出生率影响，改革开放以来，赣州劳动年龄人口规模日益庞大，不仅为本地经济社会发展提供了丰富的劳动力资源，而且大量转移到珠三角、闽三角、长三角等发达地区，为东部沿海地区经济快速发展提供了重要支撑。2010 年，赣州市 18—59 岁劳动年龄人口 561.36 万人，占总人口比重 61.88%；到 2018 年，18—59 岁劳动年龄人口达到 576.39 万人，比 2010 年增加 15.03 万人，占总人口比重为58.7%，比 2010 年下降了 3.18 个百分点，说明人口红利在慢慢下降。

3. 城乡人口结构发生根本变化

改革开放以来，随着赣州市经济持续快速增长和户籍制度改革加快推进，乡村人口加快向城镇地区转移聚集，城镇人口持续增加，城镇化水平不断提高。1978—2019 年，赣州市户籍人口城镇化率从 1978 年的 9.49% 提高到 2019 年的 30.55%，提高了 21.06 个百分点；常住人口城镇化率从 1990年的 14.19% 提高到 2019 年的 51.85%，提高了 37.66 个百分点，城镇人口首次超过乡村人口，城乡人口结构发生深刻变化，新型城乡关系正逐步形成。1978—2019 年，赣州市非农人口由 573338 人增加到 3002963 人，41 年增加了 2429625 人，年均增加 59259 人。

表 6-3　　　　　　　1978—2019 年赣州市户籍人口城镇化情况

年份	非农业人口（人）	农业人口（人）	城镇化率（%）	年份	非农业人口（人）	农业人口（人）	城镇化率（%）
1978	573338	5468700	9.49	1991	935200	6261580	12.99
1979	598253	5511656	9.79	1992	973753	6270584	13.44
1980	641888	5550432	10.37	1993	1005054	6282583	13.79
1981	710195	5557447	11.33	1994	1047564	6305381	14.25
1982	733076	5615220	12.13	1995	1142789	6325337	15.30
1983	745025	5668477	11.62	1996	1181241	6374930	15.63
1984	789852	5695051	12.18	1997	1227293	6421666	16.64
1985	819166	5734124	12.5	1998	1261978	6471656	16.31
1986	826629	5815604	12.45	1999	1269608	6553597	16.23
1987	852759	5871861	12.68	2000	1340643	6600926	16.88
1988	876646	6005289	12.74	2001	1408248	6669042	17.43
1989	900169	6094073	12.87	2002	1488570	6696280	18.19
1990	918090	6187127	12.92	2003	1592168	6719823	19.16

续表

年份	非农业人口（人）	农业人口（人）	城镇化率（%）	年份	非农业人口（人）	农业人口（人）	城镇化率（%）
2004	1680865	6775606	19.88	2012	1891015	7375999	20.41
2005	1693530	6763409	20.01	2013	1942969	7342233	20.93
2006	1751076	6860436	20.33	2014	1932363	7609687	20.25
2007	1810057	6960342	20.64	2015	2282424	7323908	23.76
2008	1853007	7036514	20.84	2016	2536291	7171461	26.13
2009	1874575	7095320	20.90	2017	2769164	6973368	28.42
2010	1879327	7193347	20.71	2018	2891550	6923050	29.46
2011	1886717	7295888	20.55	2019	3002963	6826703	30.55

数据来源：历年赣州市统计年鉴、赣州市统计局。

表6-4　　　　　　　　**2010—2019年赣州市常住人口城镇化率**

年份	1985	1990	1995	2000	2005	2010	2011	2012
城镇化率	—	14.19	—	20.52	—	37.54	39.34	41.16
年份	2013	2014	2015	2016	2017	2018	2019	
城镇化率	42.56	43.99	45.51	47.13	48.72	50.29	51.85	—

数据来源：历年赣州市统计年鉴。

（三）赣州市城区地域人口变动状况

1978年，赣州城区面积不足16平方公里，城区人口不到18万人。到1984年，城区面积达到16平方公里，城区人口18万人。

1990年，中心城区的建成区面积17.4平方公里，人口38.3万人。

1995年，中心城区的建成区面积19.7平方公里，人口41.5万人。

1998年12月，国务院批准赣州撤地改市，原县级赣州市改为章贡区。1999年7月，地级赣州市正式挂牌成立。小赣州市变大赣州市，赣州城市发展历史从此开启了新纪元。

2000年，中心城区的建成区面积27.4平方公里，人口47.2万人。

2005年，中心城区的建成区面积40.23平方公里，人口42万人。

2007年，中心城区的建成区面积50平方公里，人口50.2万人，开始进入大城市行列。

2008年，中心城区的建成区面积57平方公里，人口52.1万人。

2009 年，中心城区的建成区面积 59.23 平方公里，人口 60.56 万人。

2010 年，中心城区的建成区面积 76.3 平方公里，人口 68.07 万人。

2011 年，中心城区的建成区面积 85.23 平方公里，人口 72.75 万人。

2012 年，中心城区的建成区面积 89.02 平方公里，人口 78.89 万人。

2013 年，中心城区的建成区面积 94.97 平方公里，人口 90.2 万人。

2015 年 2 月 4 日，以南康撤市设区为契机，中心城区的建成区面积扩大至 141.4 平方公里，人口达 130.45 万人。

2016 年，赣县撤县设区，蓉江新区启动建设，年底中心城区建成区扩至 166.1 平方公里，人口 151.58 万人。

2017 年，中心城区的建成区面积达 174.96 平方公里，人口达 166.17 万人。

2018 年，中心城区的建成区面积扩大至 180 平方公里，人口增加到 179 万人。

2019 年，中心城区的建成区面积扩大至 190 平方公里，人口增加到 190 万人。

从 1978 年到 2019 年，赣州市中心城区建成区面积扩大了 12 倍，人口增加了 11 倍。从城区人口占赣州市总人口的比例来看，呈逐年上升的趋势，1978 年占 2.8%，1990 年占 5.5%，2000 年占 5.9%，2010 年占 7.5%，2018 年占 18.2%，这说明赣州市城区的人口集聚程度在不断提高，核心作用在日益增强。

表 6-5　　　　　　1978—2019 年赣州市城区区域人口发展状况

年份	建成区面积（平方公里）	人口（万人）	年份	建成区面积（平方公里）	人口（万人）
1978	<16.00	<18.00	2011	85.23	72.75
1984	16.00	18.00	2012	89.02	78.89
1990	17.40	38.30	2013	94.97	90.20
1995	19.70	41.50	2014	136.80	125.89
2000	27.40	47.20	2015	141.40	130.45
2005	40.23	42.00	2016	166.10	151.58
2008	57.00	52.10	2017	174.96	166.17
2009	59.23	60.56	2018	180.25	179.00
2010	76.30	68.07	2019	190.00	190.00

数据来源：历年江西城市（县城）建设统计年鉴。

（四）赣州市属县（市区）人口结构现状

2018 年，赣州市人口 981.46 万人，其中市区人口 228.51 万人，信丰县 77.94 万人，大余县 31.03 万人，上犹县 32.47 万人，崇义县 21.67 万人，安远县 40.68 万人，龙南县 33.87 万人，定南县 22.24 万人，全南县 19.72 万人，宁都县 85.06 万人，于都县 111.92 万人，兴国县 85.65 万人，会昌县 53.16 万人，寻乌县 33.19 万人，石城县 33.46 万人，瑞金市 71.01 万人。

从城乡结构看，赣州市区户籍城镇化率为 48.03%，比全市平均水平高 18.57 个百分点。从各县（市）情况看，大余县 49.64%，龙南县 44.91%，全南县 34.20%，属于第一梯队，超过全市 29.46% 的平均水平；定南县 26.53%，瑞金市 24.98%，崇义县 22.69%，安远县 22.73%，于都县 22.71%，会昌县 21.74%，寻乌县 21.31%，宁都县 21.10%，石城县 20.54%，属于第二梯队，距离全市平均水平还有一定差距；兴国县 18.93%，信丰县为 18.28%，上犹县 16.60%，户籍城镇化率在 20.00% 以下，距离全市平均水平还有较大差距。

从性别结构看，市区 102.5，在国际通行的总人口性别比一般在 95—105 的范围内；大余县 106.3，定南县 107.4，信丰县 107.2，于都县 107.3，龙南县 104.5，全南县 107.8，会昌县 108.1，瑞金市 108.4，崇义县 108.9，上犹县 109.0，安远县 109.2，都已超出合理范围之内；石城县 111.9，宁都县 111.8，兴国县 110.9，寻乌县 110.8，更是远远超出合理范围区间，可见赣州各县市男女性别失衡现象十分严重。

从年龄结构看，全市 60 岁以上老人占比达到 14.53%。按照国际通行标准，把 60 岁以上人口占总人口 10% 的社会称为老龄化社会，或者把 65 岁以上人口占总人口 7% 的社会称为老龄化社会。按照这个标准，赣州市 2018 年已经进入了老龄化社会。从各县市看，60 岁以上人口占总人口比例全部超过了 10%，其中 6 个市县超过了 15%：大余县 16.95%，全南县 16.26%，上犹县 16.25%，崇义县 16.14%，赣州市区为 14.53%，龙南县 15.13%；8 个县市为 13%—15%：宁都县 14.51%，定南县 14.34%，石城县 14.09%，兴国县 13.97%，信丰县 13.91%，寻乌县 13.71%，瑞金市 13.67%，会昌县 13.14%；13% 以下的只有 2 个县：于都县 12.97%，安远县 12.65%。

表6-6　　　　　　　　　　　**2018年赣州市属县（市区）人口结构状况**

县（市区）	年末总人口（人）	按农业和非农业分		按性别分		按年龄分			
		非农业人口（人）	农业人口（人）	男（人）	女（人）	0—17岁	18—34岁	35—59岁	60岁及以上
赣州市	9814586	2891550	6923036	5090891	4723695	2624410	2340211	3423722	1426243
章贡区	768996	696288	72708	381727	387269	192803	163205	276956	136032
南康区	856019	258170	597849	440813	415206	225984	202216	296149	131670
赣县区	660038	140905	519133	345394	314644	179033	154358	229131	97516
信丰县	779371	142478	636893	403254	376117	205490	184497	280969	108415
大余县	310315	154042	156273	159898	150417	77253	64073	116389	52600
上犹县	324655	53902	270753	169326	155329	84446	65981	121481	52747
崇义县	216676	49173	167503	112944	103732	52889	45695	83113	34979
安远县	406846	92473	314373	212335	194511	109792	104518	141090	51446
龙南县	338709	152123	186586	173078	165631	82900	79163	125412	51234
定南县	222365	58923	163442	115158	107207	58536	51234	80699	31896
全南县	197227	67452	129775	102336	94891	50006	39614	75546	32061
宁都县	850600	179491	671109	448911	401689	243330	189605	294242	123423
于都县	1119211	254213	864998	579372	539839	317756	300417	355887	145151
兴国县	856515	162119	694396	450463	406052	245110	199765	291982	119658
会昌县	531640	115591	416049	276112	255528	140846	143168	177786	69840
寻乌县	331934	70734	261200	174472	157462	82033	85568	118815	45518
石城县	334564	68724	265840	176712	157852	85275	86449	115686	47154
瑞金市	710096	177399	532697	369342	340754	187399	182302	243297	97098

数据来源：赣州市统计局。

二　城市体系变动状况及趋势

（一）城市区划变动状况

1978年，赣州地区辖县级赣州市及18个县。

1983年10月，广昌县划归抚州地区。

1994年，南康、瑞金撤县设市。

1998年12月，国务院批准赣州地区撤地改市，原县级赣州市改为章贡区。

1999 年 7 月，地级赣州市正式挂牌成立。

2013 年 10 月 18 日，经国务院批准，撤销县级南康市，设立赣州市南康区。2014 年 2 月 25 日，赣州市南康区挂牌成立。

2016 年 9 月 14 日，经国务院批准，撤销赣县，设立赣州市赣县区。

2017 年 5 月，赣州市蓉江新区挂牌成立，成为赣州市经济发展的又一个核心区。

至此，赣州市形成了章贡区、南康区、赣县区、赣州经开区、赣州蓉江新区五区同城新的城市发展格局。

（二）城市规模体系变动状况

赣州市下辖 18 个县（市、区），有 15 个城关镇、144 个建制镇。从城市规模体系结构来看，不是很合理，2019 年拥有 100 万人以上的大城市 1 个，赣州市 190 万人；50 万—100 万人口的城市没有，20 万—50 万人口的城市只有 1 个，其他都是 20 万人以下的小城市，崇义县城和上犹县城区人口还不到 5 万人。

表 6-7　　　　　　　　　**2018 年赣州市城镇规模等级状况**

城镇规模等级	个数	名称
100 万人以上	1	赣州市
50 万—100 万人	0	—
20 万—50 万人	1	于都县城
15 万—20 万人	4	大余县城、兴国县城、宁都县城、瑞金市区
10 万—15 万人	3	信丰县城、龙南县城、会昌县城
5 万—10 万人	5	安远县城、定南县城、寻乌县城、石城县城、全南县城
<5 万人	2	崇义县城、上犹县城

数据来源：赣州市统计局。

表 6-8　　　　　　　　　**2019 年赣州市市县区及建制镇状况**

各县市	市辖区	城关镇	建制镇	各县市	市辖区	城关镇	建制镇
总计	3	15	144	—	—	—	—
赣州市区	3	—	27	全南县	—	1	6

续表

各县市	市辖区	城关镇	建制镇	各县市	市辖区	城关镇	建制镇
信丰县	—	1	13	宁都县	—	1	12
大余县	—	1	8	于都县	—	1	9
上犹县	—	1	6	兴国县	—	1	8
崇义县	—	1	6	会昌县	—	1	6
安远县	—	1	8	寻乌县	—	1	7
龙南市	—	1	9	石城县	—	1	6
定南县	—	1	7	瑞金市	—	1	7

数据来源：赣州市各县区网站。

三　城市经济规模增长趋势

改革开放 40 多年来，赣州市坚持以经济建设为中心，锐意推进改革，全力扩大开放，经济发展突飞猛进，总量规模持续扩大，连上新台阶。统计数据显示，改革开放之初的 1978 年，赣州市 GDP 仅 11.59 亿元，1990 年突破 50 亿元，2001 年突破 300 亿元，2010 年突破 1000 亿元，2016 年突破 2000 亿元，2019 年突破 3000 亿元，达到 3474.34 亿元。从 1978 年到 2010 年，赣州市 GDP 达到 1000 亿元，用了 32 年；从 2010 年到 2016 年，赣州市 GDP 从 1000 亿元到 2000 亿元，用了 6 年；从 2016 年到 2019 年，从 2000 亿元到 3000 亿元，仅用了 3 年。2019 年赣州市 GDP 是 1978 年的近 300 倍，总量稳居全省第二位。

表 6-9　　　　　**1978—2019 年赣州市地方生产总值情况**

年份	1978	1979	1980	1981	1982	1983	1984	1985	1986	1987	1988
生产总值（亿元）	11.59	12.91	13.15	15.25	17.69	20.89	22.72	25.84	27.31	33.36	45.15
年份	1989	1990	1991	1992	1993	1994	1995	1996	1997	1998	1999
生产总值（亿元）	49.41	62.65	68.22	78.57	96.31	134.22	161.82	195.96	241.22	253.66	266.46
年份	2000	2001	2002	2003	2004	2005	2006	2007	2008	2009	2010
生产总值	283.94	308.38	340.60	366.39	426.23	500.11	582.73	701.97	840.85	940.63	1119.74
年份	2011	2012	2013	2014	2015	2016	2017	2018	2019	—	—
生产总值（亿元）	1336.00	1508.49	1684.68	1843.59	1984.13	2207.20	2501.05	2807.24	3474.34	—	—

数据来源：历年赣州市统计年鉴。

财政实力持续增强。1978 年财政收入为 1.26 亿元，1994 年财政总收入迈上 10 亿元台阶，2008 年突破 100 亿元大关后呈现加速增长态势，2012 年超过 200 亿元，2014 年超过 300 亿元，2019 年达到 485.52 亿元，是 1978 年的 385 倍。

固定资产投资保持较快增长。1979—2019 年全市固定资产投资年均增长 20%，尤其是国务院《关于支持赣南等原中央苏区振兴发展的若干意见》实施以来，赣州市进一步加大各领域投资力度，固定资产投资保持较快增长，增幅近八年持续领跑全省。

消费市场日趋繁荣。1978 年，社会消费品零售总额只有 5.09 亿元，2001 年突破 100 亿元，2013 年突破 500 亿元，2019 年突破 1000 亿元，达到 1005.87 亿元，是 1978 年的 198 倍。

对外开放成绩斐然。进出口贸易遍及全球 198 个国家和地区。2019 年的出口总额、实际利用外资分别是 91459 万美元、201182 万美元，是 1990 年的 1270 倍、1177 倍。赣州国际陆港从无到有，实现爆发式增长，2019 年开通中欧班列 370 列，发运集装箱 21904 个标箱，成为全省开放提升的"引爆点"。与赣州市有贸易往来的国家和地区也由 2000 年的 15 个增加至 2018 年的 193 个。

人民生活更加富裕。2019 年，城镇、农村居民人均可支配收入分别为 34826 元、11941 元，是 1978 年的 98 倍、107 倍；城市、农村居民恩格尔系数由 1983 年的 63.4%、64.9%降至 2019 年的 30.8%、33.4%。

表 6-10 1978—2019 年赣州市主要经济指标

指标 \ 年份	1978	1985	1990	2000	2010	2018	2019
财政总收入（亿元）	1.26	2.33	5.17	20.38	128.32	459.51	485.52
一般公共预算收入（亿元）	—	—	—	15.14	79.01	265.21	280.37
规模以上工业增加值（亿元）	—	—	—	21.05	430.35	9.5%	8.7%
固定资产投资（亿元）	0.5991	3.43	7.13	61.49	781.00	11.3%	10.5%

续表

指标 年份	1978	1985	1990	2000	2010	2018	2019
社会消费品零售总额（亿元）	5.09	—	—	99.41	432.32	901.71	1005.87
出口总额（万美元）	—	—	72	6009	131042	35820	91459
外商直接投资实际使用金额（万美元）	—	—	171	9411	83560	184420	201182
城镇居民人均可支配收入（元）	356	564	1187	4811	14203	32163	34826

数据来源：历年赣州市统计年鉴和 2019 年统计公报。

第二节　赣州市产业发展变动特征和趋势

一　产业结构演变特征

（一）第一、第三产业 GDP 占比此消彼长，第二产业占比窄幅波动

改革开放以来，赣州市三次产业在 GDP 中的比例关系发生较大变化，产业结构总体呈现由"一二三"向"一三二"、"三一二"再向"二三一"、"三二一"的演变趋势。第一产业与第三产业呈现"剪刀式"对称消长态势，第三产业逐渐取代了第二产业在国民经济中的主导地位。第一产业占比总体下降；第二产业占比总体变化幅度较小，基本在 40%—50% 的区间震荡；第三产业占比总体呈现持续上升态势，经历了三次较快的上行周期。

数据显示，全市三次产业结构由 1978 年的 61.1%：24.8%：14.1% 调整为 2019 年的 10.8%：39.4%：49.8%，农业比重明显下降，第二、第三产业逐渐成为经济增长的新引擎。

表 6-11　　　　　1978—2019 年赣州市三次产业结构演变　　　（单位：%）

年份	1978	1979	1980	1981	1982	1983	1984	1985	1986	1987	1988
生产总值	100	100	100	100	100	100	100	100	100	100	100
第一产业	61.1	61.7	61.3	59.0	57.6	58.1	58.0	54.3	49.2	48.2	46.4
第二产业	24.8	23.7	23.7	25.5	25.5	25.7	25.0	26.9	30.0	29.3	31.5
第三产业	14.1	14.6	15.0	15.5	16.9	16.2	17.0	18.8	20.8	22.5	22.1

年份	1989	1990	1991	1992	1993	1994	1995	1996	1997	1998	1999
生产总值	100	100	100	100	100	100	100	100	100	100	100
第一产业	43.8	48.8	47.5	45.8	41.8	43.3	44.3	43.2	41.2	38.7	36.7
第二产业	32.4	26.9	26.3	26.8	30.7	32.5	30.2	27.4	27.4	28.3	28.6
第三产业	23.8	24.3	26.2	27.4	27.5	24.2	25.5	29.4	31.4	33.0	34.7
年份	2000	2001	2002	2003	2004	2005	2006	2007	2008	2009	2010
生产总值	100	100	100	100	100	100	100	100	100	100	100
第一产业	34.6	33.2	31.5	29.4	28.9	25.8	23.3	21.8	20.6	20.8	18.9
第二产业	29.4	19.5	30.2	32.1	32.2	36.4	38.9	41.0	42.7	42.3	44.4
第三产业	36.0	38.3	38.3	38.5	38.9	37.8	37.8	37.2	36.7	36.9	36.7
年份	2011	2012	2013	2014	2015	2016	2017	2018	2019	—	—
生产总值	100	100	100	100	100	100	100	100	100		
第一产业	17.4	16.7	15.9	15.3	15.0	14.6	13.3	12.1	10.8		
第二产业	47.2	46.2	45.6	45.8	44.1	42.7	42.6	42.6	39.4		
第三产业	33.4	37.1	38.5	38.9	40.9	42.7	44.1	45.3	49.8		

资料来源：历年赣州市统计年鉴，2019 年赣州市统计公报。

（二）劳动力逐渐由第一产业向第二、第三产业转移，第三产业成为吸纳就业主要渠道

改革开放 40 多年来，赣州市劳动人口总体上呈现由第一产业向第二、第三产业转移的趋势，第一产业就业人员占比持续下降，从 1978 年的 83.95%降至 2018 年的 28.28%；第二产业就业人员占比小幅波动上升，由 1978 年的 8.09%升至 2018 年的 31.35%；第三产业就业人员由 1978 年的 7.96%升至 2018 年的 40.37%。

表 6-12　　　　　　1978—2018 年赣州市三项产业从业人员结构　　　　（单位：%）

指标	1978	1990	1995	2000	2005	2010	2015	2016	2017	2018
三次产业	100	100	100	100	100	100	100	100	100	100
第一产业	83.95	75.52	61.36	55.24	50.85	40.67	31.26	30.09	28.85	28.28
第二产业	8.09	11.95	14.48	15.19	21.89	30.87	32.38	31.58	31.29	31.35
第三产业	7.96	12.53	24.16	27.26	28.46	28.46	36.36	38.33	39.86	40.37

（三）三次产业内部结构趋于优化，新产业、新动能不断涌现

1. 传统农业在第一产业中的占比下降，牧业、渔业发展较快

改革开放以来至 2005 年，农业在第一产业中的占比不断下降，由 1978 年的 74.39% 下降至 2005 年最低点 44.03%，之后趋于稳定并逐步回升，2018 年回升到 53.01%，显示农业的基础地位有所稳固。牧业、渔业得到快速发展。牧业占比由 1978 年的 14.09% 升至 2018 年的 22.73%，渔业呈现较快增长态势，由 1978 年的 1.71% 升至 2018 年的 10.08% 左右，林业占比相对稳定。

表 6-13　　　　　　　1978—2018 年第一产业内部结构状况　　　　　　　（单位：%）

指标＼年份	1978	1980	1985	1990	1995	2000	2005	2010	2015	2017	2018
农林牧渔服务业	100	100	100	100	100	100	100	100	100	100	100
农业	74.39	74.64	65.27	59.90	50.74	46.46	44.03	46.20	49.05	52.42	53.01
林业	9.81	7.77	10.58	8.69	5.57	5.79	6.60	6.26	6.98	9.68	10.47
牧业	14.09	16.24	21.25	27.68	37.33	37.27	36.80	35.77	30.84	24.50	22.73
渔业	1.71	1.35	2.90	3.73	6.36	10.48	11.01	9.90	11.22	9.93	10.08
农林牧渔专业及辅助性活动	—	—	—	—	—	—	1.56	1.87	1.91	3.48	3.71

数据来源：历年赣州市统计年鉴。

2. 工业在第二产业中占比稳中趋降，制造业支柱地位不断巩固

长期以来，工业是第二产业的主体产业，建筑业占比较小。21 世纪以来，工业在第二产业中的占比有缓慢下降趋势，与之对应的是，在加速城镇化的过程中，建筑业的市场需求增加，在第二产业中的占比趋于上升。2000 年，赣州市第二产业增加值 78.5 亿元，资质四级及以上建筑企业完成产值 11.52 亿元，比上年增长 5.3%；2019 年，赣州市第二产业增加值 1138.61 亿元，比上年增长 8.6%；建筑业总产值 477 亿元，比上年增长 13.8%。

制造业在工业中的占比平稳上升，尤其是先进制造业的比重逐年增大。改革开放初期，凭借劳动力与资源优势，赣州市以电子、制鞋、玩具、纺织服装等轻工产品为代表的制造业快速崛起。进入 21 世纪，随着赣州工业化进程不断加快，承接东部产业转移的质量也在不断提高，计算机、通信

和其他电子设备制造业、电气机械和器材制造业、通用设备制造业、专用设备制造业、汽车制造产业等先进制造业发展迅速，比重急剧增大，2019年占比已达 20% 以上。

3. 第三产业结构逐步优化，现代服务业比重不断提升

改革开放以来，赣州市第三产业结构不断优化，总体呈现由传统服务业为主向现代服务业为主的趋势，文化旅游业、物流业、金融业、信息服务业、休闲娱乐业等现代服务业不断涌现，比重不断上升。数据表明，1978年赣州市第三产业增加值只有 1.63 亿元，1989 年突破 10 亿元，2001 年突破 100 亿元，2012 年突破 500 亿元，此后，每年上一个百亿元台阶，2019年达 1729 亿元，增速持续位居全省前列，比 1978 年的 1.63 亿元增长 1061倍，占 GDP 比重及经济增长贡献率均超过第二产业，成为第一大产业。

表 6-14　　　　　　　　1978—2019 年赣州市第三产业增加值

年份	1978	1985	1989	1996	2001	2012	2013	2014	2015	2016	2017	2018	2019
第三产业（亿元）	1.63	4.9	11.8	58	105	559	638	713	808	937	1112	1272	1729

（四）投资结构发生深刻变化，由工农业投资为主向服务业占主导、工业投资并重转变

有色金属、建材等传统产业占比逐渐缩小，装备制造业、新能源汽车产业、生物医药、新材料等战略性新兴产业加速壮大，占工业投资比重超七成；服务业投资占据全部产业投资的"半壁江山"；民间投资活力持续释放，占全部投资比重达五成。投资结构由工农业投资为主向服务业占主导、工业投资并重转变。三次产业投资结构由 1978 年的 22.1%：60.9%：17.0% 调整为 2018 年的 1.6%：48.2%：50.3%，一产投资占比不断下降，三产投资占比大幅提升。

（五）结论

（1）经过改革开放 40 多年的发展，赣州产业结构逐步优化，经济增长格局从以农业为主导逐步转向以工业为主导，再到第二、第三产业并举的新格局。

（2）赣州市产业结构演变的趋势符合国际产业结构演变的一般规律，

即改革开放初期 1978 年产业结构处于第一阶段，以农业为主导；21 世纪以后进入第二阶段，以工业为主导，到 2011 年工业占比达到 47.2%；2016 年以后进入第三阶段，以服务业为主导，到 2019 年服务业占比达到 49.8%。

（3）从赣州市经济发展水平看，其不但与发达地区比落后较多，与省内南昌、新余等地比也存在较大差距。从三次产业的产出占比来看，赣州市还处在工业化中级阶段前期，虽然产业结构的演进基本符合工业化进程的一般规律，服务业替代第二产业已成为第一大产业，但在一段较长时期内工业仍然是经济发展的主导产业。

（4）新产业、新业态的发展加速产业内部结构演变推进，尤其是进入 21 世纪以来，大数据、互联网、云计算、人工智能等新兴科技的出现，共享经济、数字经济、战略性新兴产业等蓬勃发展，对赣州市产业结构演变起到了重要作用，促进了现代服务业的快速发展。

二　产业集聚特征

截至 2018 年底，江西省有省级重点工业产业集群 89 个。2018 年，完成主营业务收入 15655.5 亿元，同比增长 13.7%；实现利税 1426.2 亿元，同比增长 14.2%；从业人员 154.8 万人；投产企业 14639 家。

2018 年，赣州市共有 11 个省级重点产业集群，另有省级战略性新兴产业集聚区 1 个（赣州高新区稀土和钨新材料产业集聚区）。2018 年，赣州市重点产业集群实现主营业务收入 2285.6 亿元，实现利税 90.3 亿元，从业人员 513422 人。赣州市产业集群主要呈现出以下特点：

（1）区域分布较为均衡，11 个省级重点产业集群和 1 个战略性新兴产业集聚区分布在 9 个地区，其中赣州高新区 1 个，赣州经开区 3 个，龙南经开区 2 个，章贡高新区 1 个，南康经开区、信丰高新区、于都工业园区、上犹工业园区、会昌工业园区各 1 个。

（2）新兴产业成为集群增长的主动力。12 个产业集群中，按产业分，电子信息、生物医药、有色金属和建材新材料、新能源汽车等新兴产业就占了 9 个，占集群总数的 75%。2018 年，主营业务收入共计 734.2 亿元，占全部重点产业集群 51.48%。

（3）产业集群成为当地经济发展的火车头。12 个产业集群主营业务收入全部超过 25 亿元，过 70 亿元的 6 个，过 100 亿元的 3 个，过 150 亿元的

2 个，过千亿元的 1 个。利税全部超过 2 亿元，其中过 5 亿元的 5 个，过 10 亿元的 3 个，过 30 亿元的 1 个。产业集群的主营业务收入和利税对地方工业经济的贡献达到 80% 以上。

（4）产业集聚区成为新增就业人员的主战场。12 个产业集群汇集企业 8252 家，从业人员 13 万余人，其中从业人员超过万人的产业集群区有 5 个，南康经开区家具产业集群规模位居全省第一，投产企业 7548 家，从业人员 43500 人。

表 6-15 　　　　　　　　　　2018 年赣州市产业集群主要经济指标

序号	产业集群名称	所属行业	从业人员（人）	相关企业数（个）	投产企业数（个）	主营业务收入		利税	
						累计（亿元）	增长（%）	累计（亿元）	增长（%）
1	南康经开区家具产业集群	轻工	43500	7548	7548	1591	26.3	31.7	24.9
2	赣州经开区电子信息产业集群	电子信息	11959	41	41	163.2	43.5	10.3	25.2
3	章贡高新区生物医药产业集群	医药	2620	69	69	125	26.8	16.7	9.1
4	赣州经开区稀土磁性材料及永磁电机产业集群	有色	3642	21	18	87.4	11.2	5.5	3.7
5	上犹工业园区玻纤及新型复合材料产业集群	建材	7017	70	70	73.7	13.4	8.9	13.6
6	赣州经开区新能源汽车产业集群	汽车	6195	91	84	60.4	17.9	3.6	-3.3
7	龙南经开区电子信息产业集群	电子信息	11311	78	78	47.5	18.0	3.0	21.7

序号	产业集群名称	所属行业	从业人员（人）	相关企业数（个）	投产企业数（个）	主营业务收入		利税	
						累计（亿元）	增长（%）	累计（亿元）	增长（%）
8	信丰高新区数字视听产业集群	电子信息	12000	85	85	43.0	20.0	3.2	16.6
9	龙南经开区稀土精深加工产业集群	有色	2548	27	27	33.8	1.1	2.3	-7.7
10	会昌工业园区氟盐化工产业集群	石化	2574	10	10	33.6	20.3	2.9	-31.6
11	于都工业园区服装服饰产业集群	纺织	18556	139	115	27	19.6	2.2	14.9
12	赣州高新区稀土和钨新材料产业集聚区	有色	—	336	107	71.2	—	—	—

资料来源：2018 年全省省级重点工业产业集群及战略性新兴产业集聚区简介，由江西省工业和信息化产业厅编印。

三　企业构成演变特征

（一）企业规模

2012 年以来，通过实施苏区振兴战略，赣州工业发展明显加速。2018年全市规模以上工业企业总数 1985 户，比 2011 年增加 1212 户，总数和增加数均列全省第一。新能源汽车科技城、现代家居城、中国稀金谷、青峰药谷、赣粤电子信息产业带 "两城两谷一带" 建设和纺织服装产业集群加快推进，稀土和钨、家具产业集群主营业务收入均突破千亿元。

截至 2019 年，赣州市全部工业增加值 1138.61 亿元，比上年增长8.6%。分经济类型看，国有企业增长 2.7%，集体企业增长 21.4%，股份制企业增长 9.2%，外商及港澳台商投资企业增长 5.3%，其他经济类型企业增长 9.0%。全市工业园区个数增至 19 个，拥有 4 个国家级开发区和 1 个综合保税区，实际开发面积扩大至 97.86 平方公里，其中赣州高新区 2019 年 8月底获批建设国家自主创新示范区。

表6-16　1978—2018年赣州市独立核算工业企业（规模以上工业企业）经济指标

年份	企业个数（个）	年末固定资产原价（万元）	工业总产值（万元）	工业增加值（万元）	产品销售收入/主营业务收入（万元）	利润和税金总额（万元）
1978	—	89369	84939	—	74426	14904
1985	—	158186	144416	56093	145452	24418
1990	2744（35）	247229	312562	—	283187	38077
1995	41	567679	752389	204844	710845	69766
2000	1533（37）	831717	794409	216873	753382	72385
2005	510	1095786	2708710	855097	2668929	315723
2010	891	3140574	12871559	2909336	12754705	1510550
2011	773	3663322	18827578	4303518	18503629	2366232
2012	890	4637037	21785351	5669709	21328448	2481686
2013	1019	5701757	26064536	6357829	26071419	3030528
2014	1164	7038883	29983797	7519446	30302935	3446865
2015	1188	7782952	31998206	7532590	31966965	3398645
2016	1337	8399502	35411363	8479024	35835532	3606988
2017	1721	9047348	35408953	8974773	35216714	3716174
2018	1985	9389221	29728158	9981400	29686383	2113100
2019	2186	10714555.3	29202650.2	11386087	29934939.9	375797.98

资料来源：历年赣州市统计年鉴。

表6-17　2018年赣州市县（市区）规模以上工业企业单位数　（单位：个）

类别		赣州市	章贡区	南康区	赣县区	信丰县	大余县	上犹县	崇义县	安远县	龙南县
总计		1985	138	527	107	93	71	58	36	46	113
按单位规模分	大型	22	4	1	—	—	—	—	2	—	5
	中型	187	17	28	7	22	4	10	1	6	17
	小型	1633	106	492	88	66	47	40	22	34	86
	微型	143	11	6	12	5	20	8	11	6	5
按隶属关系分	中央	9	—	—	2	—	—	1	—	1	—
	地方	70	23	1	4	91	3	1	1	—	1
	其他	1906	115	526	101	2	68	56	35	45	112
按轻重工业分	轻工业	1021	36	449	39	59	10	25	6	29	45
	重工业	964	102	78	68	34	61	33	30	17	68

续表

类别		定南县	全南县	宁都县	于都县	兴国县	会昌县	寻乌县	石城县	瑞金市	经开区
总计		51	51	88	114	95	55	51	40	68	183
按单位规模分	大型	—	—	—	3	—	—	—	—	—	6
	中型	3	6	8	14	8	7	3	4	7	20
	小型	41	42	67	94	83	41	47	34	56	143
	微型	7	3	13	3	4	7	1	2	5	14
按隶属关系分	中央	—	—	1	1	1	—	1	—	1	—
	地方	12	—	1	4	3	2	—	1	2	9
	其他	39	51	86	109	91	53	50	39	65	174
按轻重工业分	轻工业	32	15	59	64	41	20	14	25	33	58
	重工业	19	36	29	50	54	35	37	15	35	125

数据来源：2019 年赣州市统计年鉴。

（二）企业资金来源

1. 引进外资来源

从 1984 年首次引进外资项目，当年全市仅引进 2 个项目，实际进资 7 万美元。到 2018 年，全市累计批准外商投资企业 3487 家，累计合同金额 182.45 亿美元，累计实际使用外资额 173.03 亿美元，实际利用外资前 10 位的主要来源地国家和地区为：中国香港、中国台湾、日本、美国、新加坡、英属维尔京群岛、开曼群岛、澳门、缅甸。2018 年，赣州市实际利用外资 18.44 亿元，其中来源于港澳台就有 114.03 亿美元，占全市比重的 96.23%。

2. 引进省外资金来源

自 1984 年有统计以来，到 2019 年 9 月，赣州市利用省外资金项目 14050 个，签约资金 8180.18 亿元，实际进资 6650.26 亿元，年均增长 22.36%，资金来源地主要是广东省、福建省、浙江省、上海市、江苏省等省市。引进了华润集团、绿地集团等一批国内 500 强、大型央企、知名民企和上市公司投资项目。

第三节 赣州市经济与广东沿海经济的联动关系

赣州市经济近年来保持了持续快速发展的态势，除了中央政策给予的倾斜支持之外，积极对接粤港澳大湾区，与广东省建立跨区域宽领域合作机制，加强与广东省在经济社会各方面的联动，也是其中一个重要的因素。

一 跨区域协调发展合作机制

（一）赣州市和广东省各设区市之间建立合作机制

1. 在省市级层面

2016 年，江西、广东两省政府签署了《东江流域上下游横向生态补偿协议》，建立了东江流域上下游横向水环境补偿机制，中央、江西省级财政已累计下达东江流域生态补偿奖补资金 7 亿元，支持江西省赣州市东江源区实施环保项目 33 个。江西省赣州市与广东省广州市、河源市、深圳市宝安区分别签订了合作框架协议，在推进东江流域生态环境保护的基础上，开展基础设施建设、产业发展、经贸交流等全面战略合作。赣粤两地建立了定南县、龙川县、和平县跨界河流水污染联防联控协作机制，开展了系列跨界水质检测和执法联动。赣州市与河源市环境监测站确定了东江水质联合监测方案，开展了同时间、同地点、同监测方法、同药品、同仪器、同实验室的"六同"监测，有效加强了水质监测数据的质量控制。

2017 年 3 月 21—22 日，省委常委、市委书记李炳军率团在广东省河源市考察，出席深化合作交流座谈会并讲话。会上，签署了《江西省赣州市与广东省河源市合作框架协议》。根据协议，双方将共同争取上级政策，开展产业合作，协力完善基础设施，推进跨区域生态保护，开展经贸互动交流，加强社会事务合作，建立联席会议制度，推进两市在经济社会各领域开展全面战略合作。

2017 年 8 月 25 日，由深圳市投资推广署、深圳市龙华区人民政府、赣州市人民政府主办，赣州经济技术开发区管委会、赣州市商务局、深圳市龙华区经济促进局、深圳市新材料行业协会共同承办的"深圳·龙华—赣州·经开区新兴产业合作交流会"当日在赣州成功举行，龙华再次表达了鼓励企业"走出去"，并与区外企业优势互补、相互合作的愿望。而借助国务院支持赣南等原中央苏区振兴发展的势头，赣州正在进行新一轮大开发、大发展，格外希望吸引龙华乃至深圳优质外溢企业共创未来。在深赣双方强烈的合作共赢意愿之下，本次合作交流会成果斐然。

2017年12月23—24日，省委常委、赣州市委书记李炳军率团在广东省深圳市考察招商，见证两市签署合作框架协议。根据《深圳市与赣州市合作框架协议》，双方将按照"优势互补、平等合作、市场运作、互利共赢"的原则，加强经济发展新动能合作，完善基础设施，拓宽合作领域，深化开放合作，建立合作机制，推进两市在经济社会方面开展全面战略合作。

2. 在市直各部门层面

2013年3月13日，为加强粤赣两省在东江流域防洪安全、生态安全和水资源保障等方面的合作，进一步做好防洪与水资源保护工作，广东省防总副总指挥、厅长黄柏青与江西省水利厅副厅长罗小云在江西省赣州市签署《粤赣东江流域防洪安全和水资源保障合作框架协议》。

2013年3月22日下午，暨南大学与江西省赣州市人民政府正式在赣州市签订了"校市全面合作"协议。暨大校长刘人怀院士、赣州市市长王昭悠分别在合作协议上签字。双方将在文化教育、科学研究、科技开发、成果转化、人才培养、科技信息交流等方面开展全面合作。

2013年12月23—24日，闽粤赣龙岩梅州赣州第九次警务协作会议在江西省赣州市召开，会上，龙岩、梅州、赣州三市签订了《闽粤赣龙岩梅州赣州警务合作战略框架》协议。在新的形势下警务合作要以人民群众的意愿为导向，坚持把群众的呼声作为第一信号，着力推进协作能力的新提升；把群众的参与作为第一支撑，着力推进协作层次的新提升；把群众的满意作为第一标准，着力推进协作成效的新提升，不断提升三市联手打击、防范、控制违法犯罪的能力和水平，进一步擦亮"闽粤赣龙岩梅州赣州警务协作"品牌。

2017年4月20日，赣州市旅发委与广东省自驾旅游协会、香港自驾旅游车会、澳门自家文化产业协会、广州大广高速公路有限公司等合作单位共同签订了《赣—粤港澳自驾游2017年度合作协议》。

2017年8月21—22日，广州市口岸办主任刘曦率广州市口岸办、广州海关、国检等口岸部门以及广州港集团和大顺发国际物流企业等一行，前来赣州市考察调研，并签订《广州市口岸办与赣州市口岸办加强口岸合作框架协议》，在两地建立口岸合作机制、加强开放平台合作、推动两地港口合作、推进发展多式联运以及加强口岸信息互换等方面达成共识。

2017 年 10 月 26 日，在广东省梅州市平远县举办梅州、赣州、龙岩跨省三市反假货币协作会议，会议审议并通过了《梅州、赣州、龙岩三市反假货币协作工作制度》，三地代表签署了《梅州、赣州、龙岩跨省三市反假货币合作备忘录》，平远、寻乌、武平三县支行签署了《跨地区反假货币协作机制合作协议》，共同建立起了跨省反假货币协作长效机制。同时，三市代表还在梅州市平远县差干镇举行启动仪式，并为反假货币"三个中心"（反假货币协作中心、打击假币犯罪工作信息中心、反假货币宣传教育中心）揭幕。

2018 年 5 月 21 日，韶关市、赣州市、郴州市三地签订旅游联盟战略合作框架协议。韶关、赣州、郴州同为"红三角"城市，旅游资源十分丰富，旅游市场具有较强的互补性，旅游合作潜力巨大。根据协议，三地旅游行政管理部门将从信息互通、资源整合、线路策划、市场开拓、客源互送、联合营销、品牌打造、旅游规划、旅游投资、商品开发、市场监管等进行多方面全方位的合作交流，发挥各自资源优势，借力粤港澳大湾区建设发展契机，共促三地旅游融合发展。

2018 年 7 月 11 日上午，赣州市环保局与广州市环保局签署了《广州市环境保护局赣州市环境保护局战略合作框架协议》。根据协议约定，两市将围绕环境治理合作、环境监测对接、环境科研协作、环境信息共享、产业发展协同、干部人才交流六方面进行全方位合作。双方一致同意，将共同推进东江流域水污染防治；联合打击跨区域转运偷倒工业固体废弃物、危险废弃物；推动环境监测站标准化建设和监测网络建设，提升两地自动监测、应急监测、污染源监督性监测和有机污染物分析水平；采取定向委托、合作研究等方式，开展环境发展规划、环境竞争力等项目研究。为推进合作常态化和长效化，两地环保局领导牵头每年不定期召开座谈会，研究环境合作的进展情况，协调解决存在问题。

2018 年 9 月 1—2 日，广州市科技创新委员会党组书记弓鸿午一行在赣州考察调研并就深化两地科技合作签署框架协议。两地在加强科技合作、推动协同创新、共同融入泛珠三角区域协同创新体系等方面达成共识，形成协议。一是加强对口交流合作。鼓励两地科技管理部门、高等院校、科研院所、科技企业加强对接互访，促进科研管理、体制机制创新、产学研用协作、高新技术企业培育、科技金融融合等方面的交流合作。二是推进技术成果转化。支持两市开展科技信息互通、科技成果展示交易及投融资活动，促进跨区域科研和成果转化，推动两地企业实现产业链上下游有机衔接、融合发展。三是加强人才培养。加强两地科技管理干部、科研人员的交流，鼓励和引导两地科技人才参与对方创新创业活动。

2019 年 4 月 26 日，江西省赣州高新区与深圳高新区在深圳签署了合作共建框架协议。"合作共建框架协议"按照资源共享、优势互补、平等互利、共同发展的原则，围绕"帮助赣州高新区新引进入驻项目、新增投资，助推赣州高新区实现高质量跨越式发展"的目标，以联合举办双创活动、形成常态化人才培训机制、共同支持赣深两地科技合作企业发展等为抓手，切实推进赣州高新区与深圳高新区在产业发展、科技创新、人才交流等方面开展深度合作。

与广州市农业农村局签订了《粤港澳大湾区"菜篮子"建设合作框架协议》，共同推动大湾区"菜篮子"基地建设。

2019 年 8 月 22 日，赣州市林科所与广东省林科院在广州举行"林业科技合作框架协议"签字仪式。签字仪式由广东省林科院党委副书记、副院长潘文主持，广东省林科院院长、党委书记李小川和赣州市林科所所长王兰英分别介绍了单位基本情况以及各自的科研特色和成效。

（二）赣州市县市和广东省市县之间建立合作机制

2017 年 3 月 16 日，为促进革命老区和深圳特区干部教育培训的交流合作，全国人大深圳培训基地与瑞金干部学院长期合作协议签署仪式在瑞金干部学院举行。全国人大深圳培训基地与瑞金干部学院本着"尊重、合作、共赢"的原则，将在培训、文化建设、后勤管理等方面相互学习、相互借鉴，建立长期战略合作关系，实行资源共享、全方位合作、共同发展。

2018 年 6 月 13 日，江西省赣州市龙南县、全南县与广东省河源市连平县正式签订《关于构建联合执法机制　加强矿山生态保护的合作协议》。协议的签订有助于赣粤三县边界区域矿业秩序的无缝对接，进一步凝聚矿山生态保护的工作合力。

2018 年 12 月 25 日，赣州市国投集团与深圳市腾讯计算机系统有限公司、深圳中兴网信科技有限公司签署战略合作协议，共同打造赣州数字经济发展生态圈，把赣州市本级及区县整体建成江西省"智慧城市"管理和应用的样板工程。

2019年4月24日，《深圳报业集团与寻乌县战略合作协议》签订仪式在江西省赣州市寻乌县举行。为落实《深圳市与寻乌县支援合作工作方案》，深圳报业集团整合集团内外的各种资源，从寻乌的实际需求出发，将在产业扶贫、旅游推广、教育培训、文化扶贫、医疗救助等方面对寻乌县进行帮扶合作。

2019年6月18日，赣州市章贡区与清远市清城区签订了《赣州市章贡区粮食流通服务中心与广东省清远市清城区发展和改革局粮食"产销对接"合作战略框架协议》，对口相关企业同时也签订了战略合作框架协议。此举将实现双方粮食市场和企业更直接、更便捷、更密切、更有效的对接，开创广东清远市主销区与江西赣州市主产区优势互补、互利双赢发展的新格局，构建两地粮食产销合作平台。

二 跨区域经济联动关系

（一）跨区域交通物流联动现状

1. 铁路

赣州市共建成铁路4条，其中京九铁路、赣韶铁路与广东省连接，辐射广东省8个设区市和香港。在建铁路赣深客专与广东连接，直达河源市、惠州市、深圳市。

2. 高速公路

赣州市建成的14条高速公路中有4条与广东省连接。其中大广高速与河源连接，辐射惠州市、深圳市、东莞市、广州市、香港等地；济广高速与梅州连接，辐射揭阳市、汕头市、汕尾市；昌宁加密线与河源连接，辐射惠州市、深圳市、香港等地；康大高速连接韶关，辐射清远市、广州市、中山市、珠海市、澳门。

3. 普通国省道

与广东省连接的共七条，即G105/G206/G220/G237/G238/G323/G535，与广东省连接的省道共四条（S317/S457/S458/S549），分别辐射清远市、揭阳市、汕头市、汕尾市、广州市、中山市、惠州市、深圳市、珠海市、香港、澳门。

4. 航空

开通了赣州至深圳、赣州至广州、赣州至湛江、赣州至珠海四条到广东省航线。

5. 物流

开通了赣州陆港至盐田港的五定班列，赣州各县至珠三角地区都开通公路物流专线。赣州市市区及 15 个县（市）都有通往广东省各地的客运班车，据不完全统计，仅赣州市城区每天就有通往广东省 43 个市县区的汽车客运班次 146 班。

表 6-18　　　　　　　　2019 年赣州市和广东省交通物流对接情况

	名称	连接县市	辐射县市
铁路	京九铁路（赣州段）	河源市	惠州市、深圳市、东莞市、广州市、香港
	赣韶铁路	韶关市	清远市、广州市、珠海市
	赣深客专（在建）	河源市	惠州市、深圳市
高速公路	大广高速	河源市	惠州市、深圳市、东莞市、广州市、香港
	济广高速	梅州市	揭阳市、汕头市、汕尾市
	昌宁高速	河源市	惠州市、深圳市、香港
	康大高速	韶关市	清远市、广州市、中山市、珠海市、澳门
普通公路（国道）	G105，G206，G220，G237，G238，G323，G535	韶关市 河源市 梅州市	清远市、揭阳市、汕头市、汕尾市、广州市、中山市、惠州市、深圳市、珠海市、香港、澳门
普通公路（省道）	S317，S457，S458，S549		
航空	赣州至深圳，赣州至广州，赣州至湛江，赣州至珠海	—	广州市、深圳市、珠海市、湛江市
物流	赣州陆港至盐田港	—	开通五定班列
	赣州各县至珠三角地区	—	开通公路物流专线

资料来源：赣州市交通运输局。

（二）跨区域金融联动现状

1. 赣州市和深圳市金融合作

2017 年 11 月 15 日，深圳市金融办与赣州市金融工作局签署《深赣金融对口合作协议》。协议约定，双方将积极通过开展金融合作对接，充分整合并释放两地地缘优势、产业优势、政策优势，实现两地金融业共赢发展。

加强了与深圳市金融机构的合作。对接深交所，组织多家券商与赣州市签订合作协议，成功推动赣州经开区金力永磁在深交所创业板上市。与深交所合作设立赣南苏区企业路演中心，为优质成长型实体企业提供路演展示、股权投资、上市辅导、融资对接、咨询服务等专业化资本市场服务。对接平安集团，通过融资租赁、平安银行等支持赣州市企业、医院建设资金 11 亿元。开展培训学习活动。在深圳市举办了"赣州市地方金融风险防范与规范发展培训班"，组织赣州企业到深交所开展多期培训，并选派多位金融干部到深交所跟班学习。

2. 赣州市和广州市金融合作

2018 年 1 月 30 日，广州市与赣州市金融对口合作框架协议签约仪式暨广州证券服务赣州经济发展恳谈会在赣州举行。当天，广州市金融工作局与赣州市金融工作局签订了《金融对口合作框架协议》。根据协议，未来双方将充分整合、释放两地地缘优势、产业优势、政策优势，从金融工作部门、各类金融机构、金融功能区等多个方面展开深入合作，从而实现两地金融业共赢发展。赣州将借助广州市金融机构多、资金实力雄厚、人才汇聚、经验丰富等优势，实现金融发展再上新台阶，为打造区域性金融中心和江西省次金融中心提供强有力的金融支持。

加强与广州市金融机构合作。对接广州市金融监管平台，商请广州金融风险监测防控中心帮助赣州市搭建 P2P 网络借贷平台非现场监管系统，并定期向赣州市有关部门提供网络平台非法金融活动监测情况。对接广州证券，参与广州证券在南昌举办的全省"降成本优环境"金融定向帮扶暨扩大企业直接融资推进会，支持广州证券赣州营业部升格为广州证券赣州分公司。成功举办赣州（广州）金融招商引才推介会。

（三）跨区域产业联动现状

近年来，赣州市加强承接东部产业转移，积极与广东省深圳市、广州市、河源市签订了区域合作协议，充分利用毗邻广东省的区位优势，主动对接，承接广东省产业转移。2016 年以来，赣州市引进广东省开工纳入统计项目 570 个，占全部引进项目的 55%，实际进资 1252.25 亿元，占全部引进资金的 51%。

2017 年 3 月，江西赣州市与广东河源市签署《江西省赣州市与广东省河源市合作框架协议书》，双方商定在定南县老城镇老城村与河源市和平县上陵镇江口村两省交界处共同规划 2520 亩用地，共同规划建设两省共管的"赣粤产业合作核心区"。

2017 年，赣州经开区和广州开发区签订结对共建合作备忘录，龙南经开区与广州增城经开区初步签订了合作共建框架协议，瑞金经开区与宁波经开区、昆山经开区签订了园区合作共建协议。双方将在借鉴体制机制优势、开展干部挂职交流、搭建信息共享平台、推动产业共建帮扶、深化服务业交流合作、共建创新创业发展平台等方面开展交流合作。

2018 年以来，赣州经开区对接引进了深圳市同兴达 2.5D 和 3D 玻璃盖板项目，广州山水（赣州）智能设备工业园项目，惠州市亿鹏能源 2.3GWH 锂离子动力电池项目、东莞市讯康电子网络通信变压器项目等一大批汽车首位产业和电子信息高端产业项目，总投资 150 亿元。

中国电器科学研究院在赣州建设新能源汽车零部件检测中心，这对健全赣州新能源汽车科技城产业功能、完善产业生态链，进一步促进新能源汽车产业发展具有重要意义。该项目总投资 3 亿元，其中固定资产投资 2 亿元。中心建成后，将为赣州及周边区域新能源汽车企业提供优质、高效测试认证服务和技术支撑，为下一步建设国家级新能源汽车检测中心打下坚实的基础，为赣州新能源汽车产业注入新的活力。

2019 年以来，赣州市章贡区通过实施定向精准招商、产业链招商和第三方招商等方式，积极承接广东省深圳大学计算机和软件学院人才交流与引进战略合作项目、江西深大云伴健康科技有限公司基于物联网的健康大数据分析及应用平台项目、第二代间充质干细胞产业转化项目、深圳长朗科技有限公司先进制造产业园项目、深圳市纽纽科技有限公司人工智能产业园项目、赣州科略产业园运营有限公司赣州创新科技产业园项目，目前在谈的还有 21 个项目。

三 跨区域社会联动现状

（一）赣州市和广东省教育联动现状

从师生流动情况看，2019 年赣州市跨省转学人数达 1.7 万人，其中转入广东省的学生数为 5200 人，占全部转学人数的 30.59%。2017—2019 年赣州市直中学流出教师 59 人，其中流向广东省的 22 人，占流出总数的 37.3%。

1. 从两地教育交流情况看

2018 年 6 月 20 日下午，工业与设计学院在学术报告厅举办"江西环境工程职业学院与深圳市名雕装饰股份有限公司校企合作签约会议暨设计鉴赏会"。根据协议，双方将建立室内设计专业校外实践教学基地；合作培养室内设计专业人才；成立"名雕装饰订单班"，设立"名雕装饰奖助学金"，双方共同制订人才培养方案，推进课程教学改革及教材开发等，探索现代学徒制人才培养模式；搭建师资队伍建设平台，实行双导师制，校企师资共同参与企业项目设计、实践教学等环节；以"名雕装饰"冠名，开展"设计师说"等系列教育教学活动；开展"名雕装饰"杯系列教育教学活动。

2019 年 5 月下旬，为推动赣州市民办教育持续健康发展，赣州市教育局组织赣州市民办教育协会会员一行 16 人去深圳市龙岗区考察学习，与龙岗区教育局有关负责同志进行了座谈和交流，并走访了深圳枫叶学校、深圳建文外国语学校、深圳实验承翰学校。

2. 从教育对口支援情况看

通过中宣部牵线搭桥，深圳市启动了对赣州市寻乌县的教育对口支援工作。一是援助支持学校基础设施建设，援助 700 万元为寻乌县文峰小学新建了 1 栋教学楼，援助 1750 万元为寻乌县职业教育基地新建 2 栋学生宿舍。二是促进教师双向交流和培训。深圳市教育局派专家团到寻乌县开展中小学校长和中学思政课教师培训；深圳市关爱办派出一线专家名师到寻乌县开展小学语文、数学教师培训；龙岗区教师进修学校选派专家到寻乌县开展新教师培训。深圳市财政局专门安排培训经费 40 万元，资助赣州教师赴龙岗区教师进修学校进行暑期短期集中培训；寻乌县选派 10 名优秀校长赴深圳参加深圳市教育系统"不忘初心，牢记使命"主题教育暨校长暑期短期集中培训。三是促成两地学校"一对一"结对帮扶，已经明确深圳实验学校、深圳中学、深圳市第一职业学校、深圳市仙桐实验小学、深圳市第二幼儿园分别结对帮扶寻乌中学、寻乌二中、寻乌县职业技术学校、城关小学、县幼儿园。

（二）赣州市和广东省文化联动现状

1. 文艺交流与合作

2016 年初，赣州市文广新旅局接受大型赣南民俗音画《客家儿郎》创排任务后，就与广东省进行合作，遴选了编导、作曲、舞美等组建了一支优秀团队，通过精诚合作，先后演出 40 余场，并受邀参加第十一届中国民间艺术节开幕式演出，舞蹈片段《舞春牛》参加了第十二届全国舞蹈展演，并参加了 2019 年央视春晚江西特别节目录制。

2019 年 5 月 7—9 日，寻乌县大型赣南采茶戏《寻路》、深圳市龙岗大围屋艺术团现代舞剧《浮流》分别在龙岗会堂和寻乌县文化艺术中心上演。2018 年 9 月 26 日，江西省灯彩展演比赛在赣州市石城县举行，广东省深圳市灯彩表演队应邀参赛。

2. 文化机构和组织交流

赣州市崇义县与广东省仁化县、湖南省汝城县专门成立赣粤湘三省文化交流委员会，每年轮流开展一次文化交流活动，已进行了 10 多年；赣州市、梅州市、龙岩市三地摄影家协会举办的客家摄影交流会影响力不断扩大。

2017 年 7 月 6 日，深圳市文化馆馆长刘兴范莅临赣州市文化馆为赣州市各县（市、区）文化馆馆长、业务骨干近 80 人授课。2019 年 4 月 25 日，深圳大芬管理办公室副主任梁剑带领油画创作团队 18 人到寻乌县开展为期 5 天的实地油画创作活动。2019 年 5 月 21—23 日，赣州市文化馆联盟馆长、骨干 50 余人前往广东省东莞市实地考察学习。

3. 文旅支援合作

2019 年初，深圳市文广旅体局和深圳市龙岗区文广旅体局分别制订了《2019 年深圳市文化广电旅游体育局与寻乌县支援合作工作任务清单》《龙岗区与寻乌县支援合作工作方案》《2019 年深圳市龙岗区文化广电旅游体育局与寻乌县支援合作工作任务清单》等，从旅游规划编制、参加文博会、制作宣传片、项目引进、旅游客源开放等多方面进行扶持。帮助寻乌县引进动漫游戏、数字出版等新型文化业态，挖掘、保护、传承和利用寻乌非遗资源，帮助寻乌做好毛泽东寻乌调查纪念馆申报 4A 级景区等 9 个帮扶事项。

（三）赣州市和广东省卫生联动现状

1. 开展对口帮扶工作

2016 年 1 月 21 日，赣州市中医院与广东省中医院签订了《广东省中医院和赣州市中医院合作协议书》，赣州市卫计委梁铁民副主任，赣州市中医院刘少华院长、章健副院长，广东省中医院陈达灿院长、胡延滨副书记等出席了签约仪式。合作双方将在医疗、教学、科研、中医特色等方面开展合作，进一步提升中医药服务能力，更好地为广大人民群众服务。

根据国家卫健委安排中山大学附属第一医院对口支援南康第一人民医院，帮助其提升医疗服务和医院管理综合服务能力。2016 年 4 月，中山大学附属第一医院、南康区政府和南康第一人民医院共同签订了《帮扶责任书》《帮扶协议书》。2017 年 5 月 12 日下午，广州市妇女儿童医疗中心和江西省赣州市妇幼保健院续签了技术协作医院协议，市妇儿中心党委书记耿春华、赣州市妇幼保健院领导班子成员及相关负责人出席了签约仪式。根据协议，广州市妇儿中心将在医院建设和管理、人才进修培训、专科建设、分级诊疗、远程会诊及科研教学等方面对赣州市妇幼保健院进行帮扶、协作和指导。

2. 建立赣粤流动人口卫生计生服务区域协作机制

2015 年 12 月，赣州市协助省卫健委在广州市建立了江西省驻粤流动人口卫生计生联络站。同时，依托赣州在粤各商会、知名企业平台，在流出人口集聚的广东省各区、街道、乡镇新建"商会+协会""党支部+协会"模式的流动人口计生协会，指导协会开展流动人口工作。

3. 构建了赣粤流动人口信息平台，开展了流出人口互动服务

2017 年 6 月 15 日，赣州市协助省卫健委在广州市完成了赣粤流动人口信息全面对接工作，实现了在现居住地办理婚育证明、生育登记和信息共享的目标。

围绕流动人口服务需求，与广东省各地联合开展了健康教育宣传、免费健康检查、儿童预防接种、办证、技术服务、发放避孕药等服务活动，为赣州市流出人口在流入地提供均等卫生计生服务。

4. 推动在粤赣籍医疗专家为家乡服务

近年来，赣州市助推在粤赣籍专家 30 余人在赣州开展多场大型义诊活动，举办学术讲座近百场。2018 年 1 月 30 日，在广州市举办部分在粤赣籍专家恳谈会，80 余位在粤赣籍医疗专家参加了恳谈会。2018 年 10 月 28 日，在广州市成立了在粤赣籍医学专家智库，聘请了 92 位专家为首批智库专家，为赣粤两地开展医疗卫生合作提供智力支持。

5. 探索建立区域间重大疫情联防联控机制

赣州市与周边地市包括广东省韶关市等建立了传染病与突发公共卫生事件互通机制。

四　跨区域生态环境保护

（一）跨界生态补偿试点稳步推进

2016 年 10 月，江西、广东两省签订了《东江流域上下游横向生态补偿协议》，以流域横断面水质考核为依据，建立了横向水环境生态补偿机制，补偿机制 3 年。2016—2018 年，各方投入 33 亿元用于东江源区生态环境保护和治理，推进实施了生态修复、污染治理、水源地保护、水土流失治理和环境监管能力建设 5 大类共计 74 个生态补偿工程项目，着力解决了一批突出的生态环境问题，园区生态环境显著改善，东江流域出境断面水质保持 100% 达标，充分保障了下游广东省及供港用水安全。

（二）跨区域生态保护合作持续扩大

2017 年 7 月，赣州市环境保护局和深圳市宝安区环境保护和水务局签订《战略合作框架协议》，就大气污染防治、环保设施建设等方面开展一系列交流合作。2018 年 7 月，赣州市环境保护局与广州市环境保护局签订《战略合作框架协议》，双方建立了环境保护协作机制，在水污染防治、大气污染防治、土壤污染防治、清洁生产审核等方面加强合作。2018 年，赣州市委托生态环境部华南环境科学研究室编制完成首轮试点第三方评估报告和 2018 年度评估报告，初步完成首轮试点实施情况绩效评估工作。

2019 年 4 月 2—4 日，广东省委副书记、深圳市委书记王伟中率深圳市考察团到赣州市考察，与江西省委副书记、赣州市委书记李炳军深入座谈交流，提出深圳市要积极配合生态补偿工作，做好区域合作共赢。2019 年 4 月 8 日，寻乌县委副书记张海率团赴深圳市生态环境局进行对接，就深圳市生态环境局在干部跟班交流、环保能力建设、水污染治理、推动第二轮生态补偿等方面对寻乌县进行支持达成了合作意向。

（三）跨界联合执法能力日益加强

为进一步加强赣粤水生态环境保护，赣州市和河源市签订了《赣粤赣州市、河源市跨界河流水污染联防联控框架协议》，并于 2019 年 5 月开始跨界联合执法行动，对各生态严控区、水源保护区是否落实生态保护和环境污染防治各项措施进行现场检查。

五　跨区域劳动力流动状况及趋势

改革开放以来，赣州市跨省流动的劳动力主要是向广东省、福建省、浙江省流动，其中数量最大的是广东省，从 2010 年到 2019 年 1—9 月的数据看，一是总量大，连续 10 年流动的劳动力都在 80 万人以上，最高的 2010 年达到 117.78 万人，最低的 2015 年也有 83.91 万人；二是比例高，连续 10 年，赣州市流向广东省的劳动力占到全部出省劳动力的 50% 以上，最高的 2010 年占 60.22%，最低的 2015 年也占了 54.33%；三是流动人数逐年下降，到近两年开始回升。

表 6-19　　2010—2019 年赣州市与广东及其他沿海地区跨区域劳动力流动情况

	广东省		福建省人数（万人）	浙江省人数（万人）	其他省市人数（万人）	总计人数（万人）
	人数（万人）	占比（%）				
2010 年	117.78	60.22	30.80	15.21	31.79	195.58
2012 年	93.35	57.97	28.95	14.03	24.71	161.05
2013 年	95.01	57.00	26.83	13.96	30.89	166.69
2014 年	94.15	58.20	22.83	12.16	32.64	161.78
2015 年	83.91	54.33	22.96	12.92	34.66	154.46
2016 年	89.68	57.43	19.29	11.48	35.71	156.16
2017 年	84.30	55.52	20.59	12.39	34.57	151.84
2018 年	100.30	58.34	20.23	12.05	39.36	171.94
2019 年 1—9 月	92.18	55.31	—	—	—	166.66

数据来源：赣州市就业局。

第七章　劳动密集与沿海转移联动下的
上饶城市崛起[*]

随着国家经济增长速度由高速步入中高速增长、由粗放式转入内涵式发展，在国内沿海产业向中西部区域转移、东部与内陆省份经济发展更加紧密等背景下，上饶市作为江西省劳动力输出最多的地级市和典型的中部省份与东部省份交汇的特殊区位城市，经济增速一直保持高位增长，产业结构逐步改善，城镇化建设有序推进，选择对上饶市 40 多年的经济发展及其与沿海联动研究具有重大意义。

第一节　上饶市人口规模与结构演变

上饶市位于江西省东北部，是江西与浙江、福建、安徽三省交界处，处于长三角经济区、海西经济区、鄱阳湖生态经济区三区交汇处。下辖 3 个区、8 个县，代管 1 个县级市。土地总面积 22791 平方公里，占全省面积 13.66%，省内排名第二。山地面积 2342 平方公里，丘陵区面积 14436 平方公里，平原区面积 6013 平方公里，分别占上饶市总面积的 10.27%、63.34% 和 26.39%。

一　人口规模演变

2019 年末，上饶市常住人口 683.3 万人，省内地级市排名第二，占全省常住人口 14.64%；比上年末增长 2.3 万人，占全省新增人口 12.02%。从

---

　　[*]　执笔人：朱顺东，江西社会科学院。

行政管辖 12 个区县内部结构上看，2018 年，鄱阳县、余干县、广丰区、上饶县排在前四名，人口规模分别约为 134.35 万、91.87 万、77.91 万、72.47 万，占全市人口比例分别为 19.81%、13.55%、11.49%、10.69%，累计占比 55.54%，超过半数。

表 7-1　　　　　　2018 年上饶市各区、县常住总人口规模　　　（单位：人）

名称	年初	年末	平均	占比（%）	累计占比（%）
鄱阳县	1343465	1337947	1340706	19.81	19.81
余干县	918711	914931	916821	13.55	33.36
广丰区	779114	775996	777555	11.49	44.85
上饶县	724702	721802	723252	10.69	55.54
玉山县	594824	592434	593629	8.77	64.31
铅山县	441822	440083	440953	6.52	70.83
信州区	430987	429400	430194	6.36	77.19
万年县	371509	370040	370775	5.48	82.67
弋阳县	365570	364125	364848	5.39	88.06
婺源县	345123	343768	344446	5.09	93.15
德兴市	303554	302363	302959	4.48	97.63
横峰县	191280	190525	190903	2.82	100.00
上饶市	6810661	6783414	6797038	100.44	—

数据来源：《上饶市统计年鉴 2018》。

从常住人口规模看，经过 40 余年的发展，上饶市常住人口规模由 1978 年的 491.75 万人增加至 2019 年的 683.3 万人，常住人口增加了 191.55 万人，增长 38.95%，年均增加 4.56 万人，年均增长率 0.79%；根据近 40 年的数据人口规模，采用 ARMA 时间序列模型方法对上饶市未来十几年常住人口总数进行预测，得出 2030 年人口规模为 719.68 万人；在人口占全省比例上，稳步平缓下降，由 1978 年的 15.45%，到 2018 年下降至 14.64%，占比减少 0.81 个百分点，平均每年下降 0.019 个百分点；通过图 7-1 中的虚线趋势图可以看出，上饶市常住人口规模占全省的比例，主要经历过三个阶段：第一阶段是 1978—1987 年，占比稳中下降，十年内占比由 15.45% 减少至 15.12%，减少了 0.33 个百分点，平均每年下降 0.033 个百分点；第二阶段是 1988—1997 年，属于快速下降，十年内占比由 15.25% 下降至14.79%，下降 0.46 个百分点，年均下降 0.046 个百分点；第三阶段是近二十年即 1998 年到 2019 年，平缓下降，占全省比例由 14.78% 下降至14.64%，下降 0.14 个百分点，平均每年下降 0.0064 个百分点。

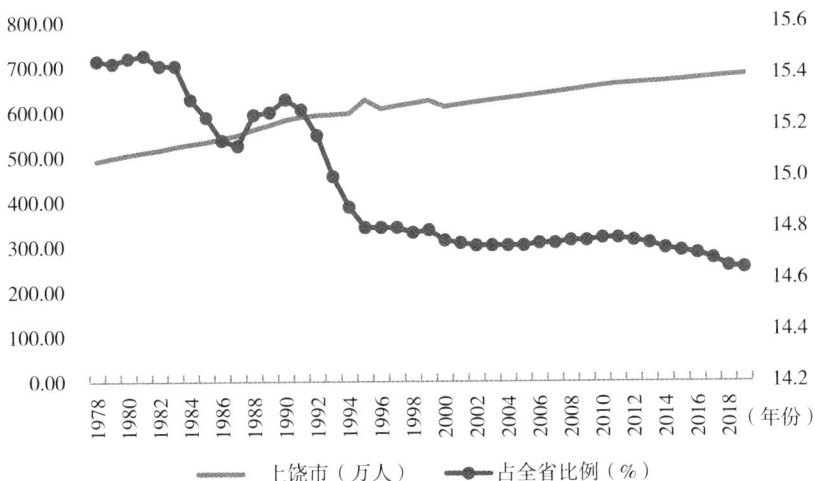

图 7-1　1978—2018 年上饶市人口规模及占全省比例趋势图

从常住人口增速看，虽然经历过 1998 年、1996 年、2000 年等经过人口普查和行政结构变动调整的人口非正常波动，但剔除非正常的因素可以看出，常住人口增长速度发展的趋势整体上是平缓下降的，由最开始的1.41% 逐步下降至 2017 年的 0.47%。人口增长的发展速度也经历过三个阶段：第一个阶段是 1978 年至 2000 年，为常住人口增长速度平均大于 1% 的快速增长阶段；第二个阶段是 2001 年至 2011 年，该阶段同时也是沿海发达地区快速发展的黄金时期，周围省份对上饶常住人口有巨大的外部冲击，上饶成为外出人口较多的地级市，主要受此影响，常住人口的增长速度跌破了 1% 增速，保持在 0.724% 左右；第三个阶段是 2012 年至今，常住人口增长速度跌破了 0.5%，增长速度的均值在 0.398%。

二　人口结构演变

性别比例上，上饶市男女比例失衡较为严重。按户籍人口统计，2018

年，男性人口数为 415.67 万人，男女性别比高出全省平均水平；四十年来，上饶市性别比例整体上是向上的，男女比例失衡加剧，同时也高出全省平均水平；从图 7-2 也可以看出，性别比例变化主要分三个阶段：第一阶段是 1978 年至 1990 年，呈下降趋势，由 1.094 下降至 1.085；第二阶段是 1991 年至 2006 年，是快速反弹阶段，由 1.085 上升至 1.116；第三阶段是 2007 年至今，步入高比例平稳阶段，性别比一直保持在 1.11 以上。

表 7-2   2018 年上饶市人口规模情况

县市	总户数（户）	总人口（人）	按性别分			按城乡分		
			男（人）	女（人）	性别比（%）	城镇人口（人）	乡村人口（人）	城镇化率（%）
全市	2259914	7890839	4156708	3734131	111.32	3144153	4746686	39.85
信州区	132128	439292	219550	219742	99.91	314262	125030	71.54
广丰区	250721	981219	514735	466484	110.34	557310	423909	56.8
上饶县	217919	857156	448466	408690	109.73	347424	509732	40.53
玉山县	186015	647369	339953	307416	110.58	204629	442740	31.61
铅山县	134010	481299	253801	227498	111.56	256851	224448	53.37
横峰县	66942	228972	121784	107188	113.62	98522	130450	43.03
弋阳县	120623	428484	229110	199374	114.91	165514	262970	38.63
余干县	329236	1090192	581393	508799	114.27	354949	735243	32.56
鄱阳县	454551	1583934	843586	740348	113.94	390029	1193905	24.62
万年县	127454	439131	232772	206359	112.8	135518	303613	30.86
婺源县	128250	376419	195011	181408	107.5	147197	229222	39.1
德兴市	112065	337372	176547	160825	109.78	171948	165424	50.97

数据来源：《上饶统计年鉴 2019》。

从年龄结构看，上饶市呈现少儿人口和老年人口比例偏大，劳动人口偏少、抚养负担重等特征。2018 年，上饶市 0—14 岁人口数为 145.95 万，占市总人口数比例 21.43%，高出全省平均水平 1.1 个百分点；15—64 岁人口数为 463.06 万，占市总人口数比例 67.99%，低于全省平均水平 1.14 个百分点；65 岁以上人口数为 72.06 万，占市总人口数比例 10.58%，高出全

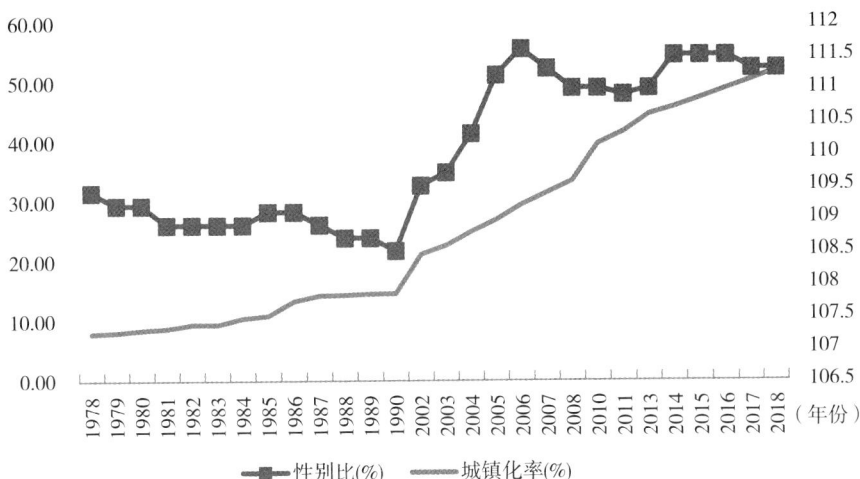

图 7-2 上饶市 1978—1990 年、2002—2018 年性别比，城镇化率走势图

数据来源：《上饶市统计年鉴》《新中国六十周年的江西》。

省平均水平 0.05 个百分点。从抚养比来看，少儿抚养比 31.52%，较全省平均水平高出 2.1 个百分点，即上饶市平均每一百个劳动人口负担的小孩数量比全省平均水平要多出 2.1 个百分点。上饶市人口排在全省第二但配套的教育资源在省内排名中后，是不对等的。随着社会发展，抚养小孩的成本会越来越高，可见上饶市居民抚养小孩负担过重，教育资源、医疗资源竞争更为激烈。老年抚养比为 15.56%，高出全省平均水平 0.33 个百分点，即上饶市平均每一百个劳动人口负担的老年的数量比全省平均水平要多出 0.33 个，对于上饶市而言，养老和老年护理医疗设施资源较全省更为紧张。

表 7-3   上饶市 2018 年人口年龄结构情况

地区	总人口（万人）	0—14 岁		15—64 岁		65 岁及以上		少儿抚养比 比重（%）	老年抚养比 比重（%）	总抚养比 比重（%）
		人口数（万人）	比重（%）	人口数（万人）	比重（%）	人口数（万人）	比重（%）			
全省	4647.57	945.32	20.34	3212.87	69.13	489.39	10.53	29.42	15.23	44.65
上饶市	681.07	145.95	21.43	463.06	67.99	72.06	10.58	31.52	15.56	47.08

数据来源：《2019 年江西省统计年鉴》。

三　人口流动情况

由于改革开放初期人口流动极少，所以该指标一直到 1995 年才开始有专项核算统计。根据统计表可以得出，上饶市在 2000 年之前都是迁入人口大于迁出人口，到了 2005 年后净迁入人口才出现负数，是劳动力输出较大的地级市，从迁出规模上看，2000 年至 2005 年，迁出人口规模接近 10 万人，达到一个高峰值区间。随着上饶市近几年承接沿海产业转移和抓住高铁经济的便利机会，虽然净迁入人口仍然为负数，但 2015—2018 年净迁出人口规模下降至 4 万—6 万人的规模。

表 7-4　　　　　　　　　　户籍人口数及变动情况

项目	1995 年	2000 年	2005 年	2010 年	2015 年	2016 年	2017 年	2018 年
年末总人数（人）	6021846	6427158	6759960	7403325	7744010	7818905	7829307	7890839
男	3136432	3355966	3559699	3894367	4083096	4122867	4124540	4156708
女	2885414	3071192	3200261	3508958	3660914	3696038	3704767	3734131
非农人口（人）	882698	1045406	1216571	1408330	1657964	2492760	—	—
性别比（%）	108.7	109.3	111.2	111	111.5	111.5	111.3	111.3
人口变动								
出生人口（人）	119858	98013	87431	90171	88997	91166	93962	48578
出生率（‰）	19.23	16.10	13.81	13.74	13.28	13.54	13.88	13.47
死亡率（‰）	7.20	6.31	5.87	6.03	6.27	6.23	6.15	6.11
自然增长率（‰）	12.03	9.79	7.94	7.71	7.01	7.31	7.73	6.11
迁入人口（人）	73377	109221	94068	71051	27426	41050	31039	29819
迁出人口（人）	63325	98442	98864	65116	41320	46970	49666	57999
净迁入人口（人）	10052	10779	-4796	5935	-13894	-5920	-18627	-28180

数据来源：《上饶市统计年鉴 2019》。

第二节　上饶市经济增长与产业集聚演变

改革开放以来，上饶经济发展无论是在总量还是在结构上都取得了巨大成就。2000 年后，上饶市工业园区建设推动城市工业化发展和产业集聚，为上饶经济保持高速增长提供了基础。

一　国民经济增长

（一）国民经济生产总值

2018 年上饶市国民生产总值 2212.8 亿元，较上年增长 9.0%，增速高出全省平均水平的 0.3 个百分点，占全省总量的 10.1%，较上一年增加 0.23 个百分点；在其他上饶市社会发展指标当中，社会消费品零售总额 826 亿元，占全省 10.9%，财政收入为 351.6 亿元，占全省 9.3%，远低于人口规模占比，说明上饶市经济发展规模和增速在省内排名中等偏下，医生数量和医院病床数占全省比例为 11.6%、14.2%，同样低于人口占全省 14.7% 的比值。

表 7-5　　　　　　　　　2018 年上饶市国民经济主要指标占全省比例

指标	单位	上饶市	江西省	占全省比重（%）
土地面积	平方公里	22737.0	166947.0	13.6
年末总人口（抽样调查人口）	万人	681.1	4647.6	14.7
职工年末人数	万人	36.2	400.3	9.0
生产总值	亿元	2212.8	21984.8	10.1
社会消费品零售总额	亿元	826.0	7566.4	10.9
实际利用外资	亿美元	12.4	125.7	9.9
财政总收入	亿元	351.6	3795.8	9.3
医生数量	万人	1.0	8.7	11.6
医院病床数	万张	3.5	25.0	14.2

数量来源：《上饶统计年鉴 2019》。

从内部结构看，上饶市 12 个县、区、市当中，经济总量最大的为广丰区（403.1 亿元），第二是信州区（277.1 亿元），第三是上饶县（237.2 亿元），第四为鄱阳县（220.37 亿元），其他县市区经济总量均在 200 亿元以下，其中横峰县仅为 74.31 亿元。

表 7-6　　　　　　**2018 年上饶市各县、市、区经济总量、结构情况**

	上饶市	信州区	广丰区	上饶县	玉山县	铅山县	横峰县	弋阳县	余干县	鄱阳县	万年县	婺源县	德兴市
地区生产总值（亿元）	2212.78	277.10	403.10	237.20	192.76	131.76	74.31	107.55	157.96	220.37	151.85	106.43	157.07
第二产业（亿元）	1018.79	62.74	203.35	178.41	100.49	60.16	44.11	42.71	60.13	95.67	86.99	33.97	62.57
第二产业比例（%）	46.04	22.64	50.45	75.21	52.13	45.66	59.36	39.71	38.06	43.41	57.29	31.91	39.84
第三产业（亿元）	940.89	206.80	176.75	39.50	75.07	55.16	24.77	44.72	55.57	66.49	48.79	62.90	76.59
第三产业比例（%）	42.52	74.63	43.85	16.65	38.94	41.86	33.33	41.58	35.18	30.17	32.13	59.10	48.76

数据来源：《上饶统计年鉴 2019》。

（二）经济增长历程

改革开放以来，上饶市经济经历了飞速发展，国民生产总值由 1978 年的 10.12 亿元增长至 2018 年的 2122 亿元。规模上，整体经历了四个阶段：第一阶段是 1978 年至 1991 年，总体规模处于 50 亿元以下，因为基数小，经济增长的速度属于最快阶段；第二阶段为 1992 年至 2000 年，经济总量处于 50 亿元以上至 200 亿元以下，但经济增长的速度是放缓的；第三阶段为 2001 年至 2010 年，经济总量处于 200 亿元至 1000 亿元，经济增长速度出现较快稳步增长；第四阶段是 2011 年至今，经济总量由突破 1000 亿元再迈入突破 2000 亿元阶段，但随着经济发展步入三期叠加的阵痛期，2012 年以后经济增长速度由前期的 17%，逐步步入 10% 行列。

横向上看，虽然近 40 年来，上饶市在经济社会发展事业上，取得了巨大的成就，但从全省平均水平来看，上饶市经济总量整体上略低于全省平均水平。1978 年，上饶市 GDP 占全省 GDP 的 11.6%，2019 年，该比例值下降至 10.2%，1998 年至 2016 年低于 10.0%。

（三）人均经济发展

1978 年至 1994 年，上饶市人均 GDP 基本与全省人均 GDP 持平，说明该阶段上饶经济发展与省平均水平同步，但 1995 年以后差距逐步扩大。2019 年，上饶市人均 GDP 为 3.68 万元，全省人均 GDP 为 5.32 万元，仅为全省平均水平的 69.17%。

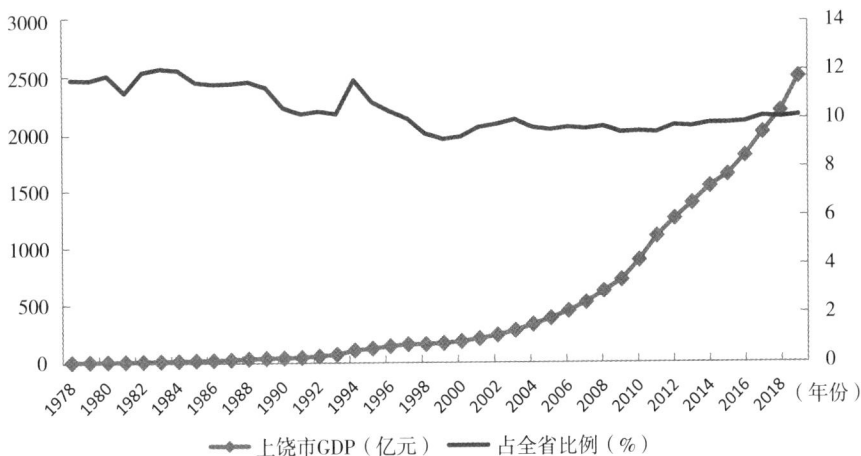

图 7-3 上饶市国民收入规模及占全省比例

数据来源：《江西统计年鉴 2020》。

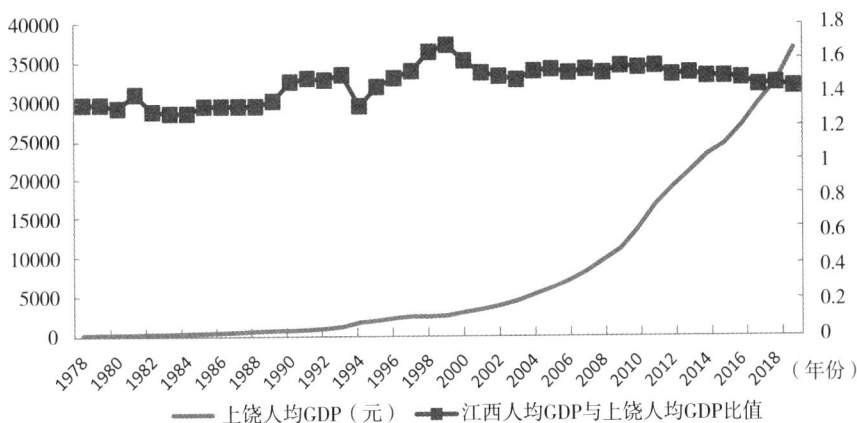

图 7-4 上饶市人均 GDP 及与江西省人均 GDP 比值

数据来源：《江西统计年鉴 2020》。

从江西省人均 GDP 与上饶市人均 GDP 的比值上分析，1978—1989 年，两者比值在 1.33 左右；1990—1997 年，比值扩大到 1.47；1998—2011 年，两者比值在 1.5 以上，均值为 1.55；2012 年以后差距有所下降，均值约为

1.495，2018 年下降至 1.44，呈现与全省平均水平差距缩小的趋势。

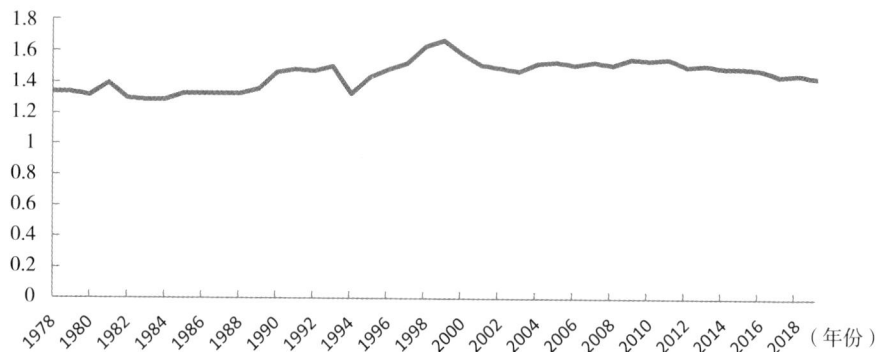

图 7-5　上饶市人均 GDP 与江西省人均 GDP 比值

数据来源：《江西统计年鉴 2020》。

二　产业结构

2018 年，上饶市第一产业占比 11.4%，高出全省平均水平 2.8 个百分点，为典型的农业市；第二产业占比 46.1%，低于全省平均水平 0.5 个百分点；第三产业占比 42.5%，低于全省平均水平 2.3 个百分点。社会从业人员中，第一产业占比 27.7%，第三产业占比 39.7%，都与全省平均水平接近，侧面反映了上饶市第一、第三产业的绩效不高，单个从业人员创造的增加值低于全省平均水平；财政收入占 GDP 比重为 15.9%，低于全省平均水平 1.4 个百分点。

表 7-7　　　　　上饶市 2018 年国民经济主要指标比例关系　　　　（单位：%）

类别		上饶市	江西省
生产总值中三次产业比例（当年价）	第一产业	11.4	8.6
	第二产业	46.1	46.6
	第三产业	42.5	44.8
社会从业人员中三大产业比例	第一产业	27.7	27.5
	第二产业	32.6	32.9
	第三产业	39.7	39.6

类别		上饶市	江西省
固定资产投资	第一产业	2.8	—
	第二产业	46.3	—
	第三产业	50.9	—
财政总收入占生产总值比重		15.9	17.3

数据来源：《江西省统计年鉴 2019》。

第二产业占比，上饶市由 1978 年的 31.12%，增长至 2019 年的 38.9%，提高了 7.78 个百分点，平均每年提高 0.19 个百分点；与此同时，江西省全省平均第二产业占比高于上饶市，但在 2012 年达到最高值后呈现下降的趋势，且上饶市的第二产业占比基本与江西省平均水平接近。

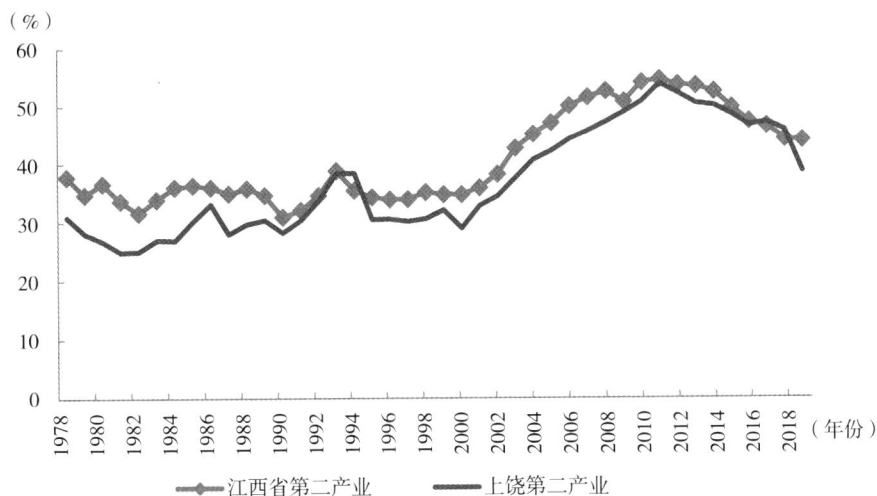

图 7-6　上饶第二产业与江西省第二产业占比比较

数据来源：《江西省统计年鉴 2019》。

第三产业占比，上饶市由 1978 年的 20.1% 增长至 2019 年的 50.2%，提高了 30.1 个百分点，平均每年提高 0.72 个百分点；与此同时，江西省全省平均第三产业占比高于上饶市，但 2019 年上饶市的第三产业占比略高于江西省平均水平，总体上在近五年内两者水平接近。

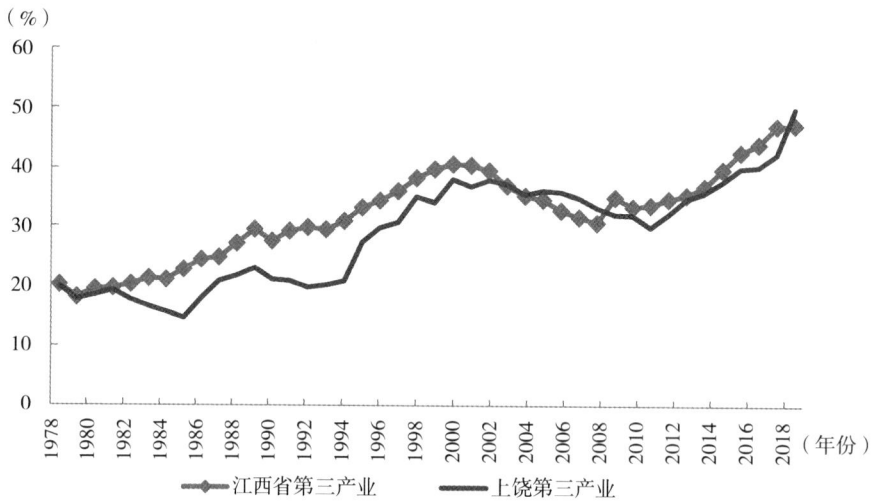

图 7-7 上饶第三产业与江西省第三产业占比比较

数据来源：《江西省统计年鉴 2019》。

三 产业集聚

（一）产业集群现状

产业结构持续优化。近年来，上饶市主动适应经济新常态，加大产业转型力度，新兴产业迅速崛起，工业集聚效应显著增强，上饶市产业集群加速崛起，全市 90% 以上的规模以上企业集聚园区，已形成有色、光伏、光学、轴承等 14 个重点发展的特色产业集群。市政府将光伏、光学、汽车"两光一车"产业作为主攻方向，加快推动工业经济转型升级。技术创新平台建设加快，智能制造业蓬勃发展。目前，上饶市共形成 9 个产业集群，分别为：上饶经开区光伏产业集群、横峰有色金属综合回收利用产业集群、广丰红木产业集群、上饶经开区光学产业集群、鄱阳五金机电产业集群、玉山经开区通用设备制造产业集群、万年高新区机械电子产业集群、上饶经开区汽车产业集群、德兴高新区黄金产业集群。从经营情况看，上饶 9 个产业集群的相关从业人员近 8.2 万人，占全省产业集群从业人员总数的 5.30%；企业个数 1001 家，占全省 6.3%；投产企业数 966 家，占全省 6.60%；主营业务收入 1092.8 亿元，占全省 7.0%；利税为 101.3 亿元，占全省 7.1%。

表 7-8　　　　　　　　　2018 年上饶市产业集群总体情况

产业集群名称	从业人员（人）	企业个数（个）	投产企业数（个）	主营业务收入（亿）	利税（亿元）
江西全省产业集群	1547602	15986	14639	15655	1426.2
上饶经开区光伏产业集群	12987	20	20	360	21
横峰有色金属综合回收利用产业集群	6750	34	28	181	22.4
鄱阳五金机电产业集群	8900	98	98	146	14.9
玉山经开区通用设备制造产业集群	7442	71	71	74.7	14.9
上饶经开区汽车产业集群	5942	57	57	70	4.7
广丰红木产业集群	7690	380	360	63.2	6.2
上饶经开区光学产业集群	22200	252	243	56.5	5.1
万年高新区机械电子产业集群	4420	58	58	37.6	4.1
德兴高新区黄金产业集群	5627	31	31	103.8	8.6
总计	81958	1001	966	1092.8	101.3
占全省比例（%）	5.3	6.3	6.6	7.0	7.1

数据来源：《上饶市统计年鉴 2019》。

上饶经开区光伏产业集群从 2006 年开始起步，经过多年快速集聚发展，从无到有，从小到大，区内光伏企业 2018 年为 20 家，其中规模以上 12 家，获评国家新型工业化示范基地（光伏），主营业务收入同比增长 14%，连续三年增幅超过 10%，初步构成了相对完整的产业链条，形成了以晶科能源为龙头，涵盖"硅料加工—硅片—电池片—组件—应用"的晶体硅垂直产业体系，其中，产业龙头企业晶科能源有限公司是在美国纽约交易所上市的光伏企业，现已跻身全球最大的光伏组制造商和"中国企业 500 强"，2018 年组件总出货量排名全球第一。上饶光学产业集群开始于 20 世纪 60 年代，凤凰照相机在八九十年代是全国著名的"两只鸟"之一，近年来上饶经开区光学产业集群坚持以国家光学高新技术产业化基地为依托，以凤凰光学为龙头，涉及光学零部件加工、模具制造、精密金属等行业，产品有光学镜片、镜头、显微镜、望远镜以及测量仪、指纹识别系统部件、医用光学仪器、安防仪器部件等多个领域。现有企业 252 家，投产 243 家，年加工镜片超过 12 亿片，占全国产量的65%以上，占全球产量50%，2018年完成主营业务收入56.5亿元。上饶经开区汽车产业集群兴起于2015年，发展迅猛，2018年实现主营业务收入70亿元，同比增长10%，初步形成了"新能源汽车与传统汽车齐头并进，乘用车与专用车交相辉映，整车与零部件企业互动发展"的良好格局。产业集群包括汉腾汽车、上饶客车、中汽瑞华、爱驰汽车、长安跨越、吉利商用车六家汽车企业，产品结构以新能源汽车为主。广丰红木产业集群兴起于2012年，依托广丰红木产业的传统优势、人才优势及技术优势，该产业集群不断发展壮大，于2014年3月被确定为省级重点产业集群。规划面积2000多亩，计划投资50多亿元，"一城一基地"布局基本成型，广丰木雕城和红木家具生产地已建成，项目用地8000亩，建筑面积40万平方米，入驻360家红木家具厂，从业人员7600多人。目前红木家具产业集群已经形成了会展服务，"财园信贷通"贷融资平台、电子商务平台、旅游休闲信息服务平台等公共服务平台，产品以红木家具、木雕根雕工艺品及橱柜为主，相应的板材加工、开料打磨、五金配件、物流配套等系列产品产业链正在逐步完善。横峰有色金属综合回收利用产业集群以铜冶炼和精深加工为主、其他有色金属产业加工为辅，产业规模居于全省前列。产业集群以和丰、中旺、南方等铜冶炼为龙头，集聚百川电导体、耀泰、虹联、人民线缆等一批精深加工配套企业，产业集群现有产品检测中心及研究中心3个。玉山经开区通用设备制造产业集群，是2017年10月经江西省工信厅认定的省级重点工业产业集群，2018年，实现主营业务收入74.7亿元，同比增长27.7%；工业增加值17亿元，同比增长25.1%；实现税收0.8亿元，同比增长16.7%；实现利润14.3亿元，同比增长16.4%。万年高新区机械电子产业集群于2017年10月获批省级重点工业产业集群，共有企业70家，投产企业58家，在建12家，核心龙头企业带动强，专业协作配套效应明显，初步形成了集电容电器、LED节能照明、半导体芯片、蓄电池生产、精密铸件、汽车配件等机械电子产业链条，具有鲜明的万年区域特色。集群有佳维诚电子信息产业市场服务平台和慧谷创业孵化中心、生产力促进中心等服务机构，2018年，实现主营业务收入37.6亿元，同比增长12.5%，占园区经济比重21%；工业增加值14.5亿元，同比增长13.6%；上缴税金2.6亿元，同比增长8.3%，占园区税金比重20.8%；利润总额4.1亿元，同比增长8.8%；就业人数4000多人，同比增长5.2%，占园区从业人员28%。德兴高新区黄金产业集群于2018年认定，被列为江西省重点工业产业集群,有黄金企业31家,其中规模以上企业23家,院士工作站1个,省级工程技术中心2个,主持或参与制定的国家、行业标准4个,国家发明专利14个,2018年实现主营业务收入103.8亿元,增长18.8%;利税8.6亿元,增长17.5%。鄱阳五金机电产业集群位于鄱阳工业园区,已经形成五金机电、粮食食品深加工、纺织制衣制鞋三大产业集群,以五金机电集群为龙头,2018年实现主营业务收入146亿元,同比增长12.3%,园区从业人员达8900人,同比增长17%。

（二）产业单位法人结构

从法人单位数上看,上饶市服务业、建筑业的法人单位数超出全省平均水平。2019年末,上饶市的法人单位数为4646家,占全省法人单位总数的12.46%,从行业结构上看,工业法人单位数占比34.80%,与全省平均水平基本持平。服务业法人单位数占比为12.98%,高出全省平均水平0.6个百分点,较2018年提高3.26个百分点;批发和零售业法人单位数占比13.58%,低于全省平均水平0.28个百分点。

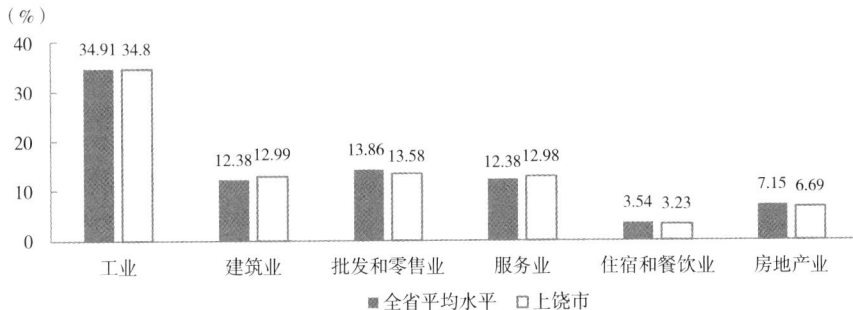

图7-8　2019年上饶市法人单位数（按行业）

数据来源:《江西统计年鉴2020》。

（三）主导产业发展情况

1. 主导产业发展现状

近些年,上饶市已经形成了以金属新材料、新能源、机电光学、新型建材产业为主导的四大产业集聚。据统计,2018年,上饶市四大产业规模以上企业实现主营业务收入1942.6亿元,同比增长20.9%,占全市规模以上工业总量的比重为69.9%。其中,金属新材料、新能源、机电光学、新型建材产业实现主营业务收入分别为844.8亿元、481.4亿元、387.7亿元、

228.7亿元，占全市规模以上工业的比重分别为30.4%、17.3%、14.0%、8.2%。"两光一车"产业继续保持稳定增长，共实现主营业务收入586亿元，同比增长17.9%，占上饶市规模以上工业的比重达21.1%。其中，光伏产业增长20.4%，光学产业增长17.2%，汽车产业增长6.9%。

2. 主导产业发展历程

改革开放前，上饶市工业处于半封闭状态，多以手工业和初级加工业为主，工业化水平极低，工业产品主要以日常用品为主，极为简单且产量低下。受当时的工业水平和社会需求影响，上饶市工业结构偏向轻工业，1979年轻重工业结构比为81.4%：18.6%，1984年轻重工业结构比为63.1%：36.9%，1995年调整为56.09%：43.91%。经过40年的培育、发展，上饶市工业的发展逐步由封闭、低产、高耗能转向开放式、集约化、高质量的方向。通过资源整合、管理创新和产品结构调整，特别是近几年通过加快推进供给侧结构性改革，一手抓淘汰落后，积极化解产能过剩矛盾，化学原料及化学制品制造业、非金属矿物制品业等高耗能行业进行进一步淘汰和控管，一些高污染、高能耗、低产出的企业被严控；一手抓转型升级，改善品质，科技含量高、附加值大的工业行业和产品逐渐成为主角，工业发展取得了良好成效。结合本地丰厚的有色产业资源逐步形成了有色金属采选、电气机械、纺织、化工等支柱产业；其中，支柱产业增值占规模以上企业增加值的比例远超50%。2013年，有色金属、新能源、机电光学、新型建材四大产业占比达72.95%。

表7-9　　　　　　　　　　近年上饶市支柱产业发展情况

年份	支柱产业	占规模以上企业比重（%）
2018	有色金属、电气机械、非金属矿和化工	54.00
2017	有色金属矿采选业、非金属矿采选业、非金属矿物制品业、电气机械和器材制造业、纺织业、有色金属冶炼和压延加工业	67.80
2016	有色金属冶炼和压延加工业、电气机械和器材制造业、化学原料和化学制品制造业、非金属矿物制品业、纺织服装服饰业	57.60
2014	有色金属、新能源、机电光学、新型建材	70.15
2013	有色金属、新能源、机电光学、新型建材	72.95

数据来源：上饶市统计公报（2013—2018）。

2018 年，上饶市六大高耗能行业主营业务收入占规模以上工业的比重下降到 40% 以下，且呈现连续多年下降的态势，单位工业增加值能耗同比下降 4.92%，达到并超过全年约束性目标。工业研究与开发支出达到 8.1 亿元，占全部研发支出的 86.7%。"两光一车"产业增加值增速达到了 20.4%，远高于规模以上工业平均水平，主营业务收入达到 586.0 亿元，在规模以上工业的占比中达到了 21.1%，利润总额同比增长 65.0%。晶科能源、凤凰光学、汉腾汽车等一批真正拥有自主品牌和高新技术的工业企业开始崛起，拉动了产业整体素质提升。工业内部已经由 20 世纪的以资源开发利用型为主导型结构转向以汽车工业、光伏光学、新型建材等科技含量更高的重化工业为主导型结构，提升了上饶市的产业结构高度，并为下一阶段的产业结构转型升级奠定了坚实的基础。上饶市正在朝着世界光伏城、中国光学城和江西汽车城的发展定位努力阔步前进。

（四）产业布局

随着改革开放的深入推进，经济发展经历了由轻工业转向重工业发展、由资源密集型向高新技术型产业发展、由重污染向节能环保产业发展等，上饶市产业布局相应发生了较大的变化，主要体现在规模以上工业企业数量结构的变化和增加值的变化。

改革开放初期，规模以上工业企业数量在上饶市分布比较均衡，县域之间差异不大，平均每个县域有 144 家企业，除横峰县、婺源县企业数低于 100 家外，其他县级区域企业数量均在 120 家以上。波阳县（后改鄱阳县，283 家）、余干县（177 家）、广丰县（后改成广丰区，170 家）三县合计占上饶全市规模以上工业企业数量的 36.48%。在企业增加值上，只有信州区突破 1 亿元，其次为鄱阳县（0.54 亿元）、德兴市（0.52 亿元），前三县域增加值合计占上饶全市增加值的 44.80%。2002 年，规模以上工业企业主要集中在信州区、广丰区、余干县，分别为 30 家、33 家、29 家，占全市规模以上企业数量的 34.57%；增加值排在前三位的玉山县、信州区、广丰区占全市增加值的 57.38%，增加值较改革初期有明显的提升，产业聚集特征明显。2010 年，上饶县、广丰区、玉山县规模以上企业数量排在前三名，分别为 129 家、86 家、80 家，占全市规模以上企业数量的 39.92%，较 2002 年提高了 5.35 个百分点；广丰区、上饶县、横峰县规模以上企业增加值排名位列前三，分别为 223.45 亿元、199.39 亿元、132.37 亿元，占全市规模以上企业增加值的 49.24%。截至 2017 年，上饶市规模以上企业数量为 1409 家，较 2010 年增长 201.62%；广丰区、玉山县、信州区规模以上企业数量分别为 195 家、195 家、156 家，占全市规模以上企业数量的 38.75%。按县域划分，信州区、上饶县、广丰区规模以上企业增加值分别为 899.63 亿元、809.62 亿元、492.69 亿元，占全市规模以上企业增加值的 56.87%，较 2010 年提高了 7.63 个百分点，由此可见产业主要集聚在信州区、上饶县、广丰区三县域。

表 7-10　　　　　历年上饶市各县、区、市规模以上工业企业情况

	1983 年		2002 年		2010 年		2017 年	
	规模以上企业数（家）	增加值（亿元）	规模以上企业数（家）	增加值（亿元）	规模以上企业数（家）	增加值（亿元）	规模以上企业数（家）	增加值（亿元）
信州区	120	1.16	30	103.36	70	57.90	156	899.63
广丰区	170	0.29	33	62.72	86	223.45	195	492.69
上饶县	148	0.30	25	35.59	129	199.39	151	809.62
玉山县	147	0.43	27	183.32	80	100.47	195	372.57
铅山县	165	0.24	22	29.30	36	68.16	61	81.34
横峰县	65	0.12	18	21.07	40	132.37	44	188.33
弋阳县	141	0.47	16	8.08	59	71.91	102	106.61
余干县	177	0.32	29	50.84	29	69.09	96	171.82
鄱阳县	283	0.54	15	24.49	46	43.11	123	283.67
万年县	153	0.25	23	26.02	66	82.29	114	263.02
婺源县	54	0.31	15	50.01	34	25.60	48	33.98
德兴市	104	0.52	16	16.14	64	53.92	124	168.43

数据来源：江西统计年鉴、上饶统计年鉴。

四　工业园区

（一）工业园区规模

2018 年全市工业园区实际开发面积 95.8 平方公里，投产企业 1416 家，从业人员 19 万人。全年工业园区实现主营业务收入 2631.7 亿元，超百亿元的工业园区 9 个，其中上饶经济技术开发区达 746.7 亿元，居全市首位；全

年工业园区实现利润总额 169.3 亿元。工业园区日益成为全市工业的主平台、财政收入的重要来源、安置就业的重要渠道和社会稳定的"减压阀"。

表 7-11　　　　　　　　　　　上饶市历年工业园区基本情况

年份	园区面积 （平方公里）	资产总计 （万元）	主营业务收入 （万元）	利润总额 （万元）	从业人员 （人）
2007	8.41	564977.70	737198.50	35200.58	20957.00
2008	9.32	684973.80	1051145.00	38277.50	22151.17
2009	9.79	775179.10	1283613.00	57575.17	22934.33
2010	10.59	1177958.00	1893744.00	128095.50	28263.50
2011	11.70	1257955.00	2453073.00	160462.30	29517.83
2013	14.65	1589129.00	3754818.00	308745.30	30907.17
2014	15.21	1894470.00	4151662.00	377826.80	34290.33
2015	15.90	2377027.00	4582745.00	404027.70	36616.50
2016	16.02	2808536.00	5167778.00	440324.80	37956.50
2017	16.39	3059456.00	5416447.00	403094.80	38990.33
总均值	12.80	1618966.16	3049222.35	235363.05	30258.42

数据来源：历年江西统计年鉴。

（二）工业园区发展历程

园区产业集群优势不断提升。从 1992 年上饶市相继成立了大茅山经济技术开发区、芦林工业园区后，截至 2018 年，全市共有 11 个园区，其中上饶经济技术开发区为国家级经济技术开发区，其余 10 个园区均为省级工业园区。上饶市形成了 1 个国家级开发区和 11 个省级开发区的"1+11"态势，经济总量实现跨越式发展，成为工业经济发展高地，主导了全市工业发展。

五　企业规模情况

近几十年随着经济总量的增长，上饶市规模以上企业无论是在数量上还是在规模上都保持较快的增长速度，尤其是单个企业规模产值的增加，远大于数量的增加。从数量上看，2017 年上饶规模以上企业 1303 家，其中在 2016 年，规模以上企业初次突破 1000 家；总规模上，工业总产值 3083.6

亿元；总资产上，2017 年规模以上企业资产总计约 1760 亿元；单个企业规模上，2017 年单个企业产值约为 2.37 亿元/家，单个企业资产规模约为1.35 亿元/家，较 2002 年分别增加 9.42 倍、2.56 倍。

表 7-12　　　　　　　　历年上饶市工业规上企业规模变化情况

年份	企业数（家）	工业总产值（万元）	资产总计（万元）	单个企业产值（万/家）	单个企业资产（万/家）
2017	1303	30836025	17601024	23665	13508
2016	1162	32001602	18659177	27540	16058
2015	971	28554978	14839759	29408	15283
2014	827	26117446	11975311	31581	14480
2013	727	22053974	10149983	30336	13961
2011	525	14470356	7338450	27563	13978
2010	750	11759109	7092437	15679	9457
2009	744	8059697	5485419	10833	7373
2008	644	6037992	3524406	9376	5473
2007	621	4395359	2949127	7078	4749
2006	579	2640220	2106077	4560	3637
2005	489	1716304	1784591	3510	3649
2004	347	1140048	1390323	3285	4007
2003	296	785782	1190280	2655	4021
2002	269	610944	1021330	2271	3797

数据来源：历年江西统计年鉴、上饶统计年鉴。

第三节　上饶市新型城镇化推进趋势

上饶市是江西省人口第二大市，经过多年的发展，城镇规模不断扩大、城镇居民质量持续提高，城镇化水平取得了有目共睹的良好提升，同时城镇化的推进也间接为承接沿海产业转移提供了条件。

一　上饶市城镇化演变趋势
（一）城镇化现状
随着经济社会的不断发展进步，上饶市城镇化水平不断提高，城镇数

量逐步增加，2016 年，全市共有 23 个街道、101 个镇，2017 年又分别新增
1 个街道和 1 个镇。2013—2018 年，上饶市城镇化率以平均每年提高 1.46
个百分点的速度快速发展，到 2017 年突破 50% 大关，达到 50.42%，2018
年达到 51.97%，与全省的差距逐年缩小，区、市城镇化水平突出。上饶市
城镇化总体而言已取得了较大成就，但各县（市、区）城镇化水平参差不
齐。就趋向性而言，集政治、经济、文化中心为一体的信州区，其经济发
达、就业岗位多、基础设施完善，拥有得天独厚的优势，对农村人口具有
较强的吸引力，城镇化率为全市最高，达到 71.54%；德兴市作为上饶市唯
一的县级市，其工业化和城镇化起点较高，长期处于较高发展水平，2018
年城镇化率为 50.97%，紧随信州区其后；广丰区作为全国百强县（区）之
一，经济发展和城镇化水平位列全市前列，2018 年城镇化率为 56.80%，位
居全市第三。

表 7-13　　　　　　　　　　上饶市 2018 年人口规模情况

县市	总户数（户）	总人口（人）	按性别分		城镇人口（人）	城镇化率（%）
			男（人）	女（人）		
信州区	132128	439292	219550	219742	314262	71.54
广丰区	250721	981219	514735	466484	557310	56.80
上饶县	217919	857156	448466	408690	347424	40.53
玉山县	186015	647369	339953	307416	204629	31.61
铅山县	134010	481299	253801	227498	256851	53.37
横峰县	66942	228972	121784	107188	98522	43.03
弋阳县	120623	428484	229110	199374	165514	38.63
余干县	329236	1090192	581393	508799	354949	32.56
鄱阳县	454551	1583934	843586	740348	390029	24.62
万年县	127454	439131	232772	206359	135518	30.86
婺源县	128250	376419	195011	181408	147197	39.10
德兴市	112065	337372	176547	160825	171948	50.97

数据来源：《上饶统计年鉴 2019》。

（二）城乡人口结构演变

从城乡结构看，上饶市城镇率快速发展，增速高出全省平均水平。从

城镇与农村人口上看，2019 年城镇人口 365.4 万人，占总人口的比重为53.48%，比上年末提高 1.5 个百分点，较全省平均水平低 4 个百分点。

直到 2002 年，《江西省统计年鉴》才开始公布城镇化率这一指标，对于 2002 年之前，本研究结合《新中国六十年的江西》对关键年份进行替代估算，得出图 7-9 中的走势，虽然并非完全准确但应该具有高度的代表性。从图中可以看出，城镇化率总体上是快速向上的走势，由 1978 年 7.97% 的占比，提升至 2019 年的 53.48%，增加了 45.51 个百分点，平均每年增加1.08 个百分点；其中城镇化进程主要经历两个阶段：第一个阶段是 1978 年至 1990 年，低速缓慢增长时期，非农业人口比例基本在 10% 以下；第二个阶段是 1990 年到现在，出现"井喷式"增长，2002 年城镇化率增长至21.2%，2007 年城镇化率为 31.5%，首次突破 30%，2011 年为 41.74%，首次突破 40%，2017 年为 50.42%，首次突破 50%，迈上新台阶。

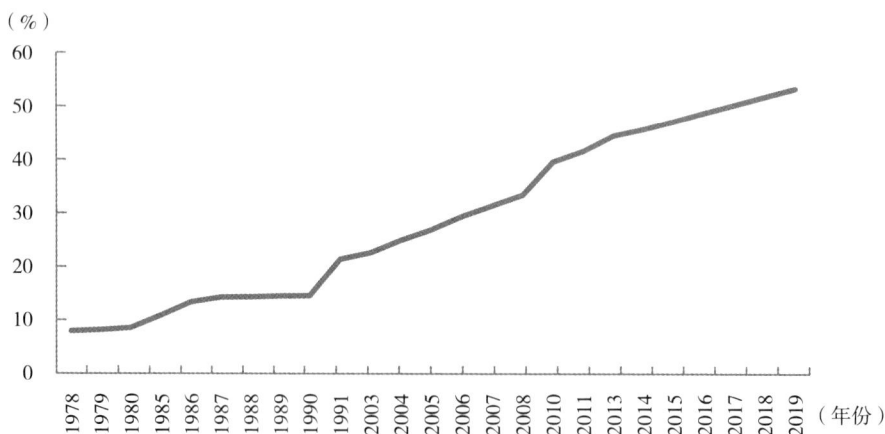

图 7-9　1978—2019 年上饶市城镇化率变化情况

数据来源：《江西统计年鉴 2020》《上饶市 2019 年国民经济和社会发展统计公报》。

二　新型城镇化措施

（一）土地要素

1. 节约集约用地制度进一步健全

节约集约用地机制建设方面，市委、市政府先后印发了《关于贯彻〈江西省人民政府关于进一步提高城乡建设用地利用率和供应率的通知〉的意见》《关于印发进一步加强国土资源管理工作实施意见的通知》等多个文件，对节约集约用地提出了明确的目标要求。同时，建立健全供地台账制度、建设用地全程跟踪制度、建设项目开工放线制度、建设项目竣工验收制度、现场公示制度等多项制度，强化用地事前、事中、事后监管。

2. 批而未用土地消化专项行动成效方面

上饶市国土部门持续开展批而未用土地专项清理行动，采取市政府牵头督查、致函地方党委政府、定期通报和考核倒逼等多种方式，确保专项行动取得实效。将批而未用率纳入各县（市、区）政府的国土资源执法监察目标综合考评，对违法用地总面积超过 100 亩或违法占用耕地面积超过 20 亩、土地批而未用率大于 35% 的县（市、区）在考核中予以扣分。

3. 征地制度改革稳步推进

在征地管理机制建设方面，上饶市先后出台了《关于印发上饶市被征地农民基本养老保险实施办法的通知》《关于进一步规范征地管理工作的意见》等政策文件，从制度层面切实规范征地管理工作，维护被征地农民利益。在规范征地补偿和征地程序方面，上饶市严格执行《江西省人民政府关于调整全省征地统一年产值标准和区片综合地价的通知》（赣府字〔2015〕81 号）规定的补偿标准，确保土地补偿费和安置补助费及时足额发放到被征地农民个人账户，严禁截留、挪用。严格实行拟征地情况、征地方案、征地补偿安置公告，征地补偿登记；严格执行征收补偿安置听证程序，充分尊重被征收群众的知情权、参与权、监督权和申诉权，做到阳光操作。

（二）资金要素

政府投融资能力进一步增强，上饶市初步建立了以政府债券为主的地方政府举债融资机制，探索实施政府性债务风险预警机制、偿债准备金制度和问责追究制度。上饶市强力推进投融资平台改革，以上投集团为龙头，包括市交通投资集团、绿色产业投资集团和上饶供销集团等七家公司的国有投融资公司体系基本形成，为上饶市投资兴业奠定了坚实资本基础。金融机构支持力度进一步提升。上饶市大力支持各类金融机构在饶分支设点，打造区域金融商务中心，完善支持实体经济的金融市场体系，为基础设施、公共服务和保障性安居工程等提供政策性金融服务。目前，上饶市已组建上饶和婺源县农商银行，中国邮政储蓄银行三农金融事业部江西省分部也已成立；社会资本引入机制进一步成熟，上饶市不断深化投融资改革，大力推进采用 PPP 等方式吸引社会资本参与基础设施投资和运营。研究设立政府与社会资本合作（PPP）等投融资引导基金，吸引社会资本进入重大基础设施、社会事业等领域。社会融资总量持续提升。

（三）户籍制度改革稳步推进

上饶市政府出台了《上饶市人民政府关于进一步推进户籍制度改革的实施意见》，对原有户籍管理制度中操作性不强的政策条款进行有针对性的完善，在全市范围内以有固定住所（含租住房和保障性住房）和合法职业为基本条件，实行"两放宽、两实行"的户口迁移政策。建立城乡统一的户口登记制度，按照"户籍先行，配套跟上"的思路，将"农业人口"和"非农业人口"统一登记为上饶市居民户口，全面实施居住证制度，进一步简化户口迁移办理程序，实施新生儿落户新政，突出人才引进，实现外来人口市民化。

（四）社会公共服务逐步完善

1. 农民工随迁子女平等接受教育水平不断提升

上饶市政府高度重视农民工随迁子女教育问题，努力保障农民工随迁子女平等接受义务教育的权利，坚持"以流入地政府为主、以公办学校为主"的原则，将农民工随迁子女纳入城区公办义务教育学校招生范围，并在财政保障、中高考管理等方面与城区学生同等对待。

2. 中心城区基础教育资源进一步扩充优化

近年来，上饶市及下属县区政府不断加大经费投入，科学制定城区义务教育学校布局规划，加快建设城区公办学校，2018 年新建了一中新校区、信美学校、新三中等十所公办学校。2019 年"功能与品质提升三年行动计划"实施各种学校类项目 32 个，投资额为 135.215 亿元。通过加大教育基础设施建设，改善城区学校办学条件，积极扩充城区学校容量。

3. 公共创业就业指导服务体系不断健全

围绕农民工就业难、创业艰等问题，上饶市加大了对农民工就业创业的扶持力度，围绕"旅游强市"重大战略决策，加强旅游行业"农家乐"从业人员培训，同时充分发挥党员的带头作用，做好农村党员创业培训。就业服务平台不断夯实，先后建立了上饶经济技术开发区"两光一机电"、余干县职业技术教育等 6 个公共实训基地。

4. 社会保障覆盖面不断扩大

上饶市将农民工纳入了城镇企业职工基本养老保险参保范围，农业转移人口参加社会保险渠道基本畅通。制定出台《上饶市被征地农民基本养老保险实施办法》，有效解决了被征地农民因失去土地"老无所养"的问题。完成了城乡居民基本医疗保险制度整合改革，建立了居民大病保险制度，创新开展"大病关爱"行动。严格按照《社会保险法》的有关规定，凡是农民工与园区或其他企业建立了劳动关系，都要求企业为其参加养老保险和工伤保险。并建立健全监督机制，有效杜绝了拒保和漏保行为的发生。

5. 住房保障工作取得新进展

上饶市保障性住房建设进度加快，上饶市筹措资金用于建设廉租房、公租房等保障性住房，一批低收入群众圆了住房梦。大力推进棚户区及农村危房改造工作。保障性安居工程开工率、建成率均达到100%。保障性房源渠道进一步拓宽。

三　城市基础设施建设

上饶市为加快构建以航空、铁路、高速公路为骨架的一体化对外交通网络，统筹推进了一系列重大交通项目。三清山机场建成，开通了至北京、青岛、深圳等地的重要航线；杭南长高铁正式运行，合福高铁铺轨贯通，九景衢铁路上饶段完成铺轨；上万高速公路项目建成通车，推进了上浦、上饶南环等高速公路建设；万年港综合码头建成运营；海陆空联动的国际交通网络已初步成型，上饶市与高铁沿线地区的联系进一步强化；强化了城镇综合交通支撑，320国道上饶城区段改建完成通车，320国道各县域段升级改造已确定实施方案，推进了上广和上铅快速通道建设，建成了"两环十射线"国省道干线网络，改善了信江河谷板块交通条件，同时为上饶中心城区与周边县（市）实现一小时交通圈、县（市）域范围内城区半小时通勤圈打下了基础。鄱阳至余干快速公路、G351鄱阳段升级改造、S208谢岗线余干县鸬鹚港至九龙段改建项目等工程按计划推进，进一步强化了鄱阳湖区板块的交通联系。全力推进了农村公路安保和危病桥改造等工程，加大了农村公路管理养护投入，改善了农村交通通达水平，为推动城乡公交一体化提供了发展条件。

第四节 上饶市与沿海城市的发展联动关系

上饶市充分利用四省交界的区位特征，劳动力基本上向沿海浙江、福建等省输出，但随着沿海省份产业开始向内陆省份转移，上饶与沿海城市经济联动关系更为紧密，尤其是在"十三五"时期，无论是项目数量上还是资金规模上，都有了质的飞跃。

一 上饶市与沿海城市间联动合作机制

上饶市是江西离出海口最近的城市，是长三角、海西经济区和珠三角的共同腹地，上饶市市委、市政府出台了《关于全面扩大开放加快开放型经济发展升级的实施意见》，提出了坚定不移实施大开放主战略和进一步扩大开放合作的总要求。上饶以向东、向南开放为重点，推动全方位对外开放，与62个国家和地区开展经贸文化交流合作，与5个国家的6个地方政府建立了国际友城关系，先后争取了107个省政府和国家部委支持发展项目。在全境纳入《长江中游城市群一体化发展规划》的基础上，上饶努力争取加入长三角城市经济协调会和参与长三角产业合作分工，积极参与区域协作活动，先后组织参加了闽浙赣皖九方经济区党政联席会议、福州经济区党政联席会议、福州经济协作区联络工作会议，与20多个省区市建立区域合作关系，构建了多层次、宽领域、全方位的对外开放格局。

（一）与浙江省合作

浙赣两省山水相连、文化相近、人缘相通、交往密切。目前，在上饶投资创业的浙商有10余万人，浙商企业7000余家。浙江企业是上饶地区吸引省外投资的重点对象。近十年来浙商在上饶累计投资3400亿元，占全市省外总投资额65%以上。加快建设浙赣边际合作（衢饶）示范区，打造两省边际经济发展的新增长极。浙赣两省高层已经达成共识，两省发改委出台了《关于联合印发赣边际合作"衢饶"示范区建设方案的通知》，按照三年打基础、五年见成效的要求，加快建设浙赣边际合作（衢饶）示范区，打造两省边际经济发展的新增长极。浙赣边际合作（衢饶）示范区选址江山市大桥镇、常山县白石镇、玉山县岩瑞镇，规划开发面积约20平方公里。示范区实施统一规划、统一布局、统一招商、统一管理。示范先行启动区块建设面积约 4 平方公里，包括江山建设片区、常山建设片区、玉山建设片区，以及 1 个衢饶绿心片，两市三县的政府和发改委系统领导已多次会商解决相关合作事宜。

（二）与广东省合作

2019 年，江西将积极"南下""东进"，全面对接粤港澳大湾区、海南自贸区（自贸港）、海西经济区和长三角一体化发展。上饶市高度重视该项创新工作。推进建设粤港澳大湾区，有利于深化内地和港澳交流合作，对港澳参与国家发展战略、提升竞争力、保持长期繁荣稳定具有重要意义。上饶市是省区域中心城市和赣浙闽皖四省交界高铁枢纽城市，积极对接粤港澳大湾区建设，有利于进一步提升上饶市开放合作水平，促进经济社会全面发展，加快建设大美上饶的步伐。为此，上饶市发改委主动对接、积极实施，拟定了《上饶市对接粤港澳大湾区建设工作方案》，提出了在国际科技创新中心建设、基础设施互联互通、现代产业体系构建、生态文明建设、优质生活圈建设、"一带一路"建设六大方面进行对接。

（三）与福建省合作

福建省是上饶市劳动力转移目的地排位第三的省份。近些年，从福建返乡创业的上饶籍人士日趋增加，两地经济发展日益紧密。为了进一步促进上饶和福建两地经济发展，两地共同开发了福建宁德港上饶码头建设项目。该项目建设地址位于福建省宁德市福安市湾坞镇白马作业区 8# 泊位。计划建设 5 万吨级通用泊位 1 个，设计吞吐能力达 200 万吨，码头岸线长 270 米，占地面积 176 亩，用海面积 150 亩。同时，为了配套建设，上饶正在研究建设上饶至福建宁德铁路，从现有的横福线上打开一个口子，延伸到宁德，大约 50 公里，项目建成后，可直接打通上饶货物最短的出海通道。项目前期手续基本完成，2018 年 9 月完成项目设计、施工及施工监理招标。该码头开通后，上饶的铁路物流将很快出海并融入"一带一路"周边沿线国家。

二 上饶市与沿海城市间经贸合作

（一）上饶招商引资情况

按照深度对接"长珠闽"、巩固港澳台、强攻欧美、拓展韩日澳的总体思路，全面推进产业链招商，促进产业规模化发展；加大战略性新兴产业、全球行业领先企业的招引力度，加大智力、人才和技术引进的工作力度，加快形成产业集聚、产业链延伸，全面推动招商引资迈上新台阶；支持利用外资改造提升传统产业，利用新技术、新工艺、新流程，推动传统产业转型升级；扩大服务业利用外资，提升服务业发展水平。在继续深耕传统利用外资渠道的同时，进一步拓展引进境外战略投资者、境外上市返程投资、并购重组等新渠道；支持外资参与混合所有制改革，提高外资溢出效益，拓宽利用外资渠道；鼓励民营企业与外资嫁接，设立合资合作企业。瞄准世界和国内 500 强企业、跨国公司、行业龙头企业、科技创新型企业，全面加强与跨国公司驻华机构、央企总部、知名中介机构和各国（地区）商会的联系、交流和对接；积极转变观念，实施"百强入饶""万商入饶"和"饶商回归"等招商引资工程，全力引进一批技术含量高、市场前景好、带动能力强的重大投资项目。着眼于招大商、招好商，坚持招商选资，创新招商引资的方式方法：一是突出链式招商，二是开展中介招商，三是推动合作招商，四是强化孵化器招商，五是优化订单式招商，六是探索 PPP 招商，七是推进稀缺资源招商，八是营造互联网招商，九是深化商会招商。力争每年引进 30 个以上内资 5 亿元或外资 1000 万美元以上项目。秉承亲商富商安商理念，为招商引资和项目建设营造更好的政务环境、产业环境、法制环境、人文环境、生态环境。深化外商投资管理体制改革，调整审批内容，简化审批手段，增强审批透明度。严格执行工作限时办结制，切实提高工作效率和服务水平。改进外商投资管理，加强事中事后监管，建立外商投资信息报告制度和外商投资信息公示平台，建立部门协同监管、社会公众参与的全程监管体系，提升监管的科学性、规范性和透明度。

（二）上饶市与沿海城市间经贸合作成果

2016 年新签约项目 310 个，签约金额 1531.6739 亿元。其中，浙江来源的项目 156 个，498.7339 亿元；广东来源的项目 42 个，287 亿元；上海来源的项目 41 个，243.75 亿元。2017 年签约项目 367 个，签约金额 2223.38 亿元。其中，浙江来源的项目 144 个，584.66 亿元；广东来源的项目 53 个，272.2 亿元；上海来源的项目 48 个，318.92 亿元。2018 年签约项目 301 个，签约金额 1721.3776 亿元。其中，浙江来源的项目 134 个，749.8491 亿元；广东来源的项目 47 个，212.6435 亿元；上海来源的项目 22 个，129.3 亿元。

2016 年，全市新引进省外资金项目 389 个，实际进资 576.68 亿元，完成年计划 101.17%，同比增长 13.25%，总量全省第四，增幅全省第二。2017 年，全市新引进省外资金项目 433 个，实际进资 657.25 亿元，完成年计划 101.90%，同比增长 13.97%，总量全省第四，增幅全省第二。2018 年，全市新引进省外资金项目 427 个，实际进资 729.92 亿元，完成年计划 100.96%，同比增长 11.06%，总量居全省第四位，增幅居全省第二位。2019 年预计进资 799.04 亿元，增长 8.1%。

三　上饶市与沿海城市间劳务与人口输出

在改革开放背景下，江西省成为名副其实的劳动力输出大省，尤其随着沿海城市的市场经济逐步增长，上饶与沿海经济发展联系更加紧密，无论是从劳动力流动情况还是从资金流动情况都可以看出上饶与沿海城市经济发展更加紧密的态势。上饶一直是江西省外出人口规模最大的地级市，同时也是外出人口占户籍人口总数比例最高的地级市。外出人口占总人口比例为 18.02%，高出全省平均水平 5.03 个百分点。近几十年来，外出人口规模增长速度远高于常住人口规模增长速度。从外出地域上看，外出人口分布最多的省份为浙江省，其次为广东省、福建省、上海市、江苏省，外出人口中的 70% 为初中及以下学历的农村劳动力输出。

第八章　江西不同发展程度县域城镇化比较研究[*]

城镇化过程中，随着农村人口向城镇转移，城镇的产业、就业结构都会发生一系列的变化。随着城镇化的深入推进，最显著的特征就是城镇数量大幅增多、城镇人口大幅增加；农村人口持续减少、农村从业人数不断下降。① 县域经济占江西省经济总量的 60% 左右，县域城镇化是江西城镇化的重要组成部分，通过对江西县域城镇化历程进行回顾、分析成效及存在的问题，并选取有代表性的县域进行案例分析，对于加快新型城镇化步伐，提高县域城镇化发展质量具有重要的现实意义。江西省地处长江中下游地区，属于中部地区，经济社会发展在全国处于中等水平。截至 2018 年底，江西省共有 11 个县级市、63 个县。尽管近年来江西省县域经济发展较快，发展潜力和空间较大，发展后劲足，但多数县域发展基础相对薄弱，经济发展和城镇化水平远低于周边沿海发达地区。本章主要以江西省 81 个县（县级市）② 为对象，重点分析江西县域新型城镇化的发展历程、主要路径、影响因素以及存在的问题，并在此基础上对加快推进县域城镇化高质量发展提出了一些思考建议。

＊　执笔人：卢小祁，江西社会科学院。
①　《江西城镇化发展历程、成效、问题及其对策》，《价格月刊》2013 年第 1 期。
②　2013 年国务院批准南康市设立南康区，2015 年撤销广丰县设立广丰区，撤销新建县设立新县建区；2016 年赣县改为赣县区；东乡县改为东乡区；2017 年撤销九江县设立柴桑区；2018 年余江撤县设区。本课题研究中的 81 个县区包括上述县（市）改区的 7 个区部分数据。

第一节　江西县域新型城镇化历程与特征

改革开放以来，江西县域城镇化经历了四个变迁历程，从起步阶段到稳步发展阶段，再到提速发展阶段，最后到如今的提质发展阶段。通过对不同阶段城镇化发展历程与特征进行总结，可以更好地了解改革开放以来江西省县域城镇化发展情况。

一　改革开放以来江西省县域城镇化的历史变迁

1. 城镇化的起步阶段（1978—1989 年）

改革开放初期，江西城镇建设开始进入发展阶段，农村改革开放取得突破。广昌、宜春、吉安等县陆续开始推行农业生产责任制，家庭联产承包责任制的实施，一定程度上调动了农民的生产积极性，使得农业劳动生产率显著提高，从而带动了农业生产的快速发展，从根本上改变了农产品严重短缺的局面，夯实了城镇人口集聚及乡镇工业加速发展的物质基础。随之而来的，是农村乡镇企业快速发展，从而为大量农村剩余劳动力向非农产业转移提供了较好的平台，并最终促进小城镇的建设得到极大发展。江西县域城镇人口相对较少，农业人口较多，城镇化率比较低。到 20 世纪80 年代中期，县域城镇化水平相对较低。1983 年，江西省县域总人口为2892.92 万人，占全省人口比重为 85.5%。其中，非农业人口 318.59 万人，占全省非农业人口比重为 56.6%，县域城镇化率为 11%。江西省总人口为3384.3 万人，按城乡分，城镇人口为 528.62 万人，乡村人口为 2855.68 万人，城镇化率为 15.62%。按农业人口与非农业人口分，农业人口 2821 万人，非农业人口 563.3 万人，城镇化率为 16.64%。而 1978 年全省非农业人口占比为 14.44%，城镇人口占比为 16.75%。可见，江西县域城镇化水平低于全省平均水平。

1989 年，江西省县域城镇化进展相对较慢，非农业人口不断增多，农业人口不断减少，城镇化率不断提高。江西省县域总人口为 3018.62 万人，占全省人口比重为 80.6%。其中，非农业人口 394.1 万人，县域城镇化率为13.1%，江西省总人口为 3746.2 万人。按城乡分，城镇人口为 1431.1 万人，乡村人口为 2315.1 万人，城镇化率为 38.2%。按农业人口与非农业人口分，农业人口 3053.1 万人，非农业人口 693.1 万人，城镇化率为 18.5%。1989 年全省非农业人口占比为 18.5%，城镇人口占比为 20.2%。

井冈山（1984 年）、丰城（1988 年）、樟树（1988 年）、瑞昌（1989 年）、德兴（1990 年）先后撤县设市，但这些县（市）农业人口所占比重较高，城镇化水平并没有显著提升，城镇化质量不高。

改革开放初期，江西省县域城镇化水平普遍较低。以 1983 年为例，县域城镇化率高于 20% 的县有 7 个，分别为：德安县、大余县、宜丰县、德兴县、铜鼓县、井冈山市、资溪县。城镇化率在 15%—20% 的县有 14 个，分别为：乐平市、永修县、瑞昌市、分宜县、樟树市、上高县、靖安县、铅山县、安福县、南城县、黎川县、崇仁县、乐安县、广昌县。城镇化率在 10%—15% 的县有 26 个，分别为：南昌县、新建县、进贤县、星子县、湖口县、贵溪市、余江区、崇义县、龙南县、丰城市、高安市、奉新县、万载县、横峰县、弋阳县、鄱阳县、万年县、婺源县、峡江县、泰和县、万安县、宁冈县、南丰县、宜黄县、金溪县、东乡县；城镇化率在 10% 以下的县有 33 个，占比为 40.7%。

改革开放 10 年后，县域城镇化率有所提高。到 1989 年，江西县域城镇化率高于 20% 的县增加到了 11 个，城镇化率在 15%—20% 的县提升为 17 个，而城镇化率在 10% 以下的县下降为 19 个。

从这个时期的县域城镇化来看，改革开放初期城镇化主要以农业经济体制改革为动力。随着经济领域各项改革的实施，农民积极主动地参加各项生产经营活动，从而带动了农业生产的快速发展和农村劳动生产率的大幅提高，农村经济的发展促进了城乡集市贸易的活跃发展。在此期间，部分农村劳动力开始由农业向非农产业转移，由农村向城镇转移，从而推动了城镇化的发展。1983 年全省县域城镇人口达到了 318.59 万人，城镇化率达到了 11%。1985 年左右，全省乡镇企业快速发展，为农村劳动力转移提供了就业方面的渠道支撑。与此同时，经济体制改革的重点开始转向城市，非公有制经济加快发展，在乡镇企业和城市改革的双重推动下，县域城镇人口不断增加，由 1983 年的 318.59 万人增加到 1989 年的 394.1 万人，县域城镇化率也提高到 13.1%。

2. 城镇化的稳步发展阶段（1990—2000 年）

进入 20 世纪 90 年代，江西省县域城镇化的步伐有所加快。1990 年全省有县级市 10 个，建制镇 257 个，其中县城镇 74 个，城市数量和规模加速增长，城市基础设施建设、工业化进程加速推进，城市经济综合竞争力显著改善，基本完成了向现代城镇的过渡。1992 年，江西省县域总人口为 3122.5 万人，占全省人口比重为 79.8%。其中，非农业人口 383.86 万人，县域城镇化率为 12.3%。1992 年江西省总人口为 3913.1 万人，非农业人口占比为 18.93%，城镇人口占比为 21.82%。县域城镇化率依然远低于全省城镇化平均水平。从 1992 年全省县域城镇化的情况来看，79 个县①中，城镇化率超过 30% 的县有 1 个：德安县。城镇化率在 20%—30% 的县有 12 个；城镇化率在 10%—20% 的县有 39 个；城镇化率低于 10% 的县有 27 个。

到 20 世纪末，江西县域城镇化率进一步提升。1999 年，江西省县域总人口为 3321.5 万人，占全省人口比重为 78.5%。其中，非农业人口 548.1 万人，县域城镇化率为 16.5%。1999 年江西省总人口为 4231.2 万人，非农业人口占比为 21.43%，城镇人口占比为 26.79%。从 1999 年全省县域城镇化进展的情况来看，全省 79 个县中，城镇化率超过 40% 的县有 2 个，为德安县和井冈山市。城镇化率在 30%—40% 的县有 3 个，为宜丰县、靖安县以及德兴县；城镇化率在 20%—30% 的县有 18 个；城镇化率在 10%—20% 的县有 49 个；城镇化率低于 10% 的县有 7 个。

1990—1999 年，县域城镇建设加快发展，带动了县域城镇化进程。1992 年江西县域城镇人口为 383.86 万人，到 1999 年达到了 548.1 万人，县域城镇化率由 12.3% 提高到 16.5%。

乐平（1992 年）、高安（1993 年）、瑞金（1994 年）、南康（1995 年）、贵溪（1996 年）等产业基础较好的县相继撤县设市。由于萍乡中心城发展能级有限，难以带动郊区发展，为更好地服务农业地区，1997 年上栗区和芦溪区撤区改县。这一时期，镇的设置进入高潮，共新增建制镇 567 个，总数达到 725 个。城镇虽然发展较快，但问题较为突出，小城镇发展缺乏规划，不仅分散，制约了综合效益的发挥。城市基础设施落后，制约了市民生活质量的提高和投资环境的改善；地域差异扩大，南北之间区域经济发展不平衡。

---

① 原来的 80 个县中临川县、宜春县调整为区，增加了上栗县与泸溪县。

3. 城镇化的提速发展阶段（2001—2011 年）

总的来说，第一时期与第二时期的城镇化进程处于恢复和起步阶段。进入 21 世纪以来，随着以工业化为核心、大开放为主战略的实施，全省兴起了工业园区建设的热潮，大大提高了城镇对乡村人口的吸纳能力，大量乡村人口向城镇集中，人口城镇化加快发展，全省县域城镇化迈向新的阶段。同时城市建设开始加强，成为城镇发展的主要动力之一，城镇化率大幅提高。2002 年江西省县域总人口为 3474.5 万人，占全省人口比重为 82.3%。其中，非农业人口 619.7 万人，县域城镇化率为 17.8%。2002 年江西省总人口为 4222.4 万人，非农业人口占比为 24.06%，城镇人口占比为 32.2%。从 2002 年全省 80 个县①县域城镇化进展的情况来看，城镇化率超过 30%的具有 8 个；城镇化率在 20%—30%的县有 22 个；城镇化率在 10%—20%的县有 45 个；城镇化率低于 10%的县有 5 个。

到 2009 年，江西省县域总人口为 3741 万人，占全省人口比重为 84.4%。其中，非农业人口 743 万人，县域城镇化率为 19.9%，江西省总人口为 4432.2 万人，2009 年江西省非农业人口占比为 27.18%，城镇人口占比为 43.18%。从 2009 年全省 80 个县县域城镇化进展的情况来看，城镇化率超过 40%的县有 1 个，为德安县；城镇化率在 30%—40%的县有 5 个；城镇化率在 20%—30%的县有 30 个；城镇化率在 10%—20%的县有 43 个；城镇化率低于 10%的县仅有 1 个。

4. 城镇化的提质发展阶段（2012 年至今）

2012 年以来，尤其是党的十八大以来，江西县域城镇化的步伐持续加快。2012 年，江西省县域总人口为 3881 万人，占全省人口比重为 86.2%，其中，非农业人口 751 万人，县域城镇化率为 19.4%。2012 年江西省总人口为 4503.9 万人，城镇人口占比 47.51%。从 2012 年全省 81 个县②县域城镇化进展的情况来看，城镇化率超过 20%的县有 45 个；城镇化率在 10%—20%的县有 22 个；城镇化率在 10%—15%的县有 12 个；城镇化率低于 10%

---

① 2000 年 5 月 11 日，国务院批准，将县级井冈山市和宁冈县合并，组建新的县级井冈山市。

② 从 2010 年以后，江西县（市）中开始增加了共青城市的数据统计。

的县有 2 个。

截至 2017 年底，江西省 81 个县（市）县域总人口 4021 万人，占全省人口的比重为 87%，城镇人口 1175.5 万人，县域城镇化率均值为 29.2%；81 个县（市）中城镇化率在 30% 以上的县有 39 个，其中城镇化率在 40% 以上的县有 17 个。2017 年江西省常住人口为 4622.1 万人，其中城镇人口 2523.6 万人，常住人口城镇化率为 54.6%，户籍人口城镇化率为 37.9%。可见，户籍人口城镇化中县域城镇化水平偏低，低于全省城镇化平均水平。至 2019 年末，江西省常住人口 4666.1 万人，其中，城镇常住人口 2679.3 万人，占总人口的比重（常住人口城镇化率）为 57.4%，户籍人口城镇化率为 40.7%。①

二 江西省县域新型城镇化发展现状及特征

（一）江西省县域新型城镇化现状

改革开放以来尤其是进入 21 世纪以来，江西作为内陆省份，县域城镇化发展呈现出以下特征。

1. 城镇化率不断提高

城镇人口快速增长。2017 年全省县域城镇人口达到 1175.5 万人，比 1983 年增长了 2.7 倍；城镇化率由 1983 年的 11.0% 提高到 2017 年的 29.2%，提高了 18.2 个百分点。改革开放初期，1983 年江西县域总人口为 2892.92 万人，其中非农业人口为 318.59 万人，县域城镇化率均值为 11.0%；1989 年县域总人口为 3018.62 万人，其中农业人口为 2624.41 万人，县域城镇率均值为 13.1%；县域土地面积达到 155748 平方公里。进入 20 世纪 90 年代以后，1992 年江西县域总人口为 3122.5 万人，其中，农业人口为 2738.64 万人，城镇人口为 383.86 万人，县域城镇化率均值为 12.3%。1999 年江西县域土地面积为 157480 平方公里，年末总人口为 3321.5 万人，其中农业人口为 2773.4 万人，县域城镇化率均值 18.2%。到 2002 年末江西县域总人口 3474.5 万人，其中乡村人口 2854.8 万人，县域城镇化率均值 19.2%。2009 年末江西县域总人口为 3741 万人，其中乡村人口为 2998 万人，县域城镇化率均值 20.8%。2012 年末江西县域总人口为 3881

---

① 参见《江西省 2019 年国民经济和社会发展统计公报》。

万人，其中乡村人口为3130万人，县域城镇化率均值20.5%。

城镇规模升级加快。截至2018年底，江西省县域城镇中人口超过20万以上的城镇有3个，人口在10万—20万的城镇有24个。2010年县城人口密度为4706人/平方公里，2018年为4977人/平方公里，比2010年增长了5.8%。

城区范围不断扩大。从县城的建成区面积来看，2010年江西省县城建成区面积为794.76平方公里，2018年为1036.11平方公里，比2010增加了241.35公里，增长了30.4%。2010年城市建设用地825.62平方公里，2018年增加到962.21平方公里，比2010年增加了136.59平方公里，增长了16.5%。

2. 县城面积不断扩大，人口密度不断增加

改革开放以前，由于城镇人口相对较少，县城人口密度较低。改革开放尤其是进入21世纪以来，江西县域城镇化飞速发展，县城人口急剧增加，人口密度也大幅提高，用地面积不断增多。2006年江西县城人口561.24万人，县城人口密度为4385人/平方公里，县城面积1347.46平方公里，县城建成区面积649.82平方公里。居住用地为218.21平方公里，公共设施用地为95.73平方公里，道路广场用地为28.31平方公里，市政设施用地达到了85.54公里，绿地9.71平方公里。

2010年江西县城人口增加到685.92万人，人口密度提高为4706人/平方公里，县城面积扩大到1551.92平方公里，建成区面积达到794.76平方公里。居住用地达到256.47平方公里，公共设施用地达到104.84平方公里，道路广场用地为97.4平方公里，市政设施用地达到了30.96平方公里，绿地用地为123.74平方公里。

党的十八大以来，江西县城城镇人口进一步增加，县城对城镇人口的集聚度大大提高。2018年江西县城人口达到了787.87万人，人口密度进一步提升，达到了4977人/平方公里；县城面积达到了1705.03平方公里，建成区面积扩大为1036.11平方公里；居住用地扩展到284.89平方公里，公共设施用地达到了87.73平方公里，道路广场用地达到了157.79平方公里，市政设施用地达到了39.4平方公里，绿地与广场用地达到了147.84平方公里。①

---

① 资料数据来源于《2018江西城市（县城）建设统计年鉴》。

3. 城镇基础设施不断完善

县城市政公用设施不断完善。改革开放以来，尤其是进入 21 世纪以来，随着城镇人口的增多，基础设施供需缺口加大，基层政府更加重视对县城基础设施建设薄弱环节进行补短板，县城市政公用设施对周边村镇的辐射能力不断扩大。2006 年江西县城人均日生活用水量 126.44 升，用水普及率 79.38%，燃气普及率提升为 59.69%，每万人拥有公共交通车辆达到 1.99 标台，人均道路面积达到 9.7 平方米，排水管道密度实现 2.46 公里/平方公里。2010 年江西县城人均日生活用水量达到 118.8 升，用水普及率达到 92.09%，燃气普及率 78.2%，建成区供水管道密度 9.09 公里/平方公里，人均道路面积 13.28 平方米；建成区排水管道密度 776 公里/平方公里。2018 年江西县城人均日生活用水量 120.27 升，供水普及率 96.17%，燃气普及率 90.27%，建成区供水管道密度 11.87 公里/平方公里。

道路桥梁设施不断增多。改革开放以来，尤其是进入 21 世纪以来，江西县城道路桥梁设施大幅提升。2006 年，江西县城道路长度 3724 公里，道路面积 5731 万平方米，人行道面积 1305 万平方米，桥梁数 607 座，立交桥 21 座；道路照明灯盏数 162 盏，安装路灯道路长度 1751 公里，防洪堤长度 493 公里，其中，百年一遇防洪堤长度 63 公里，五十年一遇防洪堤长度 278 公里。2010 年，县城道路长度 5636 公里，道路面积 9695 万平方米，人行道面积 2412 万平方米，桥梁 697 座，立交桥 33 座；道路照明灯盏 264192 盏，安装路灯道路长度 3671 公里，防洪堤长度 533 公里，其中，百年一遇防洪堤长度 74 公里，五十年一遇防洪堤长度 246 公里。2018 年，江西县城建成区人均道路面积达到了 19.42 平方米；建成区路网密度为 7.4 公里/平方公里，建成区道路面积率提升为 13.79%。道路长度提升为 8488.73 公里；道路面积增加至 16482.28 万平方米；桥梁数增长到 721 座，立交桥 24 座；道路照明灯盏数 497634 盏，安装路灯道路长度 7730.93 公里。

4. 县城人居环境进一步改善

改革开放初期，由于县域城镇人口相对较少，县域政府对城镇污水处理、生活垃圾处理等建设虽有投入，但难以达到规模效应，对公园、绿地建设投入相对较少。进入 21 世纪以来，随着城镇居民人口不断增多，城区人口密度不断提升，城镇人居环境受到更多关注。2006 年江西县城污水处理率 0%，污水处理厂集中处理率 0%，人均公园绿地面积达到 6.82 平方米，建成区绿地率达到了 18.76%，建成区绿化覆盖率提高到 22.12%，生活垃圾处理率达到了 93.87%，生活垃圾无害化处理率为 5.09%。

近年来，在推进城镇化进程中，坚持生态发展、打造宜居城镇成为基层政府工作中的重要内容和追求的重要目标。2010 年江西县城污水处理率 64.80%，污水处理厂集中处理率 62.26%，人均公园绿地面积 12.71 平方米，建成区绿化覆盖率 39.07%，建成区绿地率 34.68%，生活垃圾处理率 98.04%，生活垃圾无害化处理率 20.20%。

党的十八大以来，县域城镇人居环境进一步改善。2018 年，江西县城建成区排水管道密度 10.51 公里/平方公里，污水处理率 88.26%，污水处理厂集中处理率 88.23%，人均公园绿地面积 14.98 平方米，建成区绿化覆盖率 40.74%，建成区绿地率 36.45%，生活垃圾处理率 99.99%，生活垃圾无害化处理率 99.99%。

（二）县域新型城镇化特征差异分析

1. 不同类型县域新型城镇化的步调有快有慢

经济综合实力不同，产业结构不同，城镇化的步伐也不一致。研究主要以大都市郊区县——南昌县、边界丘陵县——婺源县以及老区贫困县——宁都县三种不同类型县的城镇化进展情况为例进行分析。改革开放初期，婺源县城镇化率相对较高（10.7%），其次是南昌县（10.3%）和宁都县（9.2%）。城镇化率最高的与最低的县域之间仅差 1.5 个百分点。1983 年，南昌县非农业人口 9.43 万人，户籍人口城镇化率为 10.3%；婺源县非农业人口 3.1 万人，户籍人口城镇化率为 10.7%；宁都县非农业人口 5.3 万人，户籍人口城镇化率为 9.2%。

进入 21 世纪以来，县域新型城镇化加速推进，县域之间的城镇化差距也不断拉大。从 2002 年县域户籍城镇化率的情况来看，婺源县城镇化率依然最高，为 19.2%；其次是南昌县（18.4%），宁都县（15%）居第三。城镇化率最高的县比最低的县高出 10.1 个百分点。2018 年，南昌县地区生产总值达到了 811.63 亿元，三次产业结构比为 7%：62.5%：30.5%，城镇户籍人口 32.6 万人，户籍人口城镇化率 30.2%；婺源县地区生产总值 106.43 亿元，三次产业结构比为 9%：31.9%：59.1%；城镇户籍人口 14.7 万人，户籍人口城镇化率 39.1%；宁都县地区生产总值 183.56 亿元，三次产业结构比为 18.5%：41.2%：40.3%；城镇户籍人口 17.9 万人，户籍人口城镇化率21.1%。

可见，经济综合实力相对较弱、第一产业占比相对较高的革命老区县宁都县，城镇化水平相对较低。

2. 不同类型县域城乡居民收入差距较大

从大都市郊区县——南昌县、边界丘陵县——婺源县以及老区贫困县——宁都县三种不同类型县的城乡居民收入情况来看，2018年，南昌县城镇居民人均可支配收入36943元，农村居民人均可支配收入19629元；婺源县城镇居民人均可支配收入25914元，农村居民人均可支配收入12977元；宁都县城镇居民人均可支配收入24679元，农村居民人均可支配收入10515元。南昌县的城乡居民收入远高于婺源县和宁都县。南昌县城镇居民人均可支配收入是婺源县的1.43倍，是宁都县的1.5倍。南昌县的农村居民人均可支配收入是婺源县的1.51倍，是宁都县的1.87倍。南昌县城乡居民收入比为1.88，相对较低；婺源县城乡居民收入比为2，宁都县城乡居民收入比为2.35。

3. 不同类型县域城镇基本公共服务与基础设施建设差异较大

2018年，南昌县地方公共财政预算收入70.04亿元，婺源县公共财政预算收入9.96亿元，宁都县公共财政预算收入8.2亿元。县域财政实力相对雄厚的南昌县，在城镇化进程中的各项城市基础设施建设和公共服务设施建设都较为完善。截至2018年底，南昌县县城道路面积达到510.16万平方米，道路长度达到331.85公里，桥梁4座，立交桥4座，道路照明灯17557盏，安装路灯道路长度308.41公里，城市照明总用电量为1165万千瓦时；生活垃圾运转站19座，公共厕所24座。婺源县县城道路面积214.59万平方米，道路长度107.17公里，桥梁6座，道路照明灯5531盏，安装路灯道路长度84.02公里，城市照明总用电量397.43万千瓦时；生活垃圾运转站6座，公共厕所14座。宁都县县城道路面积374.41万平方米，道路长度304.38公里，桥梁24座，道路照明灯13297盏，安装路灯道路长度173.96公里，城市照明总用电量536万千瓦时；生活垃圾运转站13座，公共厕所37座。可见，南昌县由于地方财政实力相对较强，在城镇基础设施建设方面的投入相对较多，城镇基础设施也相对更为完善。

第二节　江西县域城镇化影响因素分析

改革开放 40 多年以来，县域城镇化的加快发展是多种因素发挥综合效应的结果，而城镇化的发展对相关要素又会产生联动效应。本节重点分析区位优势对县域城镇化的影响以及县域经济发展、产业结构变化与县域城镇化的联动关系。

一　县域区位对城镇化的影响

江西县域城镇化的发展不仅与经济发展、产业结构密切相连，也离不开地域优势的支撑。通过对比分析大都市郊区县——南昌县、边界丘陵县——婺源县以及老区贫困县——宁都县三种不同类型县的城镇化进程情况，可以明显发现区位优势对县域城镇化的影响作用不可小觑。

（一）大都市郊区县——南昌县的区位优势与城镇化发展

南昌县地理位置优良，离省会城市南昌市较近，三面环抱南昌市主城区，距离南昌市中心 15 公里，辖区面积 1810.7 平方公里。而南昌市是"一带一路"重要节点城市，是省会中心城市中唯一一个紧邻长三角、珠三角和闽南金三角的城市，是连接这三大地区重要经济圈的省际交通廊道，是承东启西、贯通南北的区域性交通枢纽，是"南昌大都市圈"的核心。同时，南昌县自身地处承东启西、贯通南北的交通区位。南昌县境内有 105 国道、316 国道、320 国道 3 条国道经过，赣粤高速公路、沪昆高速公路（G60）、福银高速公路（G70）和乐温高速公路穿境而过。京九铁路、浙赣铁路、浙皖铁路也穿越县境，在南昌县向塘镇交汇，赣江水道直达长江，距南昌昌北国际机场 30 公里，南昌地铁三号线连接南昌县中心城区，在公路、航空、水路、铁路、地铁等交通运输网络体系方面较为完善，交通区位优势日益凸显。因此，南昌县在吸收和利用南昌市的各种资源方面具有优越的条件。

南昌县通过依托南昌市区相关资源，紧跟南昌市城镇化发展步伐，通过与南昌市区相连的周边小城镇无缝对接，加大基础设施和公共服务设施建设的投入力度，已经形成了一批具有特色产业、生态魅力、历史文化积淀的小城镇，吸引市民休闲娱乐和度假消费，同时为本地居民提供了更多就业岗位，有力地促进了南昌县城镇化的发展步伐。而这些都是良好的区位优势，为南昌县新型城镇化的提质增效提供了强大动力。

（二）边界丘陵县——婺源县区位优势与城镇化发展

婺源县位于江西省东北部与皖、浙两省交界，土地面积2967平方公里。近年来高速、高铁、机场等交通设施不断完善，区位优势日益凸显。对外交通日益便利，有景婺黄、景婺常两条高速公路穿越县境，京福高铁、九景婺衢铁路均已通车，离黄山、景德镇、衢州和三清山四个机场一小时车程，婺源正成为江西对接长三角和海西经济区的前沿。婺源西临瓷都景德镇，东北侧是黄山，南接世界自然遗产三清山，直线距离都在60公里左右，车程一个小时左右。地处我国黄金旅游圈的腹地，周边有黄山、三清山、庐山、武夷山、千岛湖、鄱阳湖、景德镇等名山、名水、名镇。

婺源县充分利用紧邻旅游资源的地域优势，发展旅游产业，建设具有文化底蕴特色的生态旅游城市，不断提升中心城区的支撑和带动能力。在推进江湾、清华、赋春示范镇建设的同时，鼓励其他城镇开展规模适度、功能完善的集镇化建设，不断扩大集镇辐射带动范围，积极发展乡村旅游，带动农民增收，大力推广农村居民就近就地城镇化发展模式。可见，婺源县的城镇化发展离不开其地处旅游资源集聚区的地域优势支撑。

（三）老区贫困县——宁都县区位优势与城镇化发展

宁都县位于江西省东南部、赣州市北部，地处贡江上游，东、西、北三面环山，自北向南倾斜。东邻抚州市广昌县和石城县，南接瑞金市，西南接于都县，西接兴国县，西北接永丰县，北毗乐安县、宜黄县，东北接南丰县。县城距省会南昌市324公里，至赣州市区162公里，319国道、济广高速、泉南高速公路和5条省道穿越县境。由于宁都县离赣州市区相对较远，受赣州中心城区辐射带动作用较少。

表8-1显示出，宁都县12个建制镇中，城镇人口主要集中在县城所在镇梅江镇，其常住人口占全县常住人口的1/3以上。梅江镇的企业数量、企业从业人数、工业企业数量以及规模以上工业企业数量均居全县之最。因此，城镇建成区常住人口数量也最多。其次是长胜镇，但该镇城镇常住人口相对较少，人口集中度不高。可见，县城所在镇由于地域优势占有的各项公共资源较多，各项基础设施配套比较完善，吸引城镇人口较多，城镇集聚力较强，而其他镇集聚人口能力较弱，城镇化步伐相对缓慢。同时，

与南昌县、婺源县相比，宁都县交通区位优势相对较弱，从而导致宁都县发展步伐缓慢，同时宁都县整体的城镇化水平也相对较低。

表8-1　　　　　　　　　　　宁都县城镇化相关情况

宁都县	行政区面积（公顷）	常住人口（人）	城镇建成区常住人口（人）	企业个数（个）	企业从业人员（个）	工业企业个数（个）	规模以上工业企业个数（个）
梅江镇	20721	188061	129958	990	41246	452	93
青塘镇	17823	36544	4610	46	1411	43	1
长胜镇	18875	55171	5573	54	1340	29	1
黄陂镇	20871	35352	4649	30	773	25	0
固村镇	28891	38033	4618	44	251	26	0
赖村镇	17918	51976	3869	41	614	59	0
石上镇	18372	28030	3266	50	898	35	2
东山坝镇	17367	24493	3955	17	299	8	0
洛口镇	31250	30435	4313	22	738	16	1
小布镇	15349	14825	3316	17	243	23	0
黄石镇	8022	38341	4295	39	631	29	0
田头镇	6606	36748	4461	41	648	26	0

注：根据《2018 中国县域统计年鉴（乡镇卷）》《2019 中国县域统计年鉴（乡镇卷）》整理而得，行政区域面积、工业企业个数、规模以上工业企业个数三个指标为 2018 年度数据，其余指标数据为 2017 年度数据。

二　经济发展对县域城镇化的影响

改革开放初期，江西县域国民生产总值规模相对较小。1989 年江西县域国民生产总值仅为 2348313 万元，社会消费品零售总额仅为 1158109 万元，地方财政预算收入仅为 179176 万元；此时，县域城镇化率仅为 13.1%。到 1999 年，江西县域国内生产总值增长为 10071327 万元，社会消费品零售总额增长为 3714897 万元，地方财政预算收入增长为 539640 万元。而此时，县域城镇化率提升为 16.5%，提高了 3.4 个百分点。可见，改革开放后的二十几年里，江西县域经济发展加快，主要经济指标都大幅增加，县域综合实力不断增强，县域经济发展较快，一定程度上拉动了城镇化的发展。

表8-2   改革开放以来江西县域经济发展与城镇化变化情况

年份	地区生产总值（万元）	县域户籍人口城镇化率（%）	地方财政预算收入（万元）
1989	2348313	13.1	179176
1999	10071327	16.5	539640
2002	13072113	17.8	648376
2009	44759077	19.9	2745441
2016	120521495	—	13789338
2017	127193221	29.2	14057966
2018	147084821	—	14293987

注：根据历年中国县域统计年鉴整理而得。

进入21世纪以来，江西县域经济发展步伐进一步加快。2002年江西县域地区生产总值为13072113万元，地方财政预算收入为648376万元，到2009年，江西县域国内生产总值为44759077万元，地方财政预算收入达到了2745441万元，比2002年分别增长了242.4%、323.4%，与此同时，县域城镇化率从17.8%提升为19.9%，增加了2.1个百分点。党的十八大以来，江西县域经济进一步发展，江西县域城镇化也加快发展，无论是发展速度还是发展质量都进一步提高。2012年江西县域地方财政预算收入为5921919万元；2016年江西县域地区生产总值为120521495万元，第二产业增加值为62003398万元，地方财政预算收入为13789338万元。2018年，江西县域地区生产总值达到了147084821万元，比1989年增加了144736508万元，增长了61.6倍；地方财政预算收入达到了14293987元，比1989年增加了14114811万元，增长了78.8倍。2017年县域城镇化率均值达到了29.2%，比1983年提高了18.2个百分点，比1989年提高了16.1个百分点。可见，随着县域经济不断发展、城镇化加速推进，城镇人口也不断增多。

三 县域工业化与城镇化的联动关系

改革开放初期，江西县域工业经济欠发达，规模总量相对较小。1989年江西县域工业总产值仅为2017424万元。到1999年，第二产业增加值增长为3208227万元，比1989年增长了59%，第二产业占GDP的比重达到了31.86%。改革开放后的二十多年里，江西县域工业经济加快发展，与城镇化加速联动发展。

进入 21 世纪以来，随着江西县域工业经济发展迅速，城镇化持续推进。2009 年江西县域第二产业增加值为 23135029 万元。党的十八大以来，江西县域工业经济进一步发展，江西县域城镇化也进一步加快发展，无论是发展速度还是发展质量都进一步提高。2012 年江西县域第二产业增加值为 42366673 万元，2016 年江西县域第二产业增加值 62003398 万元，2018 年第二产业增加值达到了 72748300 万元，第二产业占地区生产总值的比重达到了 49.5%。随着县域工业不断发展，工业占县域经济总量的比重不断提升，与县域城镇化的加速发展密切联动，县域城镇化率不断提高，2017 年江西县域城镇化率均值达到了 29.2%，到 2018 年江西省县城人口密度达到了 4977 人/平方公里。

表 8-3　　　　　　　改革开放以来江西县域工业与城镇化发展情况

年份	县域户籍人口城镇化率（%）	工业总产值（第二产业增加值）（万元）
1989	13.1	2017424
1999	16.5	3208227
2002	17.8	4583349
2009	19.9	23135029
2016	—	62003398
2017	29.2	68510550
2018	—	72748300

注：根据历年中国县域统计年鉴整理而得。

在全省 81 个县（市）中，工业化与城镇化联动发展最为典型的是南昌县。改革开放初期，南昌县城镇化进展缓慢，农业人口相对较多，非农业人口相对较少，虽然城镇化持续推进，但户籍人口城镇化率基本在 15.0% 以下。1978 年，南昌县第二产业增加值仅为 3790 万元，占国民生产总值的比重为 14.0%，占比偏低。1989 年，第一产业增加值 51138 万元，占国民生产总值的比重为 55.4%，第二产业增加值占地区生产总值的比重为 30.2%，第一产业对经济发展的贡献远超过第二产业，此时，南昌县的城镇化率为 10.1%。进入 21 世纪以来，南昌县工业发展步伐加快，工业经济不断发展壮大，城镇化进程也加快发展。江西省确立以工业化为核心、以大开放为主战略的发展思路，全省发展的重心从农业转向工业。南昌县抓住时机，于 2002 年 3 月开办了小蓝经济开发区，大力承接沿海产业转移和南昌都市产业转移。南昌县充分发挥自身的区位优势，紧紧抓住都市产业向外扩张和沿海产业向内地转移的历史机遇，发展开放型经济，承接产业转移，把发展县域经济的重心转移到发展工业上来。2000 年，南昌县国内生产总值 59.8 亿元，三次产业结构比为 33.7% : 30.6% : 35.7%，农业对地方经济的贡献依然较大，但工业对经济发展的贡献作用进一步提升，工业占比也进一步提升。到 2002 年南昌县工业占地区生产总值的比重为 31.7%，而南昌县城镇化率达到了 19.1%。

伴随着工业化加快发展，南昌县中心城区工业地产、商业地产、住房地产、新兴服务业空前繁荣，加快推动城市规模快速扩张。2018 年，南昌县第二产业占地区生产总值的比重为 62.5%，同时南昌县非农业人口达到了 32.6 万人，城镇化率也提高到了 30.2%。2018 年，南昌县常住人口城镇化水平已超过 50.0%，高于全省平均水平。

南昌县是典型的城镇化与工业经济联动发展的县域。由于县域经济、工业经济相对较为发达，同时离省城南昌市较近，工业经济的发展能够帮助吸引资本和人才的流入，为留住农村剩余劳动力提供了巨大的发展空间。随着县域经济综合实力的提升，在推动本地工业化的加速发展和转型升级的同时，也推动了工业化、城镇化、农业现代化三化同步协调发展。

表 8-4 显示南昌县的 11 个城镇中，每个镇都有规模以上工业企业。除县城所在镇莲塘镇以外，规模以上工业企业数量较多的向塘镇、蒋巷镇以及昌东镇集聚的城镇人口均较多。城镇工业企业的发展又带动了与工业相关的部分农产品加工产业和为工业配套服务的物流、金融、建筑业等服务业的发展，这些产业的发展为本地农民就业提供了更广阔的空间。可见，县域工业化与城镇化良好互动能够更好更快地促进城镇化的发展。

表 8-4　　　　　　　　　　　南昌县城镇化相关情况

南昌县	行政区面积（公顷）	常住人口（人）	城镇建成区常住人口（人）	企业个数（个）	企业从业人员（个）	工业企业个数（个）	规模以上工业企业个数（个）
莲塘镇	2371	237565	237565	2193	71283	189	3

南昌县	行政区面积（公顷）	常住人口（人）	城镇建成区常住人口（人）	企业个数（个）	企业从业人员（个）	工业企业个数（个）	规模以上工业企业个数（个）
向塘镇	15517	87015	76513	439	17958	152	14
三江镇	3257	30870	11917	66	1403	16	1
塘南镇	13031	51991	8126	317	3916	58	4
幽兰镇	10410	52030	5826	197	4123	49	4
蒋巷镇	26611	91615	11052	316	6150	128	8
武阳镇	5984	48050	4984	150	4123	100	7
冈上镇	9822	42703	2075	274	2750	65	3
广福镇	6281	33902	5353	101	1460	24	2
昌东镇	13200	126501	35614	874	25687	35	35
麻丘镇	6523	53260	26597	165	3955	4	4

注：根据《2018 中国县域统计年鉴（乡镇卷）》《2019 中国县域统计年鉴（乡镇卷）》整理而得。行政区域面积、工业企业个数、规模以上工业企业个数三个指标为 2018 年度数据，其余指标数据为 2017 年度数据。

四 县域服务业与城镇化的联动关系

在江西县域城镇化中，城镇化与服务业的联动发展也展现了较好的互动效应。2018 年江西县域三产占地区生产总值的比重达到了 39%，与改革开放初期相比，三产占比有较大的提高。从全省 81 个县（市）城镇化发展情况及三产发展情况来看，三产发展与城镇化加快联动取得较好效果的县域中，最为典型的是婺源县。婺源县的城镇化是伴随着旅游业的加快发展而加速推进的。改革开放初期至 20 世纪 90 年代，婺源县的城镇化进程相对缓慢。到 20 世纪末，随着旅游业的加快发展，婺源县的城镇化开始提质提速。

改革开放初期至 1997 年，婺源县非农业人口相对较少。1983 年非农业人口仅 3.1 万人，城镇化率为 10.7%。随后的十几年里，非农业人口持续增加，城镇化率也不断提升，但进展缓慢。1989 年婺源县非农业人口为 3.72 万人，占全县总人口的比重为 11.7%；1994 年婺源县非农业人口为 3.83 万人，占全县总人口的比重为 12%；1997 年婺源县非农业人口为 4.2 万人，占全县总人口的比重为 13%。此时，婺源县国内生产总值为 86130 万元，第三产业增加值为 18520 万元，占地区生产总值的比重为 21.5%。

1998 年至 2017 年，婺源县城镇化加速推进。1998 年婺源县非农业人口为 5.7 万人，占全县总人口的比重为 17.5%；此时婺源县第三产业增加值 22980 万元，占地区生产总值的比重提升为 25.3%，比 1997 年有所提升。与此同时，婺源县的城镇化进程加快。1999 年，婺源县非农业人口为 6.1 万人，占全县总人口的比重为 18.7%；到 2002 年，婺源县非农业人口增加到 6.4 万人，城镇化率达到 19.2%。

2018 年，婺源县地区生产总值 106.43 亿元，三次产业结构比为 9%：31.9%：59.1%，三产占地区生产总值的比重进一步提升为 59.1%；同时，婺源县非农业人口达到 14.7 万人，比 1983 年增加了 11.6 万人，城镇化率达到 39.1%，比 1983 年提高了 28 个百分点。2018 年婺源县城镇常住人口 16.8 万人，占年末常住总人口的比重为 48.7%，常住人口城镇化率达到 48.7%。

可见，婺源县旅游业及相关服务业的发展与婺源县城镇化的联动发展，促进了婺源县旅游业的持续发展，带动了酒店、宾馆、餐饮等服务业的发展，同时通过旅游业与农业结合，也促进了县域城镇化的加快发展。

第三节　江西县域新型城镇化面临的主要问题

改革开放以来，从江西县域城镇化的进程来看，城镇化在发展速度上不断提升、在发展质量上不断提高，但由于江西县域较多，各县域之间城镇化的发展基础不同，导致县域新型城镇化还面临以下一些困难和问题。

一　县域经济发展水平偏低，产业结构欠合理

江西省县域 GDP 仅占全省 GDP 的 55%—60%。2016 年江西县域地区生产总值达到了 12052 亿元，占全省 GDP 的比重为 57.89%；2018 年县域地区生产总值达到了 14708 亿元，占全省 GDP 的比重为 63.9%；2018 年县域人均地区生产总值为 34413 元，比全省人均生产总值低 13021 元。第一、第二产业占地区生产总值的比重相对较高。2018 年县域第二产业占县域地区生产总值的比重为 49.5%，2018 年江西县域三次产业结构比为 11.5%：49.5%：39%。但与全省三次产业结构比 8.6%：46.6%：44.8% 相比，第一

产业比重高出 2.9 个百分点，第三产业比重低 5.8 个百分点。2018 年 81 个县域财政一般公共预算收入为 1429.4 亿元，占江西省一般公共预算收入的比重为 60.3%。

目前，尚有 22 个县的第一产业产值占地区生产总值的比重在 15% 以上，其中有 7 个县第一产业产值占地区生产总值的比重超过 20%，如安远县、宁都县、石城县、余干县、鄱阳县、南丰县、崇仁县。有 19 个县第二产业产值占地区生产总值的比重超过 50%，56% 的县域以工业经济主导，但多数县域处在工业化初期，经济增长仍旧是单一粗放式增长模式，这些县域的产品以原材料、资源初级加工为主，主要工业产业为建材、金属加工、食品、五金和化工等。县域经济实力较弱，不利于城镇化的高质量发展。全国县域经济百强县排名中，2018 年江西省进入全国县域经济基本竞争力百强县（市）的只有南昌县、贵溪市以及樟树市 3 个，占比 3.7%，且排名相对靠后，分别为第 42 位、第 77 位、第 94 位。

城镇化与工业化发展不协调。从各类县域常住人口城镇化的情况来看，以南昌县为代表的县域，工业化快于城镇化进程，城镇化落后于工业化进程 10 个百分点，导致的结果是工业发展的劳动力短缺，影响工业经济规模化生产和转型升级。而以婺源和宁都为代表的县域经济则表现出工业化滞后于城镇化，城镇的经济实力不强，县、乡工业化发展比较滞后，一定程度上制约了本地经济的发展，影响了城镇化的持续推进，工业化滞后于城镇化还会导致地方财政实力偏弱，城市基础设施建设滞后，在文化、医疗、通信等方面的投资欠账较多，城镇内在的功能发展不全，城镇人口的生活质量偏低。

二　县域之间经济发展不均衡，县域之间城镇化速度存在较大差距

2018 年，全省 81 个县（市）平均地区生产总值为 173.4 亿元，其中有 53 个县（市）未能达到平均值。地区生产总值超过 300 亿元的有乐平市、贵溪市、丰城市、樟树市、广丰区、南昌县、新建区以及进贤县 8 个县（市）；地区生产总值低于 100 亿元的有 14 个县。2018 年地区生产总值最低的铜鼓县（经济总量为 49.86 亿元）为地区生产总值最高的南昌县（经济总量为 811.63 亿元）的 6.1%；各县域城镇化速度与质量存在明显的差异，且各县域之间城镇化的进度不一，差异较大。2018 年，南昌县县城人口为

21 万人，而资溪县县城人口仅为 3.18 万人、峡江县县城人口仅为 3.68 万人、铜鼓县县城人口仅为 3.73 万人，可见县域之间、城镇之间城镇化发展都存在较大差距。

三　城镇化质量有待进一步提高

尽管江西省县域城镇化发展的速度不断提升，但发展质量低于全省平均水平，成为新时期江西省推进新型城镇化的一大"短板"。江西县域城镇化率的提升空间依然较大，但目前全省县城市政设施水平与城市市政设施相比存在较大差异，且各个县域之间也存在较大差异，无法适应县域城镇化持续发展的需要。2018 年，江西县城建成区绿地率为 36.45%，污水集中处理率为 88.23%，燃气普及率为 90.27%，供水普及率为 96.17%；而同期江西省城市建成区绿地率为 42.94%，污水集中处理率为 95.77%，燃气普及率为 97.4%，供水普及率为 98.31%。县域城市建设与管理水平有待进一步提高。由于城乡之间人口流动频繁，随着城镇人口不断增多，城市垃圾处理问题、城市交通基础设施建设问题、城市能源通信设施供应问题日益凸显，城镇脏、乱、堵问题日益明显。与此同时，城镇之间人口集聚不均衡，经济发展与环境保护、城市建设与城市管理之间存在一定的矛盾，城市建设重地上、轻地下现象依然存在，城市交通拥堵、公共服务供给能力不足问题日益显现，城镇功能与品质有待进一步提升。

四　土地城镇化快于人口城镇化

近年来，无论是南昌县、婺源县还是宁都县，县城建设用地面积和建成区面积扩展较快，两项指标的增长速度高于本地区城镇户籍人口的增长速度。由于各地土地城镇化快于人口城镇化，导致建成区产业强度和人口密度低，耕地减少快，失地农民增多，拆迁纠纷多。从县城城市建设用地面积变化情况来看，2010 年南昌县县城建设用地 10.93 平方公里，2018 年为 34.31 平方公里，比 2010 年增长 214%；2010 年婺源县县城建设用地为 9.98 平方公里，2018 年增长为 14.51 平方公里，比 2010 年增长 45.4%；2010 年宁都县县城建设用地面积为 11.62 平方公里，2018 年增长为 23.14 平方公里，比 2010 年增长了 99%。

从县城建成区面积的变化情况来看，2010 年南昌县县城建成区面积为

34.0 平方公里，2018 年达到了 48.2 平方公里，比 2010 年增长了 41.8%；2010 年婺源县县城建成区面积为 8.9 平方公里，2018 年达到了 15.7 平方公里，比 2010 年增长了 76.4%；2010 年宁都县县城建成区面积为 14.5 平方公里，2018 年达到了 23.5 平方公里，比 2010 年增长了 62.1%。土地城镇化的加速发展，导致土地资源浪费严重，引发一系列社会问题。

表 8-5　　　　　　　　　县城城市建设用地面积变化情况　　　　　（单位：平方公里）

	2010 年	2016 年	2018 年
南昌县	10.93	30.13	34.31
婺源县	9.98	13.33	14.51
宁都县	11.62	17.23	23.14

注：根据江西城市（县城）建设统计年鉴整理而得。

表 8-6　　　　　　　　　　县城建成区面积变化情况　　　　　　（单位：平方公里）

	2010 年	2016 年	2018 年
南昌县	34.0	45.9	48.2
婺源县	8.9	15.4	15.7
宁都县	14.5	22.1	23.5

注：根据江西城市（县城）建设统计年鉴整理而得。

五　城镇规模普遍较小，极化中心难以形成

江西省各类县域城镇的吸纳和集聚能力弱，难以真正形成城乡边缘区的极化中心。从 2017 年底三类县域城镇建成区常住人口的情况来看，南昌县 11 个镇中，有 5 个城镇建成区常住人口低于 1 万人，婺源县 10 个城镇中没有一个镇的建成区常住人口高于 1 万人，宁都县 12 个城镇中只有 1 个镇的建成区常住人口超过 1 万人。可见，小城镇人口规模不够，势必影响经济实力，难以达到集聚效应，从而制约了城镇对周边乡村的辐射能力。

总体而言，江西县域城镇化低于县级市城镇化水平，同时低于所在辖区的城镇化水平。不同的县由于城镇经济总量、市场发育程度、基础设施水平、投资环境等方面存在较大差距，城镇化的进度和城镇化质量也存在较大差距。江西省县域城镇化总体水平不高，层次参差不齐，区域发展不均，推进动力不足。新时代背景下，在加快推进江西县域新型城镇化的进

程中，不同类型的县域如何选择相适宜的县域城镇化发展模式与发展路径，值得深入思考和研究。

第四节　推进县域新型城镇化的对策建议

一　完善城镇发展规划

一是完善城镇发展规划体系。城镇化的高质量可持续发展需要科学合理的规划做指导。加快推进三规合一，推进经济发展规划、国土空间利用规划和城市建设规划统筹协调，使得各项规划实现一张图、一个数据共享平台以及一套管理制度，进而形成合力，为县域新型城镇化发展和用地保障提供有力支撑。① 二是促进县、城镇、乡村各层级的规划相互对应协调，各级各类规划在编制过程中必须统筹考虑好各级、各部门利益相关者之间的目标和要求，尽可能地减少矛盾和分歧。在不违反国家有关政策的前提下，给予地方政府更多的裁决权，以便地方政府因地制宜地应对和解决发展过程中面临的各种问题。三是加强规划的实施、管理和监督。建立规划编制部门之间的沟通协调机制，构建第三方评估监督机制，鼓励公众参与规划实施进度、实施效果的全过程监督，强化新型城镇化相关规划的监督与评估，督促规划中的设计能够真正落到实处。

此外，在制定县域城镇发展战略与规划时，要重视城市群、中心城市的辐射作用，通过科学规划，让交通区位优势及发展优势最大化地辐射周边城镇；城镇规划应尽量有超前意识，通过重点完善县城核心区建设规划，加快中心城区公共服务设施专项规划编制，对城镇未来的经济发展、产业布局、城镇功能布局合理预测与规划设计，在深入掌握本地居民居住方式、民俗民情的基础上，深入挖掘各个城镇的历史内涵、现代风貌以及地方特色，从而形成科学合理的城镇规划体系，提升城镇的建设水平。②

---

① 姚秋昇、李小浩：《我国三规合一的理论实践及实施建议》，《农村经济与科技》2017年第28期。

② 冯奎、程泽宇：《推进县域城镇化的思路与战略重点》，《经济与管理研究》2012年第6期。

二 促进产业优化与城镇化良性联动

县域经济是江西省经济发展的重要组成部分，随着县域经济实力不断增强，县域农业人口会持续向非农产业转移。未来一个时期内，江西省的城镇人口基数将持续扩大。产业结构的不断优化、交通设施水平的不断完善，可为加快推进城镇化高质量发展提供较好的基础条件。

市场经济条件下，资本与人才不断向能产生更大效应的地方集聚。县域城镇化绕不开县域经济的发展。[①] 县域经济欠发达不利于留住本地资本和人才，县域经济落后不利于农村剩余劳动力的就近就地转移。通过不同县域城镇化的调查与对比，可发现城镇化水平与县域经济发展密切相关，城镇化离不开县域经济和产业发展的支撑。[②] 县域经济发达的县城，城镇化水平相对较高；经济欠发达的县（市），城镇化水平相对较低。因此，发展县域经济是提升江西省域城镇化质量的重要途径。

一是进一步提升县域经济实力。壮大县域经济能有效提升城镇化的质量。[③] 充分挖掘县域内的各类自然资源和产业优势，结合本地资源要素状况、交通区位条件以及已有的产业基础等，通过壮大和培育特色经济，促进县域经济发展壮大。同时，进一步推进城镇化，进一步优化产业结构。以南昌为代表的县域应进一步强化服务业的发展，促进服务业与工业协调发展。以婺源为代表的县域应进一步强化工业的基础作用，促进工业与服务业联动发展。以宁都为代表的县域应在现有的特色农业的基础上，进一步强化农业产业化、构建特定的工业品生产体系和特定服务产品供应体系，从而进一步做大做强县域经济，使得产业的发展更加符合城镇发展的要求，通过产业调整和转换提高城镇集聚效应，满足城镇化规模不断扩大的需要。

二是提升县域工业实力。县域工业实力的强弱直接影响到城镇化推进的速度与质量，还能帮助缓解大量农村剩余劳动力向城镇转移引起的就业

---

① 张海姣、张正河：《城镇化与县域经济的相关性》，《华南农业大学学报》（社会科学版）2013 年第 3 期。

② 马骏、童中贤、杨盛海：《我国县域新型城镇化推进模式研究——以湖南省域 71 县为例》，《求索》2016 年第 4 期。

③ 刘国斌、汤日鹏：《吉林省发展县域经济推进城镇化进程的思考》，《人口学刊》2011 年第 1 期。

压力。从改革开放以来县域城镇化与工业化进程的发展趋势来看，江西县域城镇化与工业增长之间的趋势一致，在工业增长带动城镇化的同时，城镇化也能帮助夯实工业发展基础和优化工业发展环境。而工业化在带来产业集聚、促进产业结构优化升级的同时也能促进城镇化的发展。[①] 城镇化反过来通过集约土地资源和劳动力资源，使得投资产出达到规模效应而促进工业发展。因此，从县域城镇化的高质量和可持续发展的趋势来看，应加快县域工业发展升级，尤其是优化工业园区布局，引导县域工业企业集聚工业园区，壮大工业园区发展规模，使之成为支撑县域城镇化和县域经济发展的有效载体。因此，未来若干年里，工业基础较好的县域，城镇化将进一步发展，发展的可持续性也得到进一步保障。

三是促进服务业与农业的发展。县域服务业、农业的发展与工业发展密切联系。由于江西县域中许多县的农业基础较好，是工业发展的基础，部分县域工业企业本身就是农业产业链的延伸，农副产品加工业的发展能促进工业的发展。同样，工业的发展离不开服务业的支持，尤其仓储物流、交通运输、电子信息等服务业的发展，是工业企业转型升级的重要支撑。同时，服务业的发展可以进一步完善城镇公共服务设施，为农民提供更多就业岗位，为农民创收提供更多渠道，进一步提高农村转移人口的收入和生活水平，提升城镇宜居度，从而提升城镇化质量。由此可见，未来若干年里，农业大县以及以服务业发展为核心的县域，在促进农业、服务业持续发展的同时，注重与工业联动、融合发展，只有与工业联动发展，延长产业链，提升农民收入，才能实现各个产业的高质量发展，从而保证剩余农村居民就近就地向城镇转移。

三　提高县域城镇建设质量

以县城为主，壮大县城中心镇，以县城所在城镇作为县域城镇化集聚人口的中心地，推进县城的城镇建设，大幅改善县城宜居环境，增强对农业人口的吸引和接纳能力。以县城作为就地就近城镇化的主战场，抓好抓实县域城镇化关键环节，使之成为江西省城镇化高质量发展的重要基础。

---

① 张治栋、司深深：《城镇化、工业集聚与安徽县域工业增长》，《华东经济管理》2018年第9期。

同时，加快建设特色小镇，以特色小镇建设作为农村人口就近就地转移的目的地。完善县域城镇空间发展体系，提升城镇人居环境，同时突出特色。从各地县情出发，依托各地的经济基础和产业基础，发展与本地产业结构、人口结构、资源结构相适宜的城镇化模式。因此，未来县城以及各项基础设施、公共服务设施相对完善的特色小镇将成为农村人口就近就地转移的第一站。进一步完善县域城镇基础设施建设和公共服务设施。随着城镇人口的增多，对城市交通、水利、能源基础设施的要求越来越高，对中心城区路网、供排水管网、燃气管网等基础设施的需求也会日益增长，通过合理的项目建设，提升城镇承载能力，建设宜居城镇，解决农村剩余劳动力转移的后顾之忧，留住农村剩余劳动力，让其成为新的城镇居民。此外，要重点加快对贫困县的城镇化资金支持力度。城镇化进程中，城镇的基础设施建设以及公共服务设施建设需要大量资金投入，由于江西省多数县在山区，各项资源条件缺乏优势，财政实力偏弱，基层政府财政收支缺口较大，城镇基础设施欠债较多，各项基础设施建设欠账较多，不利于城镇化的可持续发展。

四　推进县域城镇差异化特色化发展

对于离市区较近，经济基础、外部交通条件相对较好，市政建设比较完善的县（市），城镇化的重点是在完善市政基础设施和医疗、教育、文化卫生等公共服务设施的基础上，进一步完善产业布局，提升城镇承载能力，留住本地城镇居民，并尽可能多地吸引农村人口;[①] 对于离市区较远，经济基础一般，但有一定产业基础或特色的县域，应该依托现有的产业基础，在吸引农村劳动力转移的基础上，留住农村劳动力，引导其由外来务工人员转变为本地城镇居民；对于外部交通条件一般、经济基础较差、乡村人口较多的县域，重点以现有的产业和设施为基础，促进农业转型升级，鼓励农民从事非农产业，大力发展第二、第三产业，提升第二、第三产业对农村劳动力的就业吸纳能力。

---

① 凌筱舒、王立、薛德升:《江西省县域城镇化水平测度及其分异研究》,《人文地理》2014 年第 3 期。

第五节　江西县域城镇化典型调查

截至 2018 年底，江西省共有 11 个县级市、63 个县。近年来，南康市、广丰县、新建县、赣县、东乡县、九江县、余江区分别调整为南康区、广丰区、新建区、赣县区、东乡区、柴桑区以及余江区，74 个县（市）加上上述县（市）改区的 7 个区，一共 81 个县（市）。81 个县（市）经济基础、产业结构以及地域条件都存在显著的差异，城镇化发展的特征也存在一定的差异。由于时间有限，不能对江西省的 81 个县（市）一一分析，只能根据江西省县域经济发展的排名情况，结合各县域的地域情况，选择经济发展实力较好且具有一定区位优势的南昌县、经济发展处于中等水平的边界丘陵县——婺源县以及经济发展实力相对较弱的老区贫困县——宁都县来开展调查研究，以点带面，间接反映江西不同类型县域城镇发展的基本情况和总结出相关经验，为中部地区其他相关类型县域高质量推进城镇化提供一定的经验。

一　大都市郊区县——南昌县新型城镇化发展调查

南昌县位于江西省中部偏北，赣江、抚河下游，地处省会南昌市中心城区南麓，从东、南两个方向环绕中心城区，行政区面积 1811 平方公里，户籍人口 105.4 万人，乡镇数 18 个，街道办事处 1 个，有 2200 年建县史，是江西省的首府首县。南昌县是典型的大城市郊县和经济强县，城镇化发展具有很强的典型性和代表性，通过对南昌县新型城镇化发展道路进行总结和分析，对于中部经济欠发达地区中小城市和县域范围内推进城镇化具有很强的理论和实践指导意义。

1. 南昌县新型城镇化历程

表 8-7　　　　　　　　改革开放以来南昌县人口结构变化情况

年份	年末总人口（万人）	非农业人口（万人）	城镇化率（%）
1983	91.3	9.4	10.3
1989	90.6	10.1	11.1

年份	年末总人口（万人）	非农业人口（万人）	城镇化率（%）
1992	93.0	10.8	11.6
1999	98.6	15.0	15.2
2002	103.8	19.1	18.4
2009	97.0	23.0	23.7
2012	101.0	22.0	21.8
2017	104.0	31.4	30.2
2018	105.4	32.6	30.9

注：根据历年中国县（市）社会经济统计年鉴整理而得。

改革开放初期，南昌县城镇化进展缓慢，农业人口相对较多，非农业人口相对较少，虽然城镇化率持续提升，但户籍人口城镇化率基本保持在15%以下。1983年南昌县非农业人口达到9.4万人，占总人口的比重为10.3%；1989年非农业人口为10.1万人，占总人口的比重为11.1%。1992年非农业人口10.8万人，占总人口的比重为11.6%，乡村劳动力43.32万人。1999年，非农业人口增长到15万人，占总人口的比重为15.2%。

进入21世纪以来，随着工业和服务业的快速发展，南昌县非农就业机会不断增多，农村人口不断向城镇转移，非农业人口不断增多。2002年南昌县非农业人口达到了19.1万，占总人口的比重为18.4%，非农业人口比改革开放初期增加了10万人，户籍人口城镇化率比改革开放初期提高了8个百分点。随后的十几年里，南昌县人口进一步增加。2009年，南昌县非农业人口突破20万，达到了23万。党的十八大以来，南昌县城镇化进程进一步加快。到2018年底，南昌县非农业人口突破30万，达到了32.6万人，城镇化率也提高到30.9%。

在城镇化加速发展过程中，南昌县的县域经济综合实力不断得到提升。改革开放初期，南昌县的城镇化进程相对缓慢，主要以第一产业为主，农业人口较多，工业商业经济相对欠发达。1978年，南昌县第二产业增加值仅为3790万元，社会消费品零售总额仅为7991万元。1989年，第一产业增加值51138万元，占国民生产总值的比重为55.4%，而工业总产值仅33814万元（当年价格），第一产业对经济发展的贡献远超过第二产业。进

表 8-8　　　　　　　改革开放以来南昌县主要经济指标变化情况　　　（单位：万元）

年份	地区生产总值（当年价格）	第二产业增加值	社会消费品零售总额	地方财政预算内收入
1978	27073	3790	7991	—
1985	58227	14477	16331	6226
1990	107798	22701	38820	8175
1999	555999	168100	77449	15262
2002	740364	235000	91609	19458
2009	2555062	1684649	481000	122051
2017	7820000	5090820	1790000	638000
2018	8116340	5068972	2005336	700422
2019	10277640	5706474	2247243	744527

注：根据历年中国县（市）社会经济统计年鉴整理而得；2019 年数据来源于 2019 年南昌县统计公报。

入 21 世纪以来，南昌县工业发展步伐加快，工业经济不断发展壮大，城镇化进程也加快发展，经济综合实力不断提升。2000 年，南昌县国内生产总值 59.8 亿元，其中，农林牧渔增加值 19.9 亿元，工业增加值 13.53 亿元，财政总收入 2.6 亿元，城镇固定资产投资 1.6 亿元，社会消费品零售总额 9.93 亿元，出口总额 16 万美元，实际利用外资 366 万美元，南昌县三次产业结构比为 33.7%∶30.6%∶35.7%，农业对地方经济的贡献依然较大。进入 21 世纪以来，南昌县以大开放为主抓手，实施工业强县、农业稳县、三产兴县发展战略，大力推进新型工业化、城镇化、农业农村现代化，主导产业快速发展，城镇化水平大幅提高，综合经济实力和竞争力大大增强，2008 年首次成为江西省唯一进入全国 100 强县市。此后，随着县域经济综合实力的不断提升，南昌县在全国 100 强县市中的排序不断前移。党的十八大以来，南昌县工业经济大幅提升。2012 年，南昌县地区生产总值增长到 437.6 亿元。其中，第一产业增加值达到 42.6 亿元，第二产业增加值达到 285.7 亿元，财政总收入达到 60.5 亿元，社会消费品零售总额 63.7 亿元，出口总额 9.4 亿元，实际利用外资 4.1 亿美元，南昌县人均生产总值达到 43370 元。2018 年，南昌县实现地区生产总值达到约 811.6 亿元，在全国中小城市综合实力百强县、投资潜力百强县、新型城镇化质量百强县中排位前移。截至 2018 年底，南昌县第二产业从业人员 311986 人，第三产业从业人员 393991 人。

2. 南昌县新型城镇化经验

南昌县城镇化的发展主要得益于县域经济实力不断增强和城镇化与工业化互动发展。南昌县在推进新型工业化发展、加快推进工业转型升级的同时，优化制度环境，加快以政府引导的方式推进新型城镇化建设，取得了显著成效。①

一是县域经济综合实力持续增强，为城镇化加速推进提供基础。2017年南昌县在第十七届全国县域经济与县域综合发展百强榜单中，再次进位赶超，前移 8 位，跃居第 30 位。与此同时，在全国中小城市、新型城镇化质量、投资潜力三个百强县排名中，分别前移 2 位、3 位和 1 位，跃居第 44位、第 38 位和第 10 位，并跻身全国十佳"两型"中小城市且位居第 6。2018 年南昌县在成功挺进全国百强第一方阵的基础上，百强进位实现"十连升"，跃居第 29 位，开始迈入"2 字头"时代。2019 年，在第十九届全国县域经济与县域综合发展前 100 名中排名第 25 位。在国家级经开区综合排名中，南昌县小蓝经济开发区前移 5 位，跃居第 95 位，县与区实现"双百强""双进位"。在全国新型城镇化质量百强县市、全国中小城市综合实力百强县市评比中，分别位列第 36 位和第 42 位。同时，先后荣获全国中小城市投资潜力百强县市第 10 位、全国科技创新百强县市第 44 位、全国绿色发展百强县市第 63 位。特别是获评中国营商环境百强县区第 19 位，成为全省唯一上榜的县区。

二是加快工业转型升级，促进工业化与城镇化联动发展。进入 21 世纪，南昌县抓住全省发展的重心从发展农业为主转向以发展工业为主的战略时机，创建了小蓝经济开发区，积极承接各地区产业转移。南昌县充分发挥与省会城市紧邻的区位优势，抓住都市产业向外扩张和沿海产业向内地转移的历史机遇，聚焦工业发展。2002 年 3 月，县委、县政府决定举全县之力，在南昌市南郊、县城西郊赣抚河滩地上开办小蓝经济开发区。县里打通和拓展连接中心城区的主通渠，实施"五通一平"，在开发区实行特殊优

---

① 赵海：《人口城镇化的现实困境与路径选择——基于江西省南昌县的调查》，《宏观经济研究》2013 年第 10 期。

惠政策和优质高效服务。率先吸引了江铃汽车、煌上煌食品、南昌啤酒、汇仁药业、江西国药、江西制药、泰豪集团等一批都市产业落户园区。这些企业或是全省行业骨干龙头企业，或是民营经济明星企业，规模大、技术含量高，体制机制先进，竞争能力强，成为小蓝开发区的品牌形象、对外招商的产业基础和集群发展的骨干核心企业。小蓝经济开发区的设立和前期都市产业的成功落户，标志南昌县真正拥有了新兴的现代工业、县域经济发展思路的重心，完成了由农业经济为主向工业经济为主的转变。南昌县抓住历史机遇，把县域经济的重心转移到发展工业上来。精心培育县域经济优势支柱产业和特色产业，建立强大的县域经济工业体系，将汽车及零部件、食品饮料、医药器械发展成为三大主导产业，电机电器、轻纺服装、软件及文化创意实现规模化发展，逐步成为三大特色产业集群。这些产业已成为县域经济乃至南昌市的支柱产业。2009 年末小蓝经济开发区落户企业 520 家，其中开工 396 家，投产 316 家，全年实现工业总产值219.4 亿元，实现主营业务收入 218.3 亿元，实现利润 7.2 亿元。

经过 10 多年的发展，2019 年小蓝经济开发区规模以上工业企业达到258 家，实现工业总产值 1172.3 亿元，实现主营业务收入 1162.4 亿元。[①]目前，小蓝经济开发区的产业成为县域经济的主导产业、支柱产业，对县域经济、对县域工业化和城镇化产生了巨大的推动和支撑作用。2009 年，南昌县三次产业结构比为 13.5%∶66%∶20.5%，2019 年三次产业占比调整为 6.2%∶55.5%∶38.3%。产业结构的不断优化为城镇化的持续发展提供了强力支撑。

三是抓住城镇化加速发展的历史机遇，促进城镇化与工业化联动发展，不断壮大县域经济。在工业化推动下，南昌县中心城区工业地产、商业地产、住房地产、新兴服务业空前繁荣，加快推动城市规模快速扩张。与此同时，南昌县抓住省会南昌市中心城区大扩展机遇，以小蓝经济开发区等"一区三园"产业发展为基础，与工业化联动发展，推进新型城镇化。拉开城市框架，实现组团发展，推进基础建设，扩大城镇规模，美化绿化城市，提升城市品位和管理水平。2018 年，南昌县常住人口城镇化水平已超过50%，高于全省平均水平。昌南新城已成为南昌都市圈五大组团的重要组成

---

① 　参见《2019 年南昌县国民经济和社会发展统计公报》。

部分，在壮大县域经济的同时，带动了周边城镇的发展。

四是加强宜居城市建设。近年来，城镇人口不断增多，中心城区不断扩大，南昌县通过推进城市更新、综合管廊、"海绵城市"等建设，完善了园区道路、燃气、供热、排污等基础设施。通过推进主干路网建设，完善主路旧街提升改造，打通断头路，推进集贸市场升级改造，加快社会停车场建设，城市路网设施不断完善，公厕、垃圾站数量不断增多，灭烟设施基本实现城区道路全覆盖，城镇居住环境改善显著，城市功能品质不断提升。2018 年，南昌县城区面积扩大到 48.2 平方公里，人口密度达到 4161 人/平方公里，人均日生活用水量为 97.56 升，供水普及率为 99.62%，燃气普及率为 96.2%。南昌县人均城市道路面积达到了 19.4 平方米，建成区供水管道密度达到了 6.23 公里/平方公里，建成区路网密度达到了 4.81 公里/平方公里，建成区道路面积率为 8.03 平方公里，建成区排水管道密度为 3.19 公里/平方公里，污水处理率 82.6%，人均公园绿地面积为 11.22 平方米，建成区绿化覆盖率达到 35.66%，建成区绿地率为 32.16%，生活垃圾处理率为 100%。城市规划建设与城镇化进程不断统筹协调。2010 年南昌县城市建设用地面积仅为 10.93 平方公里，2018 年南昌县城市建设用地达到 34.31 平方公里，比 2010 年增长了 214%。

二 边界丘陵县——婺源县新型城镇化发展调查

婺源县位于江西省东北隅，东临浙西重镇衢州，西毗瓷都景德镇，北依黄山，南靠铜都德兴。属于江西省上饶地区，下辖 21 个乡、6 个镇，总人口 32.4 万人，土地面积 2947 平方公里，是全国著名的文化与生态旅游县，被外界誉为"中国最美的乡村"。婺源县是典型的边界丘陵县，婺源县城镇化发展在江西省边界丘陵县中具有一定的典型示范作用，通过对婺源县新型城镇化发展道路进行总结和分析，可对中部经济欠发达地区地处边界丘陵范围内的县域推进城镇化具有很强的理论和实践指导意义。

1. 婺源县新型城镇化历程

婺源县的城镇化是伴随着旅游业的加快发展而加速推进的。因此，改革开放至 20 世纪 90 年代，婺源县的城镇化进程相对缓慢。到 20 世纪末期，随着旅游业的加快发展，婺源的城镇化开始提质提速。

改革开放初期至 1997 年，婺源县非农业人口相对较少。1983 年非农业人口仅 3.1 万人，城镇化率为 10.7%。随后的十几年里，非农业人口持续增加，城镇化率也不断提升，但进展缓慢。1989 年婺源县非农业人口为 3.7 万人，城镇化率为 11.7%；1994 年婺源县非农业人口为 3.8 万人，城镇化率为 12.0%；1997 年，婺源县非农业人口为 4.2 万人，城镇化率为 13.0%；1998 年至 2017 年，婺源县城镇化加速推进。1998 年婺源县非农业人口为 5.7 万人，城镇化率为 17.5%；1999 年，婺源县非农业人口为 6.1 万人，城镇化率为 18.7%；2002 年婺源县非农业人口增加到 6.4 万人，城镇化率达到 19.2%。到 2017 年婺源县非农业人口达到 14.3 万人，比 1983 年增加了 11.2 万人，城镇化率达到 38.6%，比 1983 年提高了近 28 个百分点。

表 8-9　　　　　　　　改革开放以来婺源县人口结构变化情况

年份	年末总人口（万人）	非农业人口（万人）	城镇化率（%）
1983	28.9	3.1	10.7
1989	31.7	3.7	11.7
1994	32.4	3.8	12.0
1997	32.4	4.2	13.0
1998	32.5	5.7	17.5
1999	32.6	6.1	18.7
2002	33.4	6.4	19.2
2009	35.6	5.8	16.7
2012	36.5	6.0	16.2
2017	37.0	14.3	38.6
2018	37.6	14.7	39.1

注：根据中国历年县域经济统计年鉴整理而得。

2. 婺源新型城镇化经验

一是婺源县的城镇化与婺源的经济发展、产业结构的调整密切相关。改革开放初期到 1997 年，婺源县城镇职工相对较少，城镇个体劳动者少，农村劳动力比较多。1997 年，婺源县城镇职工达到了 3.3 万人，城镇个体劳动者 0.3 万人；从事批发和零售贸易、餐饮业的人数只有 5000 人；地区生产总值（当年价格）为 86130 万元，第三产业增加值 18520 万元，占地区生产总值的比重达到了 21.5%。1998 年，婺源县地区生产总值（当年价格）

为90980万元，第三产业增加值22980万元，占地区生产总值的比重达到了25.3%，三产占GDP的比重开始大幅提升。与此同时，城镇居民数量也大量增加。三产的发展不仅拉动了经济发展，还增加了就业岗位，为农村劳动力转移提供了就业空间。2009年婺源县非农业人口为5.8万人，第二产业从业人员为7210人，第三产业从业人数为11050人，第三产业增加值达到178354万元，占地区生产总值的比重提升为43.0%。2018年，婺源县第二、第三产业从业人数持续增加，第二产业从业人员51888人，第三产从业人员81448人；三产占比提升为59.1%。同时，县域经济实力不断增强，产业结构持续优化。2019年婺源县地区生产总值（当年价格）达到131.5亿元，财政总收入为11.08亿元，农村居民人均可支配收入达到14304元。

二是婺源县主要是以旅游业及相关服务业的发展带动城镇化的发展。1993年，婺源的旅游业开始起步。通过利用现有的徽派建筑和古村落开发旅游业，吸引了一部分游客。20世纪90年代末，婺源开始明确以发展旅游业为主导产业，以建设"中国最美乡村"为目标，树立品牌，加快发展旅游产业，与旅游相关的服务业也快速发展，三产对经济发展的贡献度大幅提升。进入21世纪以来，婺源县旅游业进入跨越式发展，综合实力不断增强，品牌效应显著提升，而与此同时城镇化速度也在加快。2006年婺源县旅游达到了283.35万人次，2018年上升到2370万人次，旅游综合收入220亿元，且不断翻番。国家级5A景区1个、4A景区13个；省级5A乡村旅游点2家、4A级乡村旅游点4家。婺源县旅游产业的持续发展，带动了酒店、宾馆、餐饮等服务业的发展，宾馆达到300多家，床位2万张；农家乐4081户，床位2.7万张；餐位1.8万个。全县各类旅游从业人员达8万余人。此外，旅游业与农业结合，促进了城镇化的加快发展。

表8-10 　　　　　改革开放以来婺源县主要经济指标变化情况 　　　（单位：万元）

年份	地区生产总值（当年价格）	第二产业增加值	社会消费品零售总额	地方财政预算内收入
1978	8516	1581	3632	—
1985	16212	2903	8543	—
1995	70764	27677	27140	4406
1999	98716	36706	45720	5878

续表

年份	地区生产总值（当年价格）	第二产业增加值	社会消费品零售总额	地方财政预算内收入
2002	134846	50431	70850	6102
2009	415007	169937	170400	21143
2017	1007845	346876	550733	145100
2018	1064285	339663	563895	99559
2019	1315000	—	627000	110800

注：根据历年中国县（市）社会经济统计年鉴整理而得；2019年数据来源于婺源县政府工作报告。

三是完善配套设施，鼓励农民就近城镇化。婺源县在促进旅游业大力发展的同时，以县中心镇建设为中心，以高标准、高要求来提升城镇的文化、公共服务等建设，打造高品质的宜居城镇，在吸引外来游客的同时，也促进了农村人口向城镇转移、农民向市民转变。加快城镇化与旅游业发展的融合，促进城镇化与生态旅游、社会联动发展。在城镇公共服务基础设施建设不断完善的过程中，城镇化质量不断提高，城镇化可持续性得到保障。改革开放初期，1989年婺源县固定电话用户仅914户，普通中学在校学生数仅13100人，医疗卫生机构床位数455床。2018年婺源县固定电话用户增加到52949户，普通中学在校学生数增加到20374人，医疗卫生机构床位数达到1828床，各项服务设施均不断完善。婺源县各城镇的宜居性与舒适度大大提高，同时通过加快农村路网和基础服务设施建设，建设乡村公路，形成镇村联动，村民实现了与城镇居民同样的生活服务。2018年，婺源县县城供水普及率达到了100%，燃气普及率达到了99.63%，人均城市道路面积19.8平方米，建成区道路面积率达到13.32%，污水处理率达到了78.44%，人均公园绿地面积达到15.46平方米，建成区绿化覆盖率为54.69%，建成区绿地率为50.17%，生活垃圾无害化处理率为100%。

表8-11　　　　　改革开放以来婺源县基本公共服务变化情况

年份	固定电话用户（户）	普通中学在校学生数（人）	医疗卫生机构床位数（床）
1989	914	13100	455
1999	12455	18678	455
2009	67544	18660	735

年份	固定电话用户（户）	普通中学在校学生数（人）	医疗卫生机构床位数（床）
2017	45054	20284	1624
2018	52949	20374	1828

注：根据中国历年县域经济统计年鉴整理而得。

三 老区贫困县——宁都县新型城镇化发展调查

宁都位于江西东南部，赣州市北部，东与石城、广昌县为邻，南与瑞金、于都接壤，西连兴国、永丰县，北毗乐安、宜黄、南丰县。全县南北长 117.2 公里，东西宽 61 公里，版图面积为 4053.16 平方公里。县城距省会南昌 324 公里，距市区赣州 162 公里。全县以丘陵、山地为主，东、西、北三面环山，地势北高南低，东西两边高，中间低，形成一个南面开口的盆地，构成一个独特的地形。截至 2018 年底，宁都县行政区面积 4049 平方公里，乡镇 22 个，户籍人口 85 万人，是典型的工商业欠发达县域。宁都县是典型的老区贫困县，该县的城镇化发展模式在江西省老区贫困县中具有一定的代表性，通过对宁都县新型城镇化发展模式进行总结和分析，对于同类的革命老区贫困县如何更好更快地推进新型城镇化，具有一定的理论和实践指导意义。

1. 宁都县新型城镇化历程

改革开放初期至 1999 年，城镇化进展较慢。由于宁都县以发展农业为主，工商业欠发达，非农业人口相对较少。1983 年宁都县非农业人口仅为 5.3 万人，城镇化率仅为 9.2%。1989 年宁都县非农业人口提升为 6.3 万人；1992 年为 6.4 万人；1999 年宁都县非农业人口达到了 8.9 万人，城镇化率达到了 12.8%，比 1983 年增加了 3.6 万人，提高了 3.6 个百分点。

进入 21 世纪以来，宁都县城镇化持续推进，但发展步伐依然比较慢。2002 年宁都县非农业人口仅 10.7 万人，非农业人口比 1999 年增加了 1.8 万人。2009 年宁都县非农业人口为 8.6 万人，城镇化率增加不明显。城区面积由 1978 年的 1.97 平方公里扩大到 2008 年的 12.5 平方公里，增加了 10.53 平方公里，增加了 5.3 倍，城区人口由 1978 年的约 2 万人增加到 2008 年的 15 万多人。2008 年，宁都县全县生产总值（GDP）59.9 亿元，其中，第一产业增加值实现 16.5 亿元，第二产业增加值实现 22.6 亿元，第三产业增加值实现 20.8 亿元，三次产业结构比调整为 27.5%：37.7%：
34.8%。由于工业相对欠发达，宁都县农业人口向外省转移较多，跨省劳务
输出将近 14 万人，宁都县被列为全市首个国家劳务输出工作示范县。

表 8-12　　　　　　改革开放以来宁都县人口结构变化情况

年份	年末总人口（万人）	非农业人口（万人）	城镇化率（%）
1983	57.5	5.3	9.2
1989	61.3	6.3	10.3
1992	64.4	6.4	9.9
1999	69.4	8.9	12.8
2002	71.4	10.7	15.0
2009	77.0	8.6	11.2
2017	85.0	17.1	20.1
2018	85.1	17.9	21.0

注：根据中国历年县域经济统计年鉴整理而得。

近年来，随着工业、服务业的不断发展，宁都县城镇化水平不断提升。
党的十八大以来，宁都县城镇化步伐进一步加快。2018 年宁都县非农业人
口达到 17.9 万人，户籍人口城镇化率提升为 21.0%。宁都县有 12 个建制
镇，占全县乡镇的 50.0%，各个镇之间存在分布不平衡、区域发展差距较
大、设施和功能不完善等问题，基本上是一条道路两排房的格局，城镇化
建设仍然处于较低水平。2018 年，宁都县实现地区生产总值约 183.6 亿元，
三次产业结构比调整为 18.5%：41.2%：40.3%。县城建成区面积扩大到
24.1 平方公里，城区常住人口增加到 23.9 万人，常住人口城镇化率达到
47.5%。2019 年宁都县经济总量达到 209.1 亿元，一般公共预算收入为 8.9
亿元。

表 8-13　　　　　　改革开放以来宁都县主要经济指标变化情况　　　　　　（单位：万元）

年份	地区生产总值（当年价格）	第二产业增加值	社会消费品零售总额	一般公共预算收入
1978	8407	1001	4112	—
1985	14630	1962	8339	—

年份	地区生产总值 （当年价格）	第二产业增加值	社会消费品零售 总额	一般公共预算 收入
1995	125743	26986	31107	5265
1999	197716	55990	50415	8436
2002	246565	73178	60310	9477
2009	642842	245144	—	29638
2017	1632343	663243	465000	78821
2018	1835636	757074	473717.8	82887
2019	2091000	—	530000	89000

注：根据中国历年县域经济统计年鉴整理而得；2019年数据来源于宁都县政府工作报告。

随着城镇人口的不断增多，宁都县在城镇教育、医疗等公共服务以及能源、通信等基础设施建设方面的投入不断加强，城镇人口生活环境日益改善，城镇化质量逐步提高。改革开放初期，1989年宁都县固定电话用户仅1023户，普通中学在校学生数仅27500人，医疗卫生机构床位数609床。2018年宁都县固定电话用户增加到39182户，普通中学在校学生数增加到58564人，医疗卫生机构床位数达到3363床，各项服务设施均不断完善。宁都县各城镇的宜居性与舒适度大大提高，同时通过加快农村路网和基础服务设施建设，建设乡村公路，形成镇村联动，村民享受到了与城镇居民同样的公共服务。2018年，宁都县县城供水普及率达到了97.03%，燃气普及率达到了95.93%，人均城市道路面积15.89平方米，建成区道路面积率达到15.77%，污水处理率达到了94.11%，人均公园绿地面积达到14.53平方米，建成区绿化覆盖率为42.89%，建成区绿地率为37.30%，生活垃圾无害化处理率为100%。

表8-14　　　　改革开放以来宁都县基本公共服务变化情况

年　份	固定电话用户 （户）	普通中学在校学生数 （人）	医疗卫生机构床位数 （床）
1989	1023	27500	609
1999	20531	39808	1053
2009	64402	34681	1008

年　份	固定电话用户 （户）	普通中学在校学生数 （人）	医疗卫生机构床位数 （床）
2017	37419	53251	2463
2018	39182	58564	3363

注：根据中国历年县域经济统计年鉴整理而得。

2. 宁都县新型城镇化经验

宁都县素有"赣南粮仓"之美誉。自唐朝以来，有"粮丰织旺"之记载，是历史上的粮食输出县。宁都县的城镇化与农业经济的发展密切相关，离不开农业产业化、现代化的支持。宁都县农业生产以产业化经营为主线，延伸产业链，形成了黄鸡、脐橙、蘑菇三大主导产业，以及优质稻、加工专用红薯、蚕桑、茶叶、烟叶、席草、白莲七大区域特色产业。而宁都县的工业也是在农业发展的基础上发展起来的。

通过推动三次产业协调发展来加快城镇化发展。宁都县大力实施兴工强县战略，扩大县工业园区发展规模。立足资源特色和产业基础，调整优化工业产业体系，重点发展轻纺服装、矿产品精深加工两个核心产业和食品加工、门业、新能源新材料三个特色产业。同时，支持规模以上工业企业发展、帮助龙头企业加速壮大，产业加速集聚，以现代轻纺和矿产品精深加工、食品加工、电子信息等产业为核心，力争总量壮大、结构优化、效益提高，工业发展不断攀升新征程，工业对地方经济发展的作用逐步增强，为城镇化的发展提供了有力的支撑。在发展工业的同时，宁都县还注重加快农业转型升级。主要是推进蔬菜产业规模化种植、黄鸡产业扩量提质、脐橙产业稳健发展以及茶叶产业加快发展，重点发展大米、脐橙、宁都黄鸡、油茶等农特产品深加工。2018 年宁都县农村居民可支配收入进一步提升为 10515 元。在促进服务业发展方面，宁都县加快推进全域旅游，完成翠微峰风景名胜区总体规划修缮，大力实施翠微峰景区提升和环境整治工程，进一步完善景区功能。提升旅游知名度和美誉度，吸引外来游客，带动农民就业和农村劳动力转移。2009 年宁都县实现地区生产总值 642842 万元，第一产业增加值 168106 万元，占地区生产总值的比重为 26.2%；第二产业增加值达到 245144 万元，占地区生产总值的比重为 38.1%；公共财政收入为 29638 万元，公共财政支出为 131861 万元。2011 年，宁都县实现地区生产总值 89.9 亿元，三次产业结构比调整为 23.3%：40.6%：36.1%；社会消费品零售总额 27.5 亿元，地方财政收入 4.78 亿元；县城建成区面积扩大到 15.5 平方公里，人口达 18.4 万人，全县城镇化率达 45.5%。2018 年宁都县全县实现生产总值 183.6 亿元，财政总收入 13.2 亿元，一般公共预算收入 8.3 亿元，社会消费品零售总额 47.4 亿元。

以新城建设和特色小镇建设带动城镇化的发展。宁都县以全国重点镇、全省百强中心镇建设为契机，加快黄陂、长胜两镇建设，推动发展成为县域副中心城市。结合区位和资源优势，加快建设以黄陂镇、长胜镇、青塘镇、洛口镇为中心节点的四个乡镇群。通过重点打造一批省级、市级特色小镇，集聚城镇人口，提升城市综合承载能力。梅江运动小镇、石上"奶香小镇"被列入赣州市市级特色小镇创建名单。依托小布"茶香小镇"、石上"奶香小镇"、梅江运动小镇等特色小镇，着力提升小城镇的经济繁荣度、设施完善度、生态文明度以及环境优美度。同时，通过大力推进县城新区建设，推动老城区改造，加快城中村和城市边缘村的合并改造，扩大城区建成面积，拓宽城市发展空间。加快户籍管理制度改革，放宽城镇户籍限制，引导人口向县城集中，提升城区人口容量。加快中心镇建设，重点开发建设洛口、黄陂、长胜、固村四个中心镇，实施农村建设用地减少与城镇用地增加（增减挂）工程，集聚各自周边区域的人口和经济，加快城镇化步伐。

强化城市基础设施建设促进城镇化发展。在县财政收支压力加大的情况下，依然坚持加大教育、卫生医疗、文化等公共服务设施的投入，极大提升了新增城镇人口的幸福感。近年来，宁都县加快建设多个公园，打造城镇"绿肺"，提升了城镇品位。通过持续加大棚户区、城中村改造力度，完善了城镇居民居住条件。通过加强各种景观带、商业街建设，完善了人居环境，提升了城市品相。通过打造畅通城市，持续推进城区道路"白改黑"，拓展现有城区路网，提升了城区通畅度。同时加大了停车场、农贸市场、公共厕所、垃圾中转站等基础设施建设，加强供排水、交通、能源、信息等城镇公共设施建设，完善社会服务体系，实施城区雨污分流、绿化亮化提升工程，增强城市综合服务功能。

第九章 江西农村城镇化特色小城镇发展研究*

特色小镇是指以某种产业为特色，既有城市功能，又有乡村风貌，是大小适宜的人口聚集区，主要包括以传统行政区划为单元的建制镇和不同于行政建制镇、产业园区的创新创业平台的两种形态。建设特色小镇是推进供给侧结构改革的重要平台，是深入推进新型城镇化的重要抓手，有利于推进江西省经济转型升级和发展动能转换，有利于促进大中小城市和小城镇协调发展，有利于发挥城镇化对乡村振兴的辐射带动作用。

第一节 江西省特色小镇的成长历程和基本情况

改革开放以来，特别是党的十八大以来，按照国家新型城镇化发展的总体部署，江西省积极推进小城镇建设和发展，按照完善功能、控制数量、节约土地、体现特色的要求，以全国发展改革试点镇和省级示范镇为重点进一步强化县级小城市和小城镇的建设，中共江西省委、江西省人民政府不断完善加快小城镇建设发展的思路，研究出台了系列扶持政策，探索开展不同类型的重点（特色）镇建设工作。到2018年底，除县城关镇及纳入城市建设范围的乡镇以外，江西省共有建制镇714个、集镇552个，共1266个。

一 江西省特色小镇的成长历程

江西小城镇建设经历了示范镇、百强中心镇和特色小镇的不同建设阶

＊ 执笔人：李华旭，江西社会科学院。

段，新型城镇化对小城镇建设提出了新的时代要求，要以产业为支撑、以城建为基础、以特色为关键、以人为本位、以文化为核心，建成联结城乡、具有特色、可持续发展的特色小镇，为江西省新型城镇化发展注入持续动力。

（一）示范镇建设

2010 年江西省在 28 个建制镇开展示范镇建设，由此拉开了江西省特色乡镇建设的序幕。2010 年 7 月，省委、省政府办公厅印发《关于加快示范镇建设的意见（试行）》（赣办字〔2010〕39 号），按照"扶优扶强、规划先行、突出特色、统筹兼顾"的原则，选择 28 个具有较好发展基础的小城镇作为示范镇，在引导人口集聚、促进产业发展、规范土地运作、拓宽融资渠道、加大资金扶持等方面进行三年重点扶持。

（二）百强中心镇建设

2013 年 8 月，江西省委、省政府办公厅印发《关于加快百强中心镇建设推进镇村联动发展的意见》（赣办发〔2013〕18 号），明确了百强中心镇建设的目标任务、政策措施和工作保障，从 2013 年至 2017 年，江西省选择 120 个区位优势较明显、资源禀赋较好、产业特色较突出、集聚能力较强、基础设施较完善的中心镇，由省、市、县三级重点培育，并将省百强中心镇建设纳入新农村建设和镇村联动发展范畴。

（三）特色小镇建设

经过示范镇建设、百强中心镇建设，江西省小城镇面貌焕然一些，尤其是一些产业特色鲜明的小镇脱颖而出。2016 年 7 月 1 日，住建部等国家部委联合发布《关于开展特色小镇培育工作的通知》，决定在全国范围内开展特色小镇培育工作。2016 年 10 月，江西省共有四个乡镇入选第一批中国特色小镇名单，分别为南昌市进贤县文港镇、鹰潭市龙虎山风景名胜区上清镇、宜春市明月山温泉风景名胜区文温汤镇、上饶市婺源县江湾镇。这四个小镇都是建制镇，属于《关于加快美丽特色小（城）镇建设的指导意见》界定的特色小镇。

为了促进江西特色小镇的加快发展和健康发展，按照省第十四次党代会提出"做精特色小镇，打造一批有活力、有魅力、有实力的中心城镇"的决策部署，在总结江西省示范镇、百强中心镇建设经验和充分调研的基础上，2016 年 12 月 20 日，省政府印发了《江西省特色小镇建设工作方案》（赣府字〔2016〕100 号），江西省分两批选择 60 个左右建设对象（含行政建制镇和不同于行政建制镇、产业园区的创新创业平台），由省、市、县三级共同扶持打造，力争到 2020 年，建成一批各具特色、富有活力的现代制造、商贸物流、休闲旅游、传统文化、美丽宜居等特色小镇，坚定不移加快发展转型，推动江西省国家生态文明试验区建设，努力打造美丽中国"江西样板"。2017 年江西省省级特色小镇培育工作全面启动，江西省各地切实加大工作力度，着力发展小城镇，重点加快县城的发展，在沿江、沿边、沿主要交通干道及其他基础条件比较好的地方，开发建设一批规划科学、规模适度、产业发展、功能完善、生活宽裕、环境优美、社会和谐、各具特色的新型小城镇。

二　江西省特色小镇的基本情况

截止到 2018 年，江西省国家级、省级特色小镇共 66 个，其中国家级特色小镇 12 个、省级特色小镇 54 个，其中建制镇类型 40 个、创新创业平台类型 26 个。各地普遍成立了市、县政府主要领导挂帅的工作领导小组，根据本地的区位、资源、经济基础和历史文化等方面的特点，重点围绕打造优势产业、提升设施水平、传承历史文化、保护生态环境和完善体制机制五个方面，进行各类规划编制，强化顶层设计，高位推动特色小镇建设成效显著。

从区域分布来看，江西省特色小镇在各地级市间的分布存在一定的差异性（具体见表 9-1）。从数量分布上看，赣州市特色小镇总量最大，达 11 个之多；抚州市、宜春市特色小镇总量并排第二，均有 8 个特色小镇；南昌市、吉安市特色小镇总量并排第三，均有 6 个特色小镇，九江市、上饶市特色小镇总量并排第四，均有 5 个特色小镇；特色小镇总量排名第五的地市有萍乡市、景德镇市、鹰潭市，均有 4 个特色小镇；新余市有 3 个特色小镇，排名第六；赣江新区有 2 个特色小镇，排名第七。其中，南昌市、宜春市、赣州市均有 2 个国家级特色小镇，九江市、景德镇市、鹰潭市、上饶市、吉安市、抚州市均有 1 个国家级特色小镇。

表 9-1　　　　　　　　　　江西省特色小镇区位分布情况　　　　　　　（单位：个）

各地市	国家级特色小镇数量	省级特色小镇数量
南昌	2	4
萍乡	0	4
新余	0	3
宜春	2	6
九江	1	4
景德镇	1	3
鹰潭	1	3
赣州	2	9
上饶	1	4
吉安	1	5
抚州	1	7
赣江新区	0	2

数据来源：作者整理。

从特色小镇发展类型来看，按照江西内陆省份特色小镇发展特点、产业特色等因素，可以将特色小镇分为旅游观光型、工业型、现代农业型、商贸物流型和创新创业型五种类型[1]（具体见表 9-2）：一是旅游观光型特色小镇。旅游观光型特色小镇重视挖掘区域内的历史文化资源和利用优良的生态环境资源，以发展生态文化旅游或健康养生养老休闲等相关产业为主导产业。旅游观光型特色小镇是江西省特色小镇的主要类型，有 3/4 以上的特色小镇都属于这一类型，共有 11 个国家级和 39 个省级特色小镇属于旅游观光型特色小镇。二是工业型特色小镇。工业型特色小镇是以工业产业为主导产业，注重挖掘区域内历史经典产业和新兴产业，在江西省特色小镇中有 7 个属于工业型小镇，其中国家级特色小镇 1 个、省级特色小镇 6 个。三是现代农业型特色小镇。现代农业型特色小镇是以农业和农业相关产业为主导产业，以农业产业推动特色小镇建设和发展，属于现代农业型小镇的有 3 个，全部是省级特色小镇。四是商贸物流型特色小镇。商贸物流型特色小镇一般具备良好的区位、交通条件和较大的人口流动性，商贸物

---

① 王业强、孙硕、张璐璐：《以生态文明理念推进江西特色小镇建设——来自江西国情调研基地的思考》，《生态经济》2019 年第 10 期。

流产业是这类特色小镇发展的主导产业，江西省特色小镇中有 4 个属于商贸物流型特色小镇，全部是省级特色小镇。五是创新创业型特色小镇。创新创业型特色小镇是在打破传统建制镇意义的新生园区镇、城中镇的基础上，随着创新创业活力释放和产业转型升级孕育而来。创新创业型小镇是各种新型业态（如孵化+创投、互联网+、创新工场等）的创新创业集聚区，江西省特色小镇中有 2 个属于创新创业型小镇，全部是省级特色小镇。

表 9-2 江西特色小镇类型

名称	数量（个）	国家级		省级	
		数量（个）	名称	数量（个）	名称
旅游观光型特色小镇	50	11	鹰潭市龙虎山风景名胜区上清镇	39	九江市武宁县罗坪镇
					九江市修水县太阳升镇
			宜春市明月山温泉风景名胜区温汤镇		景德镇市乐平市洪岩镇
					萍乡湘东区下埠镇
			上饶市婺源县江湾镇		萍乡安源区海绵小镇
			赣州市全南县南迳镇		新余市渝水区罗坊镇
			吉安市吉安县永和镇		鹰潭市贵溪市塘湾镇
			抚州市广昌县驿前镇		赣州市上犹县陡水镇
			景德镇市浮梁县瑶里镇		赣州市大余县丫山运动小镇
			赣州市宁都县小布镇		赣州市龙南县武当镇
			九江市庐山市海会镇		宜春市高安市华林山镇
			南昌市湾里区太平镇		宜春市靖安县宝峰镇
			宜春市樟树市阁山镇		宜春市万载县三兴镇
					上饶市三清山枫林办事处
					上饶市上饶县罗桥镇
					上饶市铅山县葛仙山旅游小镇
					吉安市吉水县八都镇
					吉安市万安县高陂镇
					吉安市井冈山市华润希望小镇
					抚州市临川区温泉镇
					抚州市金溪县香谷小镇
					赣江新区经开组团儒乐湖新城产业小镇
					南昌市安义县石鼻镇
					南昌市南昌县幽兰镇

名称	数量（个）	国家级		省级	
		数量（个）	名称	数量（个）	名称
旅游观光型特色小镇					九江市彭泽县天红镇
					九江市庐山西海管委会运动休闲生态旅游特色小镇
					萍乡市莲花县坊楼红色培训小镇
					萍乡市芦溪县宣风凤栖小镇
					新余市仙女湖管委会河下镇
					鹰潭市余江县锦江镇
					赣州市瑞金市沙洲坝镇
					赣州市石城县大畲温泉小镇
					宜春市高安市大城田园风情小镇
					宜春市靖安县中源客家避暑小镇
					上饶市余干县瑞洪鄱阳湖亲子小镇
					吉安市安福县羊狮慕康养小镇
					抚州市宜黄县曹山宝积寺农禅小镇
					吉安市峡江县金坪乡
					赣州市安远县三百山小镇
工业型特色小镇	7	1	南昌市进贤县文港镇	6	南昌市进贤县李渡镇
					景德镇市高新区航空小镇
					鹰潭市余江县中童眼镜小镇
					赣州市南康区家居小镇
					景德镇陶瓷工业园区国际陶瓷文创小镇
					抚州市南城县株良镇
现代农业型特色小镇	3	0	无	3	南昌市新建区溪霞镇
					赣州市信丰县赣南脐橙小镇
					抚州市南丰县龟甲生态小镇
商贸物流型特色小镇	4	0	无	4	新余市分宜县麻纺小镇
					上饶市高铁经济试验区数字经济小镇
					赣州市赣县区江口镇
					宜春市丰城市梅林镇

续表

名称	数量（个）	国家级		省级	
		数量（个）	名称	数量（个）	名称
创新创业型特色小镇	2	0	无	2	赣州市章贡区赣南金融小镇
					赣江新区共青城市南湖基金小镇

数据来源：作者整理。

第二节　江西省特色小镇发展特征

江西省特色小镇建设充分尊重城镇化发展规律，各个小镇基本做到因地制宜、突出特色，在培育特色产业、传承传统文化、保护小镇生态环境、创新小镇发展制度上积极探索。江西省特色小镇发展呈现以下特征。

一　产业特色明显，多产融合逐渐呈现

产业是江西内陆省份特色小镇发展的核心。一是产业特色鲜明助力。江西内陆省份各特色小（城）镇依据自身资源禀赋优势定位主导产业和规划产业布局，选择各小镇自身特色鲜明和具有发展潜力的优势产业作为主导产业。例如，吉安县永和镇依托"千年吉州窑"的文化名片建设陶瓷文化产业园，将吉州窑产业做大做强，打造吉州窑文化。进贤县文港镇，文化用品产业是该镇的传统产业和支柱产业，重点打造制笔及相关文化用品产业基地和文化产业园；实施"互联网+"战略，电商发展到1200余家，快递公司发展到30余家，文港"淘宝小镇"初具雏形。明月山温汤镇以旅游产业作为特色产业，通过招商选资，2017年签约并相继开工的项目达22个，投资55亿元，婺源县江湾镇、庐山市海会镇、三清山枫林镇、湾里区太平镇等也以旅游产业为主导产业。全南县南迳镇着力发展芳香产业，建成了梅花、桂花、厚朴等森林芳香产业基地5万亩，带动12家中小型企业、23个林业合作社和1.3万户农户发展芳香产业。浮梁县瑶里镇在加大古镇保护与利用的同时，大力发展名优茶，不断提升瑶里茶知名度，瑶里古镇已成为周边10多个乡镇的茶叶集散地，目前已发展茶园万亩以上，产值近

2亿元，茶叶产业成为瑶里村民主要的增收致富渠道。渝水区罗坊镇、万载县三兴镇等以现代农业为发展重点；上饶高铁经济试验区数字经济小镇、景德镇航空小镇、共青城南湖基金小镇、赣南金融小镇等以高新技术产业和新兴产业为发展重点；南康区家居小镇、分宜县麻纺小镇、金溪县香谷小镇、余江县中童眼镜小镇、南康区家居小镇等以传统产业转型升级为突破口；广昌县驿前白莲文化旅游小镇、临川区三翁戏曲小镇、贵溪市塘湾镇等以文化产业为重点。

二是产业融合态势开始呈现。产业融合发展是江西内陆省份特色小镇建设发展的重要推动力。例如，以"旅游+农业""旅游+工业""旅游+民宿""旅游+文化""旅游+体育""旅游+养生"等为代表的"旅游+"发展模式日渐成熟，并且在特色小镇建设中发挥了重要作用。积极探索践行"旅游+农业"产业发展模式的上清镇以优质稻、茶叶、水稻制种、石蛙养殖、天师板栗、红花草、油菜种植等示范基地建设为载体，乡村旅游和生态旅游不断发展壮大。湾里区太平镇构建"旅游+扶贫"模式，全镇有旅游从业人员3000余人，通过乡村旅游带动已实现脱贫196人，仅旅游一项就为贫困户年均增收8000元。婺源江湾镇和思口镇创新了"旅游+民宿"发展模式，建成了"明训堂""世德堂""归去来兮""将军府""西冲院""花田溪""花满堂""从前山居""西府隐居"等一批极具文化底蕴的古宅度假民宿，形成了篁岭民宿群的集群效应，进行了有益探索。据统计，2018年江西省66个特色小镇（小城镇）主导产业产值约1289亿元，主导产业投资额约489亿元，新建、改扩建的产业项目总投资约834亿元。

二 彰显文化特色，提升小镇品位

一是深入挖掘历史文化底蕴。文化是江西特色小镇建设的灵魂，也是独有的特色品牌和标识。素有"千年古镇"之称的上清镇是中国道教第一古镇，上清镇依托天师府、古镇、泸溪河等文化生态资源，重点传承天师府第文化、道教祖庭文化、道源古镇文化、丞相福地文化、泸溪风水文化五大文化。依托山水资源优势和"月亮文化"品牌的温汤镇将"温泉文化""农耕文化""禅宗文化"三大文化紧密结合，建设成集文化、旅游、疗养为一体的国家级特色小镇。作为婺源为数不多的千年古镇的江湾镇是徽文化传承保护先行者，徽州三雕、歙砚雕刻、绿茶制作、徽剧、傩舞等国家级非物质文化遗产是江湾特色小镇独具特色的文化记忆。江湾特色小镇有1个国家级历史文化名村、3个省级历史文化名村、4个中国传统村落。文港镇以传统文化、产业文化和工匠文化构成文港特色文化的"三大板块",其中传统文化是以"二晏"文化为代表、产业文化是以毛笔文化为代表、工匠文化是以毛笔工艺制作为代表,文旅融合发展是文港特色小镇的重要支撑。

二是重现历史风貌,彰显古镇风韵。为了展现特色小镇的历史文化脉络和地域记忆特色,江西特色小镇建设充分保护原有的独特风貌。上清镇按照《上清古镇历史风貌保护及详细规划》的要求,对古镇进行了保护性开发,修缮了部分古建筑。对古街及新街进行了仿古改造,结合古镇旅游,形成了有上清特色的古镇风貌。婺源通过实施文化保护工程,规划了古村落村民建房新区,通过建立健全县、乡、村"三级"文物保护管理体制,推进了"徽州文化生态保护试验区"建设。江湾镇古村落建设保护落到实处,对古村的青石板路面和雨污管网系统、路面和景观进行全面改造,有效改观了古镇游览面貌。

三 体制机制不断创新,小镇建设更加灵活

江西省各地特色小镇建设在体制机制创新方面做了一些有益探索,进一步激发了特色小镇发展活力。各地把特色小镇建设作为推进创新创业的有效载体和经济转型发展的"特区",着力在土地、资金等要素保障上下功夫,努力为特色小镇建设提供优质的发展服务环境。在用地保障上,设区市都要求各县(市、区)新增建设用地计划指标,优先满足特色小镇用地需求,确有不足,市级层面予以统筹安排。在奖补资金上,参照省里做法都出台了相应政策,其中赣州市力度最大,该市对创建国家、省、市级特色小镇,经年度考核合格的,市财政分三年每年安排1000万元、800万元、200万元的奖补资金。在财税政策上,明确特色小镇规划范围内的城市维护建设税、市政公用设施配套费及土地出让金全部用于特色小镇基础设施建设,并在项目扶持、融资支持等方面出台了一系列扶持举措。在服务保障上,各地积极在土地报批、项目审批、证照办理等方面深化"放管服"改革。凡是符合法律法规要求的改革,鼓励特色小镇先行先试。例如,在项目审批方面,萍乡市成立了分管副市长牵头的"绿色通道"联审联批快捷

审批小组，确保各项审批快速到位。在项目管理机制上，江西特色小镇高度重视对重点建设项目进行协调和推进，建立了镇领导挂钩的重点项目制度，即每个项目都有 1 名镇班子成员亲自挂钩负责。在社会管理机制上，各个特色小镇充分发挥村级组织的管理力量和群众自治模式，以提升小镇社区管理水平。例如，宁都县小布镇组建以村民为主的集镇建设巡查组和村民建房巡查组，尤其是形成了建管并举、疏堵结合的管理模式，确保镇区和谐稳定；吉安县永和镇在举报奖励、保证金缴纳、定期巡查等规范建设制度上不断进行创新实践。在投融资模式上，在政府引导下积极探索社会资本参与小镇建设和运营。余江眼镜特色小镇就组建了产业引导基金，刺激眼镜企业自主研发和"机器换人"等技术改造。从统计数据来看，2018年江西省 66 个特色小镇建设吸纳社会资本约 422 亿元，实施 PPP 项目 49 个，总投资约 217 亿元。

四　推进生态文明建设，打造宜居宜业小镇

江西省特色小镇的建设始终把生态文明建设放在突出位置，各地在将特色小镇打造成宜居宜业小镇上下功夫。一是绿色宜居空间持续优化。享有"生态绿洲"美誉的江湾镇通过不断加大生态环境修复力度和逐年减少针叶林采伐量，将"天然阔叶林禁伐"机制落到实处，对盗伐、滥伐林木行为采取严厉惩罚措施。目前，江湾特色小镇的森林覆盖率已经达到89%。

二是小镇开发建设与生态保护红线实现有机结合。特色小镇建设必须严格按照生态红线管控约束小镇的开发建设，尤其是省政府规定的生态红线的面积与类型，在特色小镇建设过程中要将这类区域划定为禁止开发范围予以保护。

三是产业发展与生态保护实现双赢。特色小镇建设要注意处理好产业发展与保护环境的关系。文港镇重点实施绿色发展战略以破解制笔业的污染问题，文港镇通过建设电镀集控城提高日处理电镀污水量和电镀生产线容纳量，并实现了对各类镀种（如铜、镍、锌、锡、铬、金、银等）的加工处理。

据统计，2018 年江西省 66 个特色小镇（小城镇）全社会固定资产投资近700 亿元，其中新建、改扩建公共设施项目总投资约 87 亿元，完成投资约 35 亿元，新建、改扩建基础设施项目总投资约 137 亿元，完成投资约 79 亿元。

目前 40 个建制镇类特色小镇污水和垃圾处理设施已基本建成并投入使用。

第三节　江西省特色小镇发展存在的主要问题

通过对江西特色小镇整体情况和典型案例分析发现，尽管江西省特色小镇建设取得了一定的成绩，但是发展不平衡、不协调问题依然突出，短期问题和长期问题交织在一起，结构性问题和制度性问题并存，制约了特色小镇发展的可持续性，亟须加以解决。

一　产业特色定位不精准，后续发展动力不足

产业是特色小镇发展的内生动力，没有产业支撑发展的特色小镇就没有特色小镇的健康可持续发展。一是产业定位不精准。从目前江西省特色小镇整体培育情况来看，有半数以上的特色小镇是以休闲旅游作为主导产业，但是不同特色小镇在休闲旅游业产业的选择上并没有细化。以赣州为例，有将近 1/3 的特色小镇以花卉种植、观赏农业为特色打造休闲旅游特色小镇。二是产业发展同质化。尽管江西部分特色小镇多产融合的态势逐渐显现，但不同的特色小镇在建设内容和产业发展中存在同质化现象，比如江西省以农业观光旅游产业为主导的特色小镇缺乏完整的产业链，多以门票、住宿、餐饮等收入为主，特色小镇主导产业发展同质化严重，在产业链其他环节取得收入的较少。三是产业核心竞争力不足。尽管江西省各个特色小镇都明确了主导产业，但是产业不强仍然是制约特色小镇后续发展的关键性因素，江西省特色小镇的主导产业大多产业附加值不高，缺少品牌影响力的特色产业抵御市场风险能力较弱，因此将江西省特色小镇主导产业培育成有影响力、有竞争力的特色支柱产业依然任重道远。四是龙头企业缺乏。实力雄厚的龙头企业能够满足特色小镇主导产业的产业链发展和相关配套服务需求，但是在江西省特色小镇的培育实践中，较大的投资金额需求要求在特色小镇建设中必须引进资质较高的市场主体或者实力较强的投资主体，但是江西的特色小镇大部分产业集聚化、规模化程度不高，难以吸引到行业龙头企业和领军人才。

二　建设资金严重短缺，市场化运营程度不高

尽管江西省在投融资模式创新上进行积极探索，也在一定程度上引进了社会资本，但是从实践过程和实践效果上来看，建设资金不足依然是制约特色小镇建设的重要因素，引入社会资本依然存在较大困难，投融资渠道依然较少。一是建设资金不足。特色小镇建设的基础性投资回收周期长，社会资本参与积极性不高，政府和社会资本合作较少，缺乏有效的投融资渠道，特色小镇建设项目少，建设迟缓。目前从总体上看，政府投资仍然是主要来源。从省级层面来看，每年几万元的奖补资金难以满足特色小镇建设对人、财、物的投资需求；从市级、县级层面来看，城市基础设施建设仍然是财政资金重点倾斜对象，特色小镇建设基本处于"第二位"；从乡镇层面来看，大多数乡镇财力本身就严重不足，很多乡镇甚至负债度日，无力在特色小镇建设上加大投入。二是市场化运作程度不高。制约江西省内陆省份特色小镇运营水平的重要因素是市场化程度不高，部分县政府对特色小镇的出资占比偏高，政府成为特色小镇的建设主体，缺少市场化机制和市场化主体运作特色小镇。三是吸引社会资本难度较大。推进PPP模式，着力引进社会资本参与小镇建设是特色小镇建设的重要内容，但是现实情况是特色小镇建设出现了"政府热、社会资本冷"的现象，特色小镇建设的招商主体仍然是政府，政府在PPP项目中职能模糊，特色小镇运营主体本质上是缺失的，专业性人才缺乏，这些都加大了PPP模式在实践中推行的困难。

三　政策合力尚未形成，制度供给有待优化

一是政策设计有待细化。关于特色小镇支持政策，从国家层面来看，住房和城乡建设部2016年下发了147号文、221号文，2017年下发了81号文、102号文，国家发展改革委2016年下发了2125号文、2604号文，2017年下发了102号文；从省级层面来看，江西省政府2016年出台了《江西省特色小镇建设工作方案》（赣府字〔2016〕100号）；从市级层面来看，各个设区市也出台了相应的关于推进特色小镇建设的方案政策，总的来说，这些政策文件是指引特色小镇发展的重要纲领性文件，为各地特色小镇发展明确了方向、提供了遵循，但是特色小镇的建设发展不仅需要宏观性政

策引导，也需要操作性较强的具体性政策落实，尤其是在规划建设标准、土地利用方式、资金扶持模式、生态环境保护、历史文化传承等诸多方面，只有具体落地政策形成合力，才能够更好地引领特色小镇建设发展。二是制度供给有待优化。特色小镇建设发展需要顺畅体制机制，由于特色小镇的"非镇非区"的特殊性，更需要先行先试的制度供给。目前支撑江西各地特色小镇建设的制度还不够灵活，尤其是在探索市场导向的市场机制方面还有待进一步优化，破旧去僵、提供适应特色小镇发展的灵活制度是加快推进江西特色小镇发展的重要因素。

四　建设用地指标不足，要素制约有待破解

一是建设用地紧缺。特色小镇培育建设离不开大量基础设施布局，大量的基础设施建设对特色小镇的土地有了更高需求，而江西特色小镇项目建设中面临"有项目无土地"困境，特色小镇的项目建设与土地需求矛盾十分突出。此外，土地审批与使用受到严格控制，农用地转用手续十分烦琐，土地市场化程度不高，土地利用效率不高。二是先进要素集聚能力不强。特色小镇对人才、资金、技术等生产要素集聚能力的不足，严重削弱了对大客商、大资金、大项目的吸引力、凝聚力。

五　设施建设水平不优，整体功能有待提升

特色小镇建设需要"产城人文"并重，生产、生活、生态"三生"融合发展是建设江西内陆省份特色小镇的内在要求，特色小镇整体功能的完善关系到特色小镇的宜居宜业程度与长远发展。目前江西省大多数特色小镇只具备基本公共基础设施和基本服务功能，全面化的特色小镇跟进服务相对不足，不完备的整体公共服务功能和配套建设尚不能适应特色小镇的长远发展，尤其是特色小镇的教育文化、医疗卫生、环境保护、通信网络等基础设施也有待进一步完善。特色小镇本是"产城人文"一体的新社区，但是目前江西大部分特色小镇还未真正实现生产、生活、生态"三生"融合的多种功能聚合发展，尤其还有一些特色小镇规模较小，特色小镇的各类叠加功能还未真正有机统一。

第四节　进一步加快推进江西省特色小镇发展的路径

在对江西省特色小镇的总体研究和对特色小镇典型案例分析的基础上，为了进一步加快推进江西省特色小镇高质量发展，提出以下发展路径。

一　审慎统筹布局，推进小镇高质量发展

江西是欠发达的内陆省份，不同于江浙地区，江西县域经济薄弱、带动力有限，小城镇难以吸引和聚集先进生产要素，因此江西省特色小镇发展不能照抄照搬江浙经验，要依据内陆省份的发展特点，审慎推进江西省特色小镇建设与发展。一是注重用质量指标而非数量指标的方式来推进特色小镇建设。江西省在两年内分两批、每年 30 个的速度共建 60 个特色小镇，发展过于迅速，在新的发展阶段应该弱化特色小镇建设数量指标，更加注重特色小镇的内涵式发展，遵循特色小镇发展规律，提高特色小镇发展质量。二是完善特色小镇准入、考核和退出机制。根据特色小镇建设要求，可以在投资额度、特色要求、功能融合、高端要素集聚等方面对特色小镇建设分为优秀、良好、合格、警告、降格五个等级进行考核，持续开展评估督导和优胜劣汰，加强对特色小镇动态监测，建立规范纠偏机制、典型引路机制、服务支撑机制，推进特色小镇高质量发展。

二　加强规划引领，提高小镇治理能力

江西特色小镇应以城乡政策一致、规划建设一体、公共服务均等、收入水平相当为原则定位特色小镇的基本功能、主导产业、用地布局、综合交通体系等建设内容。一是加强总体规划和专项规划引领。特色小镇的总体规划必须要根据特色小镇建设特点科学安排，如小镇规模、功能分区、空间发展方向等，构筑功能完善、布局紧凑的特色小镇整体框架。此外，尽快完善江西各地特色小镇的各项专项规划，例如编制特色小镇产业规划、资源环境规划等，引导城镇规模合理扩张、完善小镇功能建设等。二是特色小镇建设要适应自身承载能力。特色小镇以统一规划、适度超前为原则布局基础设施和公共服务设施，路网、水网、电网、供气、供热、通信、排水、污水和垃圾处理等基础设施建设和教育、文化、卫生、体育等公共

服务设施建设要与小镇经济社会发展相适应。三是提高特色小镇治理能力和水平。推进镇容、镇貌综合治理水平和能力，彰显特色小镇风情风貌，重点治理镇区出入口、车站广场、交易市场、占道经营、沟渠水塘、环境卫生、垃圾污水等问题，推进特色小镇净化、绿化、亮化、美化工程。坚持以镇带村、以村促镇，实现镇村联动发展，保护特色小镇乡村文化，推进小镇历史文化传承。

三　壮大特色产业，激发小镇发展潜力

一是因地制宜发展特色产业。在产业选择上，依据特色小镇区位优势、资源条件、产业基础、人文特点，积极培育特色支柱产业和科学布局产业功能分区；在产业发展方式上，特色小镇产业发展要注重凸显特色，注重宜工则工、宜农则农、宜贸则贸、宜游则游；同时，注重三产融合发展，根据各地特色小镇发展特点，以第二产业带第三产业或者以第三产业促第二产业，注重发挥特色小镇的比较优势，延伸上下游产业链。二是制定实施特色小镇品牌发展战略。特色小镇品牌发展战略实施要以企业品牌、产品品牌和区域品牌为突破口，从省级、市级层面对特色小镇优秀产品进行品牌评选与推介，提高特色小镇产业竞争力和品牌影响力。三是增强小镇经济发展活力。营造特色小镇民营经济良好发展环境，培育壮大民营企业，助推民营企业成为特色小镇产业发展主体，拓展民营资本投资领域，增强特色小镇经济发展活力，鼓励有经济实力的农民投资创办民营企业，积极筛选引进一批支持特色小镇建设发展的重点民营企业，用聚集效应带动提升整体建设水平。

四　创新投融资模式，提高资金扶持力度

一是创新资金使用和管理模式。科学编制财政预算，提升政府统筹和配置资金的能力，对扶持特色小镇建设的各项专项资金进行同方向、同领域、同类别系统整合，保证政府各类补助资金向特色小镇倾斜，让财力资源形成"拳头效应"，确保资金更加"物尽其用"。二是成立特色小镇产业投资基金。建议省、市、县三级政府单独出资或者联合政策性银行出资，成立特色小镇产业投资基金，以缓解小镇建设资金压力，通过特色小镇建设专项基金引导，统一调度、有偿使用投资资金，激发民间资本投资吸引

力。三是加大对特色小镇金融扶持力度。加大金融机构与特色小镇的合作力度，鼓励银行等金融机构对特色小镇建设的多元化的信贷支持，持续改善和满足各类中小微企业对特色小镇建设的融资服务和融资需求。鼓励金融机构开发支持特色小镇发展的各项金融产品，以金融科技创新助力特色小镇建设发展。四是探索推广 PPP 模式。积极引入社会资本，利用 PPP 模式解决特色小镇建设资金短缺问题。在江西省特色小镇建设过程中，积极鼓励以 PPP 模式参与特色小镇建设。

五 优化土地供给机制，破解土地要素制约

一是科学布局特色小镇建设用地。为满足特色小镇建设用地需求，建议采取调剂方式适当调整城乡建设用地，充分挖掘小镇已建项目规划剩余指标，在一定条件下支持县级、乡级规划调整解决特色小镇用地规模问题。二是省级层面单列并以奖惩方式调整建设用地指标。由于特色小镇建设涉及基础设施、公共服务设施、特色产业发展配套设施等方面，用地需求大，因此建议省级层面在特色小镇建设用地计划上给予支持和倾斜，按照"第一优先"落实原则对省级特色小镇新增建设用地进行计划单列，并且以奖惩形式增减用地指标。例如，特色小镇如期完成规划目标任务，省级层面增加用地奖励指标；反之，没有完成规划目标任务的，则减少下一期的用地指标。三是充分发挥土地资产效益。搞活土地市场，通过土地拍卖、向上增资、乡镇自筹、市场化运作等多元化方式筹集特色小镇建设资金，通过加强土地收储、前期开发和土地出让工作合理配置土地数量与结构。四是用足用活政策，增加用地空间。多方寻找用地出路，继续综合运用好"增减挂钩"、低丘缓坡土地综合开发利用、临时用地、设施农用地、紧急用地等方面的政策，千方百计用好土地政策，最大限度拓展新增规模和盘活农村存量用地资源，充分运用好城乡土地增减挂钩政策，挖掘农村闲置低效土地的潜力优势。

六 加大体制机制创新，增强小镇发展活力

一是推进特色小镇管理体制改革。赋予特色小镇建设先行先试权限，允许特色小镇根据自身发展需要进行管理体制机制创新，尤其是探索支撑特色小镇建设的市场机制，增强特色小镇发展活力，放宽县级经济社会管

理权限，依法适度下放特色小镇所在地直接面向人民群众和基层服务事项的权限。二是建立特色小镇 PPP 项目协调推进机制。目前在江西省特色小镇基础设施建设项目中，还没有一个真正意义上的 PPP 项目，绝大多数基础设施项目建设都是政府财政投入。因此，进一步强化 PPP 模式非常必要。建议县级政府联合各个部门成立特色小镇 PPP 项目联审小组，定期召开联席会议，对特色小镇建设项目的各项工作承担起导向作用。三是建立动态过程管理机制。建议省级层面建设特色小镇联席制度，省级层面要对特色小镇建设质量实施动态管理，通过奖惩制度为特色小镇建设质量把关，例如对于高质量特色小镇，省级层面给予土地、产业基金、税收等多方面政策倾斜，形成灵活动态过程管理制度。

第五节 江西省特色小镇典型案例分析

一 婺源县江湾旅游特色小镇

2016 年 10 月，江湾镇被国家住建部评为全国首批特色小镇。江湾镇申报的小城镇功能类型为旅游观光型和现代农业型。江湾镇以人为本、因地制宜、突出特色，在加强历史文化名村保护的前提下，进一步完善镇区基础设施和公共服务，引导镇域向着"建设中国旅游第一镇、打造全域旅游样板区"的目标发展，走保护生态、发展旅游的可持续发展路子。

（一）江湾特色小镇的基本情况

江湾镇地处安徽、江西、浙江三省交界，隶属于江西省上饶市婺源县，是全国文明镇、卫生镇，镇域面积 316 平方公里，森林覆盖率达 89%，下辖 20 个村（居）委会，人口 3.5 万。江湾镇具有良好的区位优势，距离婺源县城仅有 28 公里，距黄山市约有 65 公里，离景德镇市约有 100 公里，景婺黄高速公路途经江湾镇并且设有道口，G237 国道穿江湾镇而过，江湾镇拥有便利的交通条件。

2018 年，全镇完成生产总值 9.5 亿元，完成财政总收入 5887.1 万元，同比增长 59.2%；农民人均纯收入 9600 元，净增 400 元；全社会 500 万元以上固定资产投资共 9146 万元，经济社会实现平稳快速发展。江湾镇始终坚持"旅游强镇"不动摇，全年共接待游客 270 万人次。

（二）江湾特色小城镇建设与发展情况

1. 规划编制情况

坚持规划引导，编制并认真实施了富有地域特色且具有前瞻性的《婺源县江湾镇总体规划》和《梨园新区发展战略规划》。2018年实施了《江湾镇总体规划2017—2035》修编工作，规划修编融入了特色小镇建设的相关要求，对镇域产业发展、旅游发展、历史文化保护、镇区公共基础设施、道路交通等进行了细致的研究、规划。目前规划已经婺源县政府批准且已启用。此外，江湾镇已完成特色小城镇规划并已报上级审核。

2. 主导产业发展情况

江湾特色小镇具有独具特色的产业形态，旅游产业始终是江湾镇的主导产业和特色产业，也是全国乡村旅游的品牌和代表，江湾镇先后获评国家特色景观旅游名镇、全国环境优美镇、全国首批8个美丽宜居小镇、"美丽中国"十佳旅游镇等"国字号"荣誉和名片。目前，江湾特色小镇有1个国家5A级景区、2个国家4A级景区，江湾、篁岭等景区拥有全国知名度，汪口、晓起等景区家喻户晓，还有石门山峡谷、婺源碧水莲花溪旅游区、婺源县松翠三产融合示范园、婺源书院、梨园特色小镇项目等一批新景区正在规划和建设中。在旅游业辐射带动下，江湾雪梨、晓起皇菊、大畈砚台、大鄣山茶油等传统农业产品和工业产品也得到了快速发展，尤其是依托旅游业形成的农家乐和民宿产业成为江湾的又一特色，如篁岭民宿群和龙廻坦农家乐等集群效益发挥为江湾构建全天候、四季游的旅游发展格局奠定了坚实基础，江湾主导产业吸纳了辖区内以及周边乡镇大量的劳动力并在解决农村就业上取得了积极效果。目前江湾镇以"建设中国旅游第一镇、打造全域旅游样板区"的战略发展思路，实现江湾镇旅游的新突破、新跨越。

其中，篁岭景区正创国家5A级景区。篁岭景区于2014年营业，用三年的时间成长为全国知名的旅游景区，先后被评为国家4A级旅游景区、中国最美休闲乡村、中国乡村旅游模范村、中国特色景观旅游名村、中国传统村落、中国历史文化名村、中国乡村旅游创客示范基地、全国"景区带村"旅游扶贫示范项目，年接待游客量2014年为45万人，2018年激增至130万人，发展潜力巨大。

婺源县松翠三产融合示范园正致力于打造全国一流的生态农业观光综

合项目。该项目以三产（营销、服务）指引一产（种、养），同时规范二产（加工），走生态环保生产之路。按照国家4A级景区标准，致力投资有机绿色食品生产与生态农业观光项目。目前该项目已建成有机食品加工厂和智能阳光大棚，实现年产值约900万元。

婺源书院项目已开工建设。主要建设内容为书院、文化商业街、大师聚落、民宿及配套设施等。

婺源碧水莲花溪旅游区项目正按国家5A级景区标准高起点打造全国健康旅游示范基地和研学旅游示范地。项目以中医药健康旅游为核心，以"禅—养—学"为主线，集养生度假、运动观光、游学体验于一体，目前该项目已建成旅游公路一条、峡谷游步道一条，完成中药材育苗基地100余亩（计划种植中药材3200余亩）。

梨园特色小镇项目正致力于打造成新型旅游综合体，承接镇区旅游集散中心的功能，用地面积约460亩，总投资约为20亿元。该项目正在前期规划设计中。

此外，江湾镇积极推动产业融合发展，着力挖掘旅游对相关产业的辐射带动力，全方位促进特色小镇健康持续发展。大力发展"旅游+农业"，积极引导和扶持绿茶、雪梨、皇菊、油茶、冷水鱼等传统农业向现代农业转型发展，初步建成龙廻坦农家乐示范村、晓起皇菊产业示范村、大潋山茶油产业村等。特别是依托旅游平台发展皇菊产业，为发展特色农业、促进农民增收提供了鲜活范例。引入了松风翠有机食品加工厂等先锋农业项目，带动江湾农业向有机、高效和订单化方向发展。扎实推进"旅游+工业"，进一步完善推动工业发展的体制机制和平台载体，推行全程代办制、保姆式服务等招商措施，例如大力引进聚芳永二期、博达天然矿泉水等工业项目，将大畈砚台产业与江湾旅游业紧密结合，大畈砚台已经成为独具江湾特色的旅游商品。

3. 宜居环境建设情况

江湾镇隶属于"古徽州一府六县"的婺源，同婺源其他乡镇一样，江湾镇建筑风格也基本保留了传统的徽派风格。江湾村坐落镇区中心，201省道穿越镇区而过，传统的徽派古建筑在后龙山和梨园水的映照下绘成了一幅美丽的山水画卷。多年来，江湾无论是引进项目、发展产业还是推进建设都将生态保护作为前提条件，始终将"生态保护"放在优先位置，确保江湾特色小镇的建设符合生态环境保护原则和长远发展。

大力开展城乡环境综合整治工作，整治后镇域环境有了明显提升。重点对镇区街巷、公路沿线、村庄环境进行集中整治。全镇垃圾实现了两级转运，垃圾全部送至县垃圾处理站统一处理，日转运垃圾约 30 吨。坚持高起点、高品位、精细化建设和管理江湾特色小镇，江湾精品文化步行街、江湾小河流域治理、201 省道改线"两桥一路"已经建设完成，特色小镇叠加功能日益完善，伴随着江湾风情小镇、江湾滨河民宿风情街、梨园新区等项目的启动建设，江湾特色小镇在区域范围内的集聚力和辐射力将进一步提升。

实施秀美乡村建设工程。2018 年江湾镇共完成 34 个秀美乡村一般村点建设，共筹集建设资金 749.58 万元。在秀美乡村建设过程中，结合宅基地管理对村庄内废旧房进行拆除，进一步完善村庄功能，不搞大拆大建，尽量使用乡土材料和本地绿化树种，打造看得见山、望得见水、留得住乡愁的秀美乡村。

4. 传统文化保护情况

一是砚雕文化。歙砚是四大名砚之一，其原材料产于婺源县溪头乡砚山村，但砚台雕刻产业主要分布在江湾镇大畈、济溪、龙潭、古蜀地等村庄，以大畈为核心形成了一条砚台产业链。为保护和发展该传统产业，2017 年在大畈实施了砚台一条街项目，计划在大畈打造一个砚文化产业园项目，进一步提升大畈砚产业实力，形成品牌效应，后成为 2018 年省级创业孵化示范基地之一。

二是木雕文化。婺源三雕的木雕有着悠久的历史，汪口村俞有桂、俞友鸿两兄弟都是国家级木雕非物质文化传承人，俞有桂目前在县城发展木雕产业；俞友鸿则在汪口村发展，2017 年其拍得汪口村老木器厂地块，准备建设集木雕加工、体验、观赏于一体的木雕生产基地，镇政府和村委会对该项目给予了大力支持。

三是婺源豆腐架。婺源豆腐架为省级非物质文化遗产，其属农耕文化产物，原是当地百姓用以驱魔逐疫、降吉纳福和祈求风调雨顺的一种民俗活动。后每逢重大喜庆节日，乡民就会自发组织起来，制作各式剧目的豆腐架游街巡村，久之遂成习俗。江湾豆腐架早在北宋宣和五年（1123）就已出现。婺源豆腐架是以游动式的立体舞台（做豆腐的架子）为平台，在豆腐架上用彩绸花帛装饰四周，由 7 岁至 12 岁的儿童扮演戏剧中的人物，戏剧的题材多取自历史典故和传说戏剧，每台架子一个典型故事人物，精巧奇美，仪态万千。现在每逢喜庆日子和景区重大活动，都会由村委会组织豆腐架表演，该传统民俗得到了很好的保护和传承。

5. 设施服务完善情况

作为婺源三个副中心之一的江湾，拥有相对完善的基础设施。从交通基础设施来看，村村通水泥路目标在江湾镇已经实现，村村通公路硬化率在江湾高达 95%。从公共服务基础设施来看，为了解决江湾旅游高峰期交通拥堵问题，江湾、梨园、篁岭等加快大型停车场项目建设。"万人千吨"自来水工程、农村垃圾科学分类处理、农村生活污水集中处理项目也在全面建设，农村污染防治在江湾全镇范围内展开。从科教文卫服务水平上来看，江湾镇实现了新型农村合作医疗、养老保险全覆盖，江湾小学列入省重点小学，每年毕业升学成绩居全县前茅，江湾卫生院荣获省级、国家级基层医疗机构表彰，江湾科教文卫事业快速发展。

为进一步提升镇区品位、提高镇区的服务功能，江湾镇规划、实施了大量的基础设施项目。江湾社区健身中心、污水处理站等项目已经完成前期工作，项目总投资约为 600 万元。目前已启动并完成江湾文化公园项目、云湾水岸项目、镇区污水管网建设项目、江湾村传统村落保护项目、精品步行街基础设施建设项目、礼家坞口基础设施新建工程、滨河民宿风情街亮化工程、江湾镇运动场项目、文化广场亮化工程、集镇亮化提升工程、小学教师周转房项目，项目总投资约 5400 万元。

6. 体制机制创新情况

一是成立婺源县江湾投资有限公司，借鉴庐山市海会镇经验，将市场化引进江湾特色小镇建设中，该公司有融资、建设的功能，能为江湾特色小镇建设提供资金来源和做大做强镇集体资产。

二是建立镇领导挂钩负责重点项目制度，每个项目都由 1 名镇班子成员挂钩负责，重点督促、协调和推进建设项目。

三是创新规范建设制度，例如在举报奖励、保证金缴纳、定期巡查等方面进行创新实践，规范建设制度的创新，有效引导镇区体量与质量建设发展。

四是强化安全生产责任制，将安全生产监管作为常态化工作制度，尤其重视道路交通、工程建设、消防等重点领域的安全监管，加强对加油站、烟花鞭炮经营点等重点区域的安全隐患进行排查和消除，杜绝各类重特大安全事故发生，为小镇发展提供安全环境。

二 余江中童眼镜特色小镇

余江眼镜特色小镇入选江西省第一批特色小镇，是江西省特色小镇在工业制造、商贸流通、旅游发展领域结合的典型。

（一）余江中童眼镜特色小镇基本情况

眼镜特色镇（中童镇）位于鹰潭市西郊、余江县东北部，距鹰潭市区 5 公里，距鹰潭北高铁站 15 分钟车程。沪昆高速公路、济广高速公路和 206 国道纵横交叉穿镇而过，沪昆高速公路鹰西出入口坐落于镇区，经高速公路至杭州 500 公里，至省城南昌 140 公里，交通区位优越。

余江特色小镇的特色产业历史悠久，眼镜产业在余江有 200 多年的历史，并且眼镜特色小镇市场氛围浓厚，吸引了大量企业入驻鹰潭国际眼镜城等，形成了辐射周边 100 公里、带动创业就业的商贸集聚区。以眼镜批发零售为核心，以眼镜文化旅游为补充，以物流仓储、商务办公、研发培训等产业为配套的大型综合眼镜商贸集散基地——鹰潭国际眼镜城是眼镜产业发展的象征。

（二）余江中童眼镜特色小镇建设与发展情况

1. 主导产业发展情况

余江中童眼镜特色镇产业特点鲜明。近年来，余江县战略上高度重视眼镜产业优先发展，眼镜产业已经成为余江县"朝阳产业"和"富民产业"。利用眼镜销售优势，全力打造眼镜制造产业，用"工贸一体化"道路不断发展壮大眼镜产业，眼镜专业市场建设和眼镜制造业相互促进发展，眼镜产业表现出强劲的发展势头和规模效益。余江县从 2002 年开始大力支持眼镜产业发展，在中童镇形成了眼镜产业集聚效应，2006 年被命名为"江西省眼镜产业基地"，2012 年获得全国唯一一家眼镜产业"国家外贸转型升级专业型示范基地"称号。台湾最大眼镜贸易商华德光学有限公司、中国最大眼镜原材料生产企业亨得利金属材料有限公司和金余塑胶板有限公司、中国最大眼镜连锁电镀企业志成电镀有限公司、占中国隐形眼镜 40%销售网络的江苏亨得利眼镜有限公司、国内老视镜第一品牌"夕阳红"

生产企业厦门万成光学有限公司、香港恒发眼镜有限公司等一大批龙头企业落户眼镜特色镇，形成了集原材料、配件、镜片、电镀、成品眼镜以及设备制造等行业紧密协作的特色产业集群，产生了良好的产业集聚效应。先后被命名为"江西省眼镜产业基地"、眼镜行业首家"国家外贸转型升级专业型示范基地"、"江西电子商务示范基地"和"江西省小微企业创业园"等，集聚了眼镜生产企业103家，其中规模以上企业18家，出口创汇企业25家，产业工人10000余人。现已发展成与江苏丹阳、浙江温州、福建厦门、广东深圳并列的全国五大眼镜产业基地之一。

2. 宜居环境建设情况

眼镜特色小镇濒临信江河，沿信江河岸正在打造滨江主题公园，在鹰西高速口打造了眼镜文化主题公园，可谓环境优美，更有国家4A级旅游景区——鹰潭余江眼镜园景区坐落于眼镜特色镇。景区以"时尚创意""休闲娱乐"为内核，以"传承眼镜历史，展示眼镜文化""打造眼镜景观，营造眼镜景区""凝聚眼镜消费，明确发展目标"为景区整体设计理念，规划建成集眼镜文化旅游、眼镜文化展示、眼镜产品交易、眼镜休闲体验、医学配镜护理、人才培训、信息交流、研发设计、产品检测、市场推广、电子商务、商贸、科普教育、金融结算、餐饮、娱乐为一体的园林景观式眼镜文化主题产业园，已于2016年1月获批国家4A级旅游商贸型景区。

3. 特色文化保护情况

中童镇是我国著名的"眼镜之乡"，眼镜产业历史悠久，早在嘉庆六年，就出现了眼镜作坊和销售协帮组织，迄今已有200多年的历史，自古以来就有"一副担子满天飞，走遍广东走辽西"的优良传统。"村村有眼镜销售大户，户户有眼镜销售能人"的局面在中童镇早就已经形成。1976年，48人重走中童前辈销售眼镜之路，并组成了"中童公社眼镜服务组"，奠定了鹰潭眼镜市场跻身中国四大眼镜市场的基础。1990年"鹰潭眼镜市场"启动运营而且成立了"鹰潭眼镜同业公会"，1995年"鹰潭眼镜同业公会"更名为"鹰潭眼镜协会"，随后修改为"鹰潭眼镜商会"。很快，同浙江杜桥眼镜城、河南长恒眼镜市场、湖南谦桥眼镜市场一样，鹰潭眼镜市场成为中国四大眼镜市场之一。鹰潭眼镜进入了鼎盛时期。与此同时，鹰潭眼镜人通过亲带亲、邻帮邻，把市场触角伸向全国各地，销售队伍由48人发展到 50000 多人，把眼镜店发展到了 10000 多家，足迹遍布世界 40 多个国家和地区，贸易网点 310 余个，辐射 2980 多个城市，年销售收入由几万元发展到现在的 170 多亿元，占全国市场份额的 28% 左右，国外贸易网点有 300 多个，境外销售额达 50 多亿元。为弘扬眼镜文化、传承产业历史，在眼镜特色镇还建有国内最大的眼镜文化博物馆——鹰潭世界眼镜博物馆，博物馆总建筑面积 3800 平方米，总投资 4000 余万元，共分 4 层、13 个展区。世界眼镜博物馆以"品读眼镜文化、推介创新模式、整合产业链条、力求成为国内乃至世界最知名的眼镜文化主题博物馆"为主题，紧扣眼镜文化内涵延展与眼镜产业结构规划，生动翔实地介绍了眼镜起源与发展、眼镜产业的变迁、鹰潭眼镜产业发展史、当代眼镜文化等内容，带给参观者综合性的参观体验，是向世界推介鹰潭城市品牌形象的重要平台。

4. 设施服务完善情况

一是在道路交通方面打造了方便快捷、功能完善的交通网络。新建了 5.4 公里道路，改造了 4.42 公里的 206 国道，铺设了 10 公里的污水管网，余信贵大桥已于 2017 年通车，眼镜特色小镇与鹰潭市连成一片，交通更加便捷。

二是在公用设施方面优化了小镇建设，完善了配套功能和改善了民生设施。变电站、电排站、自来水厂、供电所、污水处理厂等公用事业陆续建成投入使用。眼镜特色小镇的自来水供水普及率为 100%，宽带入户率达到 100%，民生设施较为完善。

三是在公共服务方面，功能设施配套完善，一应俱全，能满足当地居民、外来客商的需求。

5. 体制机制创新情况

一是建设产业服务平台。成立了余江县眼镜产业公共技术服务中心，充分发挥中小企业服务体系的职能和作用，紧紧抓住服务眼镜产业发展这一主线。切实加大了服务中心的场地和基础设施投入，中心占地面积 8530 平方米。2011 年投资建设 10 万平方米标准厂房，安置具有发展潜力的 50 余家中小型眼镜企业。开通了创业服务热线，开发建成了投资项目库，建成了眼镜产业网站。逐步建立起了一支初具公共技术服务能力的团队，并重点聘请了来自南昌大学、江西理工大学、江西医学院、鹰潭眼镜检测所的 10 位眼镜加工、检测、金属模具设计与加工等方面的专家，作为项目建设的技术支持。

二是建设物流配送平台。赣东北货运配载中心于 2015 年 10 月 18 日投入运营，该项目是区域性物流总部经济基地、第四方物流集聚区、赣东北快递中心、赣东北电子商务集聚区，以物流总部经济、第四方物流、快递服务带动物流业转型升级，实现传统模式电商化，强化区域优势和产业优势。

三是建设电子商务平台。电子商务平台建设重点以鹰潭市中心城功能区、江西省重要的商贸物流业基地、中国眼镜产业的发展核心区为发展目标，力争培育一批与地方优势产业和特色产业相匹配的，辐射全国电子商务大宗交易、商品零售和服务贸易平台的区域电子商务服务品牌。2017 年，小镇电子商务交易规模倍增，交易额突破 5 亿元。未来中小企业电子商务应用普及率要达到 70%，规模以上企业电子商务应用普及率要达到 90%，积极吸引国内外知名企业进入眼镜产业园区，并设立电子商务企业总部、区域总部和功能总部，将小镇的电子商务平台建成中部地区电子商务运营中心和国家级电子商务示范平台。

四是建立专业化中介服务体系。余江中童眼镜特色小镇充分调动社会各方力量（如教育培训机构、创业服务企业、电子商务平台、行业协会、群团组织等），建立、完善政府向社会力量购买服务机制，帮助返乡创业人员解决在开办和经营企业中遇到的难题和瓶颈，营造多元参与、公平竞争格局，帮助返乡创业农民工和农民企业家改善管理和开拓市场。培育和壮大能够提供市场分析、管理辅导等深度服务的专业市场中介服务体系，规范中介服务机构行为，提高小镇中介服务质量。

第十章 人口城镇化迁出进程中的
农村土地流转探索

——来自江西余江的案例*

第一节 江西余江人口城镇化迁出和
农村土地流转基本情况

余江区隶属于江西省鹰潭市，地处赣东北、信江中下游，南北长达 75 公里，东西宽 28.65 公里，最狭蜂腰地段仅 17.5 公里。东与鹰潭、贵溪市接壤，南和金溪县相通，西界东乡区，北邻万年县、余干县。全区国土总面积为 936 平方公里，共有 6 个社区、116 个行政村、1 个管委会。区政府驻邓埠镇白塔东路，邓埠镇人口 6.5 万，下辖 7 镇、5 乡、7 农垦场。余江区是"中国葛之乡""中国雕刻之乡"、国家粮食大县和瘦肉型生猪生产出口基地。

一 余江区人口情况

2019 年，据统计资料显示，全区户籍总人口 35.5 万人，其中非农业人口 7.3 万人，农业人口 28.2 万人，占总人口的 79.44%；城镇人口 10.63 万人，占总人口的 29.94%。2019 年末总户数 10.79 万户，城镇化率为 52.27%。

2019 年全年城镇新增就业人数 2.39 万人，城镇登记失业率为 2.91%，

---

* 执笔人：揭昌亮，江西社会科学院。

新增转移农村劳动力 1.64 万人，企业职工岗位技能培训人员 1.59 万人，新增家庭服务业从业人员 3995 人，城镇新增就业人员 1.96 万人。

二 余江区农村土地构成、分布和产权结构状况

余江区现有总土地面积 936 平方公里，折合 140.4 万亩，其中耕地面积 48.5 万亩，其中水田 40.5 万亩，旱地 8 万亩；集体耕地 44.1 万亩，国有耕地 4.4 万亩。山、水、田、路等的比例，大体是五分山、三分田、一分水、一分宅基道路。按全区人口计算，人均土地面积 3.95 亩，人均耕地 1.37 亩。

深化农业农村综合改革，农村土地承包经营权抵押贷款试点有序推进，农村土地流转面积 25.6 万亩，占家庭承包土地总面积的 53.6%。认真落实"保持土地承包关系稳定并长久不变，第二轮土地承包到期后再延长三十年"的政策，通过土地流转、土地股份合作、联合或土地托管等多种方式，发展适度规模经营，新增各类新型农业经营主体 300 家以上。

三 余江区农村土地流转情况

余江区是一个传统的农业区，长期以来，一家一户的耕作方式使农业生产效率低下。近年来，随着该区农业产业化的不断推进和农村第二、第三产业的发展，农村劳动力大量转移，农村生产要素得到进一步调整和优化组合，加快农村土地承包经营权流转（以下简称"土地流转"）已成为农村主要任务。近年来，该区以"规模经营、增收增效"为目标，加强政策宣传引导，完善服务体系机制，推进农村土地流转规模经营，并取得一定成效。该区积极推进农业适度规模经营，引导农民将土地向种植大户、合作社和龙头企业流转，流出了一条"真金白银"之路。

农村土地流转的主要形式是农户之间的转包。举家外出或主要劳动力务工、经商农户，把承包地转包给其他农户生产经营，转包后原土地承包关系不变，国家各项补贴由原土地承包人享受。由于知根知底，就地流转手续简便，多为口头协议，转包价格较低，流转价格一般为每年每亩 100—300 斤稻谷，全区转包面积十几万亩以上。举家外出或主要劳动力务工、经商农户，把全部或部分承包地租赁给种植大户或农业企业，转包后原土地承包关系不变，国家各项补贴由双方协商，多为书面协议，出租时间较长，

多为 5 年以上，出租价格较高，一般每年每亩 400 斤稻谷，由于效益较高，手续规范，土地出租也比较普遍，全区出租面积几万亩以上。

通过土地流转，余江的特色农业遍地开花：刘垦花生、杨溪葡萄、春涛油茶、潢溪甘蔗……建立了 20 多个千亩以上的农产品生产基地。

土地流转不仅使余江的土地效益大幅提升，而且让 8 万农村富余劳动力从土地中解放出来。他们纷纷到工业园区务工或从事养殖、建筑、服务等行业，拓宽了增收渠道，并极大地缓解了人地矛盾，为推动土地适度规模经营、加快农业产业化发展创造了条件。如今，"居住新农村，流转承包地，创业家门口，务工工业园"已经成为余江县农村新景象。

第二节　江西余江推进农村土地流转的政策保障和主要措施

一　扶持新型农业经营主体

余江先后出台了关于加快农民专业合作社发展、家庭农场发展、农业产业化龙头企业发展的意见、措施，积极培育新型农业经营主体，充分发挥农业企业、专业大户、家庭农场、农民合作社在放活经营权方面的积极作用；积极引导发展土地股份合作、土地托管、代耕代种等多种经营方式，探索更多放活土地经营权的有效途径。目前全区有农民合作社 342 家，家庭农场 328 家，种养大户 675 家。市级以上龙头企业 234 家，其中省级龙头企业 11 家；省级示范合作社 11 家，省级示范家庭农场 11 家。2016 年全县机耕、机收面积分别达 70 万亩，病虫统防统治面积 20 万亩，稻谷烘干托管服务总量达到 7 万吨，占全县稻谷总量的 27%。

2014 年，实施财政惠农信贷通项目，累计向新型农业经营主体发放财政惠农信贷 8000 余万元。2015 年至今，争取政府购买农业全程社会化服务、农产品产地初加工补助中央资金 1700 万元。

余江平定乡山底优质稻农民专业合作社成立于 2010 年 10 月，2014 年在完成确权登记工作的基础上成立了土地股份合作社，是国家级示范社，走出了一条土地变股权、农民变股东、分散变合作的发展道路。合作社实行以田入股，全村 76 户的 464 亩耕地按照 103 份股份全部加入山底合作社。2011 年合作社又以每亩每年 150 公斤稻谷的价格租赁了周边 6 个自然村的

1073 亩耕地。合作社实行民主管理，选举产生了理事会，共有 6 名理事、3 名监事，实行理事长负责制，具体负责合作社日常事务工作；在春（秋）耕、夏（秋）收和年终分红时召开社员会议，研究讨论农业生产或分红分配情况。合作社流转的 1537 亩耕地全部反包给自愿从事水稻种植的 28 户社员，28 户社员根据社员申请，合作社根据劳动力强弱、能力大小，通过理事会研究、社员大会通过，合理分配自愿种植的 28 户社员的种植面积，多的 100 余亩，少的 7 亩，其余社员不再从事农业生产，外出务工、经商。合作社为调动社员种植外村耕地的积极性，制订了种植本村耕地的每亩交 100 元给合作社的平衡机制。合作社生产在家、服务在社，实行"统一组织、统一管理、统一劳力、统一技术、统一购买生产资料、统一销售"的"六统一"管理模式，统一组织即统一分配田块、统一安排生产计划；统一管理即统一集中育秧，统一用水管理；统一劳力即合作社统一安排劳动力维修沟渠、互帮互助老弱社员；统一技术即合作社统一购买种子，统一种植品种，根据社员种植面积合理分配，统一防病灭虫，统一机耕机收；统一购买生产资料即统一购买化肥、农药等生产资料，根据社员种植面积合理分配；统一销售即合作社统一联系销售企业，社员凭收购单到合作社报账。合作社核定每亩双季 800 公斤的产量标准，超过 800 公斤的产量奖励给社员，不及 800 公斤的产量按照 800 公斤产量计算，扣除种子、化肥、农药等费用后的纯利润分配方式为：向合作社缴纳 30% 的纯利润作为合作社共同利润，社员按股分红；缴纳 10% 红利作为合作社发展基金和工作经费。具体做法如下。

（一）以健全产业体系为根本，夯实新型农业经营主体发展基础

立足余江资源禀赋，坚持转型升级、提质增效，整合力量推进全产业链条发展，着力做大做强优势产业，营造新型农业经营主体发展空间。

1. 壮大主导产业

不断优化产业结构和布局，加快调整升级步伐，重点发展水稻、特色水产、中草药、休闲旅游、红糖加工等新兴产业，推进农业产业发展向集约化、特色化方向转变。

2. 打造发展载体

按照建设国家现代农业示范园区的规划，以"一轴两线三园"为框架，打造杨溪休闲观光园、锦江绿色有机园、春涛中草药园。通过平台载体建设，不断促进产业集群，加快现代农业发展。

（二）以适度规模经营为方向，提升新型经营主体发展层次

着力破解"谁来种地、地怎么种"等难题，聚力壮大主体、提升质量，不断增强现代农业生产经营水平。

1. 强化技能培训促进发展

立足转化传统农民、引入新型农民，积极整合培训机构和人员，分层次、分类别开展职业技能培训，着力育强一批懂技能、会管理、知信息技术的新型农业经营主体，2017 年全县培训青年农场主 55 人、新型农业主体管理人员 200 人。深化开展引领农民返乡创业，吸引 30 余位农民返乡创业。

2. 强化品牌培育助力发展

强化政策激励，明确创成不同类别农业品牌的扶持措施，鼓励新型农业经营主体创品牌、用品牌，增强农产品的市场竞争力。全县无公害农产品认证 92 个、绿色食品认证 4 个、有机农产品认证 12 个，天施康夏天无获农产品地理标志。农产品商标数 40 个，江西省著名商标 4 个。

3. 强化集约经营推动发展

鼓励本地新型经营主体流转高标准农田，2019 年新增集约经营面积 5 万亩以上。试点农村集体土地所用权、承包权和经营权"三权分置"改革，完善土地经营权流转机制，探索实行"实物计租、货币兑现"的土地经营权流转定价机制，不断健全土地租赁风险防范机制。

（三）以要素有效供给为保障，增强新型经营主体发展活力

牢固树立扶持新型经营主体就是扶持农民、农业的理念，围绕调动创业激情，着力破解瓶颈制约，促进新型经营主体健康发展。

1. 完善土地流转机制

坚持依法依规、进度服从质量，推进农村土地确权登记颁证，余江颁证到户率达 90% 以上，真正做到确实权、颁铁证，让广大农民吃下稳定承包权、放活经营权的定心丸。健全农村产权交易市场体系，实现县乡两级全覆盖，推动土地等要素规范有序流转，出台了《关于加强农村土地承包经营权规模流转风险防控工作的意见》及《余江县农村土地承包经营权流转合同（样）》。稳步推进农村土地承包经营权抵押贷款。2018 年余江流转土地 20.1 万亩，占 45% 左右。土地承包经营权抵押贷款走在全国前列，授信贷款额度 8000 余万元，已用信贷额度 6000 余万元。

2. 完善扶持机制

积极探索支农资金整合有效形式，优化资金投向，提升发展效益，2019年，投资 4 亿多元资金新建高标准农田。县财政 2016—2017 年项目支持资金 4930.96 万元。2017 年减免增值税 90.8 万元。金融机构开展了财政惠农信贷通、承包经营权抵押贷款等多种形式的信贷支持，向 228 家新型农业主体发放贷款 497 笔，金额 33200 万元。开展政府购买农业社会化服务试点，在水稻生产机插、机防和机械烘干薄弱环节进行补助，补助资金累计达1100 万元，形成了多级联动支持格局。

3. 完善科技服务机制

切实抓好 "12316" 惠农服务信息平台运行和管理工作，为主要生产大户及时提供优质技术和信息服务。建立益农社 70 余家，推动农业物联网技术运用向农业园区、农产品加工集中区以及规模种养基地辐射。

二　农村土地流转金融支持

余江积极稳妥地开展了农村承包土地经营权抵押贷款试点。制定了《余江县农村土地经营权抵押贷款管理办法》等，在潢溪镇率先开展了农村土地承包经营权抵押贷款试点。政策实施以来，受到了广大农民、金融部门的好评，解决了普通农民小额信贷无抵押物的难题。从 2018 年启动到2019 年 3 月底，共发放贷款 200 余笔，贷款金额 2800 余万元，试点扩大到4 个乡镇。潢溪镇金墩村委会的 3 个小组，通过村民理事会成员背靠背打分，评定农民信贷额度，实行了整村集中授信，大大提高了办事效率，方便了群众。

农户申请承包经营权抵押贷款，首先要农户家庭成员签字、承诺，体现了承包权家庭所有，经营权依法使用。须经村民小组审核、推荐，保证了农村土地集体所有权不动摇。承包农户可以自愿依法流转土地，以土地承包经营权证申请抵押贷款，充分维护了承包农户使用、流转、抵押、退出承包地等各项权能，保护了农村土地承包权。土地经营权人可以以土地流转合同、经营预期收益申请抵押贷款，维护了土地经营权人对依法享有的在一定期限内占有、耕作并取得相应收益的权利，放活了农村土地经营权。有来调研的教授对此给予了高度评价：余江的农村土地承包经营权抵押贷款，不需要政府、村委会、村小组提供担保，充分发挥了最基层农村集体信用自治和农民自律的作用，解决了最广大、最基层的普通农民小额贷款难的问题，具有很强的内生动力，值得全国推广。

三 农村土地流转规范管理

为强化农村土地承包流转工作，成立以分管农业工作的区委常委、统战部部长为组长，区政府分管副区长为副组长，农业、财政、发改、林业、水利、土管、保险、金融等部门为成员单位的农村土地流转工作领导小组，领导小组下设办公室，办公室主任由农业局局长担任；各乡镇成立以乡长为组长的土地流转领导小组，成立办事机构，制订工作方案。农业局成立以局长为组长的农村土地流转指导、试点工作组。

建立健全土地流转规范管理制度。近年来，余江全面落实中央和省市农村土地流转相关政策，建成农村土地流转交易服务管理信息平台，建立了县农村土地流转交易服务中心、乡镇农村土地流转交易服务所、村农村土地流转交易服务站三级服务点，积极开展指导服务，及时发布信息。

四 农村土地流转交易市场建设等方面的做法

1. 加强宣传，形成氛围

2013 年 11 月，余江县政府下发了《余江区农村土地经营权流转工作意见》，对农村土地流转工作进行了动员部署。各乡镇、县直有关部门和新闻单位加强了农村土地流转的法律法规和政策宣传，明确了土地流转对推进高效农业发展、新型农村社区建设的重要意义，印发了宣传资料 3000 多份、举办培训班 3 期，向农业企业、合作社、农业经纪人和农户大力宣传土地流转政策措施，形成土地流转浓厚氛围。

2014 年，余江县已建立起县农村土地流转交易服务中心、乡镇农村土地流转交易服务所、村农村土地流转交易服务站；县、乡两级分别建立了农村土地承包经营纠纷仲裁和调解体系，基本做到了有牌子、有机构、有人员、有场所、有设备、有制度。2016 年，基本建成了县农村综合产权流转交易中心，2019 年已启动区乡农村综合产权交易市场建设工作，年底可完成区乡农村综合产权交易市场建设工作，健全体系，充实队伍。农村土地流转服务机构是构建农村土地流转服务体系的组织保障，区成立了农村土地流转服务指导中心，成立了农村土地承包纠纷仲裁委员会。农村集体资产交易平台软件已进行了政府采购。建立了土地流转评估中心，基本构建了区、乡、村三级土地流转服务体系，明确了工作目标和任务，建立了一套工作制度，并且制度上墙、牌子挂到位，强化了指导服务。

2. 强化考核，奖优扶强

区政府出台鼓励农村土地承包经营权流转奖励政策：一是将农村土地承包经营权流转工作经费纳入财政预算；二是对农村土地流转实行"以奖代补"，对集中连片流转耕地面积300亩以上且流转期5年以上的给予奖励；三是对土地流转带动力强、社会效益大的新型农业经营主体给予奖励；四是将农村土地承包经营权流转工作纳入乡镇工作目标考核，对农村土地承包经营权流转工作成绩突出的乡镇给予奖励。

3. 注意把握政策

土地流转工作是一项政策性很强的工作。首先是进一步落实和明晰土地承包经营权，这是进行土地承包经营权流转的基本条件，是健全土地流转市场的基础性工作。按照"现有土地承包关系要保持稳定并长久不变"的要求，加快推进农村土地承包确权登记工作。其次是正确把握流转的主体是农民而不是干部，流转的机制是市场而不是政府，流转的前提是依法自愿有偿而不是强迫命令，流转的底线是不得改变土地集体所有性质、不得改变土地用途、不得损害农民土地承包权益，积极稳妥推进农村土地流转。

4. 完善服务体系

依据法律法规，结合本地实际，明确土地流转工作的责任部门，逐步建立健全各级农村土地流转管理服务机构，建立区、乡、村三级土地流转管理服务网络，发展土地流转中介组织，为供求双方提供土地流转相关服务。建立完善农村土地流转信息发布、规范程序、交易鉴证、档案管理体系；利用市场机制和网络平台，沟通市场供需双方的相互联系，指导、协助办理土地流转手续，提高土地流转交易的成功率。

5. 搞好管理监督

加强农村土地承包经营权流转的日常监管和信息发布工作，及时掌握农户土地流转的意愿，解决土地供需双方因不能及时沟通而使流转受阻的矛盾，维护土地流转的良好秩序。规范土地流转合同。建立健全土地流转合同鉴证制度，指导流转双方依法签订规范的合同。建立完善的农村土地流转台账，对合同的登记、立卷、归档，形成制度化和规范化的管理。加强流转土地用途的监管，对违反规定改变土地使用性质的，要按照有关法律法规予以查处，确保流转土地的农业用途不改变。及时做好调解或仲裁工作，依法保护农民群众的合法权益，维护土地流转的良好秩序。

第三节　江西余江农村土地流转存在的主要问题

一　农村土地流转租赁期短问题

第一，所有权、承包权和经营权各主体之间的权限界定、利益保障等法律还不明确，经营权抵押、经营权登记发证、经营权入股等具体工作中央层面还没有出台具体实施细则，影响了基层落实"三权分置"的具体实施。"三权分置"中的农村土地经营权，作为从农村土地承包经营权中分离出来的一项权利，在现有法律体系中只停留在地方性法规、规章以及政策文件层面上。缺乏法律上的依据和保障，无法建立与经营权的流转和抵押相关的各项体系，导致其权利的实现困难重重。如我们当前执行的耕地地力保护补贴，目的在于激发农民保护耕地的积极性，但是如果在"三权分置"的制度设计下，由于农村土地经营权流转行为越来越多，而接受补贴的主体并未明确规定是农村土地承包权的主体还是实际经营的农村土地经营权主体，可能会出现补贴纠纷。

第二，农村集体经济组织经常调整承包地的做法与承包权长期稳定不变的法律政策相悖的问题也很难处理。农村土地流转过程中，土地流转侵权问题严重，根据我国《农村土地管理办法》的相关要求，农村土地除了国家所有的部分以外，其他土地属于农村集体所有，由村民小组进行管理，然而在农村土地流转过程中，土地所有权主体和农民集体经常性出现相互侵权的问题，部分地方政府也因利益驱使，强制农民进行土地流转，侵犯农民的自身权益，并且有一些土地没有经过村民小组的同意私自流转，也对农村土地流转造成了不利影响。

第三，农村劳动力不够的瓶颈。在社会劳动力分配中，农村劳动力不足的问题也越来越突出。伴随着我国经济的飞速发展，城市中各大企业因发展需求对于劳动力的需求大大增加，导致越来越多的农民都奔向城市发展，因而导致了农村劳动力的不足。当前余江农村地区也存在这方面问题，没有足够的劳动力，进而导致农村土地荒废问题屡有发生。土地流转很大程度上可以改善农村土地浪费的情况，通过土地流转的方式，使外出务工人员的土地得以利用，避免土地荒废。

第四，国家农村土地承包政策和土地流转政策是以保护最基本的农户为出发点的，具有最基本的社会保障特色，土地集中流转存在一定困难。

二　农村土地流转租赁期过短对农村土地长期投资的影响问题

1. 农民主观上对于土地流转的意愿不高

很多农民受老一辈影响，认为土地是其赖以生存与发展的根本保障，是生存之本，其衣食住行、养育子女以及养老等各项费用莫不来自于此，以至于他们不知如果离开土地将如何生存下去，不愿将土地进行流转。

还有大部分农民通过租赁的方式进行土地流转，然而流转期限过短，土地流转的出让方往往会担忧土地流转之后的各经营项目是不是能维持长时间的经营、是不是能够按时地收到出让金、在土地收回之后其生产能力是不是能够很快恢复。农村土地受让方则十分担忧土地出让方在土地承包经营权合同还没有到期以前就宣布单方毁约，造成其投资难以收回与自身利益受损的后果，怕所能取得的收益难以达到预期。这就使得越来越多的农民主观上不愿进行土地流转，宁愿浪费土地资源。

2. 水利改造、农田整治投入成本高

现代农业要求的"田成方、路成网、渠相连"的高标准农田综合开发资金昂贵，若租期过短，会让土地流入方缩减改造农田资金或者打消投资积极性。

3. 存在土地经常调整现象

目前，仍有少数地方还没有全面落实土地延包30年的规定，个别地方承包合同签订不规范、经营权证发放不到户，农民缺乏对承包土地的安全感。流转合同没有考虑土地升值和物价上涨因素，容易产生纠纷。同时，缺乏对农村土地承包经营权流转的扶持政策，种养殖大户贷款困难，也制约着农村土地承包经营权流转和规模经营。

三　农业经营企业规模小、经营风险等问题

第一，农业龙头企业规模小，带动农业产业化发展的能力弱；农业专业协会、专业化经济合作组织少，在全县农业产业化发展中，农业的组织

化程度低，生产不能统一标准，市场信息不畅，营销脱节，制约着农业产业的发展壮大；农业生产环境条件差，农业生产上的生产管理道路、排涝、灌溉、防洪、保水、保肥、保土等基础设施欠账大，跟不上农业发展产业化的需要。具体表现在以下三方面：

（1）农民单家独户分散经营与市场矛盾越发突出。例如，农民手中的工具，机械化程度较过去提高了很多，生产的产量不断增多；但是，农产品一旦进入市场还是处于势单力薄的弱势地位。市场价格的行情变化，从根本上制约着农民的收益好坏，形成农产品经营的风险机制。存在资金短缺、科技含量低、缺乏有力的政策支持等困境；规模农产品批量、质量差，履约率低难进入市场，流通效率低。

（2）城乡关系、工农关系协调。农业比较效益低，与其产业利益配合矛盾更加尖锐，农民务农积极性不高，投入严重不足，农民收入增速减缓，农业持续发展面临挑战。

（3）农业领域市场规模配套、完善农村经济运行机制与市场经济发展要求相适应矛盾明显。随着市场行情变化，农产品加工经营者或者抢收抢购或者拒收拒购，农民或者待价而沽或者有货难售，其间缺少利益连接机制，影响农业稳定发展。

第二，主体的经营利益风险攸关。有关农村土地流转的合同一经签约后，合同所涉及的双方或三方会共同承担土地流转市场化后的风险。作为土地受让方，可能由于自然灾害、市场波动、经营不善等不确定因素而无利可图，甚至入不敷出，此时受让方中止土地流转协议是其最优选择；而农户以及作为组织协调者、双向签约代理人的村委会，可能会因土地受让方中止履约或合同终止而成为受害者，因此承担突如其来的经济压力与社会压力。与此同时，如果农村土地是以非农用的方式进行流转，协定中止还会带来另一个严重后果，即难以将土地复垦或复垦成本过高。

四　农村土地流转过程中流转租金的分配问题

1. 土地流转中农民土地收益权受损

（1）土地流转收益分配不公平。与受让方经营所得相比，农民获得的土地流转收益较少；流转期间租金一旦确定基本不再调整，农民的土地流转收益无法随着土地增值而得到相应增加，导致农民土地流转收益大量流失。

（2）土地流转价格过低。土地流转本质是流转价格问题。由于农业整体利润较低，流转价格在500元以上，土地基本要非粮化；800元以上，土地基本上要非农化。由于流转价格不高，农民流转意愿不强。余江流转价格比较高的企业，大部分支付流转费用困难，由于没有专业组织和科学的体系评估定价，再加上自身处于弱势地位，农民往往只能被动接受过低的土地流转价格，甚至出现伤农现象。

（3）土地流转租金不能及时到位。由于一些企业在农业生产与管理方面缺乏经验，或是不根据实际情况盲目跟风投资农业项目，当出现经营不力、资金周转困难时，可能拖欠甚至交不出当初允诺给农民的土地租金。

2. 土地流转中农民土地处置权被部分剥夺

农民的合法土地处置权本应是充分且不受非法干涉的，但在农村土地流转过程中，土地的最终处置权往往归政府和村集体所有，容易使农民的土地处置权失去保障。例如，某些地方政府在没有尊重农民土地处置权的情况下，就让农民被动甚至是被迫流转土地，剥夺了农民的土地处置权，当然在余江这个问题不严重。

3. 不重视农民的知情参与权

农民之所以有权充分了解与土地流转相关的各种信息并亲身参与其中，是因为土地流转涉及农民的切实利益，相关部门必须充分重视农民的知情权、参与权。但在具体操作过程中，一些政府部门为了牟取私利，会尽量压制农民土地流转的知情权、参与权，同时企业为了减少流转障碍也会尽量避免直接和农民谈判，一些基层组织在农民不知情的情况下就私自与企业签订了土地流转合同，甚至还存在强制流转土地的现象。

4. 土地流转中农民求偿救济权难以得到有效保障

目前，余江在农民权益保障方面还有进步空间。一方面，由于法律素养不足或没有能力支付高昂的诉讼费用，农民难以通过正常的行政复议或司法途径寻求救济；另一方面，各主管单位的救济机制不健全且效率低下，导致农民的土地合法权益在遭到非法侵害后往往难以行使求偿救济权。求偿救济权是农民维权的基点，如果连求偿救济权都无法保障，那么农民的权益保障将化为空谈。

第四节　江西余江经验对农村土地流转改革的政策启示

一　完善土地流转相关机制，政策顶层设计要合理

1. 积极落实"三权分置"改革

一是根据省、市政府出台的"三权分置"实施意见，积极推动市政府出台"三权分置"实施意见。二是积极稳妥扩大农村承包土地经营权抵押贷款试点工作，积极开展农村土地经营权证登记发证试点。三是进一步完善区农村综合产权流转交易中心建设，力争尽快完成区、乡农村综合产权流转交易市场建设，建立健全农村综合产权流转交易制度，广泛开展宣传，积极引导广大群众及新型农业经营主体到农村综合产权流转交易市场开展农村产权流转交易。建议中央尽早修订、出台有关法律法规，明确所有权、承包权和经营权各主体之间的权限界定、利益保障等条款，对经营权抵押、经营权登记发证、经营权入股等具体工作进行具体部署。

2. 积极发展农业适度规模经营

认真贯彻落实"三权分置"意见，始终坚持依法自愿有偿的原则，确保不损害农民权益、不改变土地用途、不破坏农业综合生产能力，强化农村土地流转指导服务，依法有序推进农村土地流转，严禁以下指标、定任务、赶速度等方式行政推动土地流转。认真落实已经出台的鼓励农村土地流转扶持政策，对土地流转规模较大、期限较长的规模经营主体，优先安排实施农业产业化、农业基础设施、农业综合开发和农业技术推广等项目。协调涉农金融机构，加大对规模经营主体的信贷支持力度。

3. 积极推进农业社会化服务

扶持培育农机作业、统防统治、烘干仓储等经营性服务组织，大力推行机耕机收、统防统治、代耕代种、联耕联种、土地托管、烘干仓储等专业化服务。认真实施农业生产全程社会化服务项目，积极开展政府购买农业公益性服务机制创新试点，建立健全农业社会化作业服务质量、项目补贴程序、验收考核等可推广、可复制的政府购买农业公益性服务机制。

4. 积极培育新型农业经营主体

建议中央及省级层面坚持把家庭农场作为农业家庭经营的核心，出台家庭农场针对性的扶持政策，加大家庭农场扶持力度，加快家庭农场的发

展。深入开展示范社区创建活动，鼓励和支持农民合作社参加各种展示展销活动，提高合作社发展水平。逐步形成农产品生产以农户及家庭农场为主，农资供应、产品初加工、产品仓储包装销售、运输等服务以合作社为主，农产品深加工、设施农业及高科技农业生产以农业产业化龙头企业为主的分工合作的新型农业经营主体发展体系。

二　尊重农民主体地位，提升农民组织化程度

加大发展新型农业经营主体宣传的力度，使农民、个体经营者、工商企业主等人员认识到培育新型农业经营主体是农业发展的趋势，是农村改革的方向，是实现农业现代化的重要渠道，投资和发展农业具有广阔的前景，从而增强其发展的主动性和内在动力。加强政策宣传，把省、市出台的一系列政策宣传好、落实好，通过政策引导、资金扶持、项目带动，掀起发展的热潮。加强典型宣传，积极引导农民向种养大户、专业合作社、农业龙头企业等有实力、有市场、有效益的经营主体流转土地，推进农业规模经营，同时引导农民通过自身努力，发展成为新型经营主体，挖掘农民创业的激情，形成大众创业、万众创新的局面。

三　规范农业企业经营，拓宽融资渠道

依法治国是我国的一项基本国策，完善的法律制度能够保障土地流转稳步有序地推进。首先，规范和完善土地流转的合同是很有必要的，在确定流转关系后，按规定签订合同，报上级管理部门备案，使土地流转由现在的简单口头协议转变为法定的条例约定；规范流转程序，在合理、合法、合规的基础上进行土地流转。其次，当地政府应联合相关部门出台规范土地流转行为的政策文件，积极向农民宣传和普及相关法律法规，提高农民法律意识，有效化解不必要的法律纠纷，切实维护农民作为土地流转主体的地位及权益，按照有偿、自愿、依法的原则，引导农村土地规范有序地流转。同时，要加强监管，坚决杜绝侵害农民土地权益的行为，切实保障农民土地权益不受损。

农业方面的资金投入大、收益周期长，承包户若没有充裕的资金，很难承包土地，从而使土地流转陷入困境。党的十八届三中全会指出要切实为规范发展土地流转提供资金支持，2018 年中央"一号文件"也明确指出

农村土地承包经营者可以向金融机构融资。对于土地流出方,支持农民以承包权抵押贷款;金融机构应逐步消除对土地流入方贷款的壁垒,拓宽土地流入方融资渠道,适当降低其融资成本。国家要充分利用农商银行、邮政储蓄、信用合作社等农村金融网点,出台相应的借贷制度,为转出户和承租方提供资金和财力支持,确保农业实现可持续发展。正确引导承包经营权抵押贷款,释放农村土地新活力,推动农村经济繁荣发展,为乡村振兴战略的实施保驾护航。

四 改革市场经济体制,完善社会保障制度

1. 完善规范管理,建立风险防范机制

不断规范农业保险。完善农业政策性保险制度,在验标、承保、查勘、定损方面加强精细化管理,优化参保服务,提高勘验、理赔效率,做到农业保险全覆盖。建立风险保证金制度。加强对农业经营主体的资质审查,建立准入制度,各区镇要对农业经营者按一定的比例逐年收取风险保证金,专户储存,专款专用,防范各种风险,切实维护农民的合法权益,同时鼓励农业经营主体,每年提取风险基金,以丰补歉,防患于未然。要加强动态管理。对流转土地的经营者,要管控结合,及时跟踪督察,掌握经营者的生产情况,对可能出现的自然风险、市场风险、经营风险做到早预测、早防范,把各种矛盾化解在萌芽状态。

2. 强化社会服务,搭建为农服务平台

鼓励科技人员与农民专业合作社、农业龙头企业进行技术合作,建立长期的服务关系,提高农业经营者的科技水平。支持龙头企业、合作社、专业大户兴办或领办农业社会化服务组织或专业服务机构。积极探索镇村集体兴办农业服务组织的模式,建立为农综合服务体系,为农民、农业经营主体提供产前、产中和产后服务,逐步实现统一供种、统一作业、统一管理、统一收割、统一烘干、统一秸秆还田,把兴办集体农业服务组织与争取国家财政扶持相结合、与壮大集体经济相结合、与农业现代化建设相结合,整合支农资金,提高使用效能,增加集体积累。建立规范有序的流转机制,为广大农户、农业经营者提供政策咨询、土地登记、信息发布、权属变更、纠纷仲裁等服务。强化职业农民培训,着力培育一批种养业能手、农机作业能手、农产品经纪人、科技带头人等有文化、懂技术、会经

营的新型职业农民。

3. 创新优化机制，激发内生发展活力

持续优化发展环境。积极探索符合现代农业发展实际的业主准入、主体登记、示范创建、财务会计、动态考核、监督管理等各项制度，引导农业经营主体朝着主体资质化、生产专业化、管理标准化、产品品牌化、销售电商化方向发展。加大信贷支持，积极拓宽新型农业经营主体抵（质）押担保物范围，为新型农业经营主体提供贷款融资服务。规范内部运行，按照"边发展，边规范、边提高"的要求，引导各类新型农业经营主体积极完善内部运行机制和利益分配机制，在生产上严格执行技术标准，开展商标注册和名牌创建，不断提高产品质量和影响力。狠抓人才管理，鼓励大学生到村、新型农业经营主体、基层农技推广机构以及其他农村公共服务机构任职，加大对经营主体开展农业企业管理及相关技术培训的力度，引导农村青年、农民工返乡创业，不断增强新型农业经营主体发展的活力。

五　建立土地流转的中介服务组织机构，健全信息平台

土地流转中介服务组织是连接土地转出户和承租者之间的桥梁和纽带。通过中介服务组织，农户可以减少发布土地流转信息产生的成本，承租者也可以减少在承包土地过程中产生的费用，同时提高土地流转的效率。中介组织能够为双方确定一个科学、合理的交易价格，减少因土地流转不规范而引发的矛盾和纠纷。健全的信息平台能够快捷、准确地发布土地流转信息，可以将发达地区的信息、人才、资金、技术等市场要素和资源与农村的土地相结合，实现资源的高效、优化配置。这些土地信托服务机构主动帮助土地经营者进行开发项目的可行性论证，在信贷、技术、物资等方面开展横向联系，并在法律和政策范围内协助调处土地经营中引起的纠纷，维护土地所有者、承包者、经营者三方的合法权益。土地信托服务中心的成立，不仅促进了土地流转的成功率，而且大大规范了流转运作。

主要参考文献

一 中文文献

蔡昉、都阳、杨开忠：《新中国城镇化 70 年》，人民出版社 2019 年版。

冯奎、程泽宇：《推进县域城镇化的思路与战略重点》，《经济与管理研究》2012 年第 6 期。

胡浣晨：《新型城镇化背景下江西省城镇体系规划探析》，《规划师》2019 年第 8 期。

康冬明、杨幸丽：《新中国成立 70 周年江西经济社会发展成就辉煌》，《当代江西》2019 年第 10 期。

李恩平：《不一致的城乡利益分享与不同步的城镇化进程》，《中国人口科学》2019 年第 4 期。

李恩平：《城市化时间路径曲线的推导与应用——误解阐释与研究拓展》，《人口研究》2014 年第 3 期。

李述、葛刚、刘琪璟：《主体功能区视角的江西省人口—经济—城镇建设用地时空动态及其协调性》，《南昌大学学报》（理工版）2018 年第 2 期。

凌筱舒、王立、薛德升：《江西省县域城镇化水平测度及其分异研究》，《人文地理》2014 年第 3 期。

刘国斌、汤日鹏：《吉林省发展县域经济推进城镇化进程的思考》，《人口学刊》2011 年第 1 期。

刘上洋：《江西改革开放 30 年——1978—2008》，江西人民出版社 2009 年版。

卢苇：《中部六省新型城镇化发展水平时空分异研究》，《河南科技大学学报》（社会科学版）2019 年第 2 期。

马骏、童中贤、杨盛海：《我国县域新型城镇化推进模式研究——以湖南省域 71 县为例》，《求索》2016 年第 10 期。

宋慧琳、陈平：《基于"诺瑟姆曲线"分析江西城镇化发展》，《价格月刊》2015 年第 1 期。

王旭、吴佳明、刘文：《江西省城市化发展现状分析》，《中国人口、资源与环境》2018 年第 7 期（增刊）。

王祥：《内陆地区就地城镇化的路径选择——基于河南与江苏的比较研究》，硕士学位论文，复旦大学，2014 年。

王业强、孙硕、张璐璐：《以生态文明理念推进江西特色小镇建设——来自江西国情调研基地的思考》，《生态经济》2019 年第 10 期。

吴新雄：《一项跨世纪的宏伟工程——再论建设昌九工业走廊》，《价格月刊》2004 年第 7 期。

姚秋昇、李小浩：《我国三规合一的理论实践及实施建议》，《农村经济与科技》2017 年第 28 期。

张海姣、张正河：《城镇化与县域经济的相关性》，《华南农业大学学报》（社会科学版）2013 年第 10 期。

张莉：《中国沿海与内陆地区城镇化发展比较研究——以苏州和德阳为例》，《城市发展研究》2010 年第 9 期。

张治栋、司深深：《城镇化、工业集聚与安徽县域工业增长》，《华东经济管理》2018 年第 9 期。

赵海：《人口城镇化的现实困境与路径选择——基于江西省南昌县的调查》，《宏观经济研究》2013 年第 10 期。

周一星：《城市化与国民生产总值关系的规律性探讨》，《人口与经济》1982 年第 1 期。

二　英文文献

Annez Patricia Clarke and Robert M. Buckley, "Urbanization and Growth: Setting the Context", in Urbanization and Growth, edited by Michael Spence, Patricia Clarke Annez, and Robert M. Buckley, *The International Bank for Reconstruction and Development*, The World Bank, 2009.

Gill Indermit, Yukon Huang and Homi Kharas, "East Aaian Visions：Perspectives on Economic Development", *The International Bank for Reconstruction and Development*, The World Bank and The Institute of Policy Studies, 2006.

United Nations, "Methods for Projections of Urban and Rural Population", Population Studies, 1974.

后　记

本国情调研项目和调研报告由中国社会科学院生态文明研究所和江西社会科学院两大研究机构学者共同完成，李恩平、麻智辉两位研究员共同主持了该项目的调研过程和研究设计，项目组先后对江西城镇化进行了多次深入实地调研，中国社会科学院生态文明研究所（挂职）副所长尚丽平教授亲自指导并实际参与了调研活动，调研过程中得到了中国社会科学院生态文明研究所学部委员潘家华所长、杨开忠书记和江西社会科学院梁勇院长、龚建文副院长、樊宾副院长的诸多支持。该国情调研项目组成员包括：李恩平、麻智辉、李学锋、高玫、陈宁、揭昌亮、卢小祁、朱顺东、李华旭、麻骏斌、冯彦、黄涛、王辰、李国昌，其中黄涛、王辰、李国昌三位学术助理做了大量调研联络、资料采集工作。

感谢中国社会科学院国情调研项目支持，感谢众多领导的强力支持，感谢调研所到的江西省政府各部门及各级政府对调研活动的热情接待和大力支持，更感谢项目组全体成员的辛勤付出。

李恩平

2021 年 4 月